Colección de

PROBLEMAS PRÁCTICOS (para exámenes)

para utilizar con el

SPENCER: ECONOMÍA CONTEMPORÁNEA

Colección de

PROBLEMAS PRÁCTICOS
(para exámenes)

para utilizar con el

SPENCER: ECONOMÍA CONTEMPORÁNEA

EDITORIAL REVERTÉ, S. A.
Barcelona-Bogotá-Buenos Aires-Caracas-México
MCMLXXIV

Título de la obra original:
TEST BANK
for use with
Spencer: Contemporary Economics

Edición original en lengua inglesa publicada por:
Worth Publishers, Inc., New York

Versión española por:
D. Juan Francisco Santacoloma
M. Sc. in Economics
por la London School of Economics
Profesor de Economía en la
Universidad Comercial de Deusto (Bilbao)

Propiedad de EDITORIAL REVERTÉ, S. A. Encarnación, 86 Barcelona (12)

Impreso en España Printed in Spain
ISBN - 84 - 291 - 2687 - 2

Depósito Legal B. 20.795/1974
Litoclub - Nápoles, 300 - Barcelona

DE INTERES PARA LOS PROFESORES

Este cuestionario contiene 1.200 preguntas a las que se ha de responder eligiendo alguna de las cinco respuestas propuestas. La multiplicidad de preguntas permite componer sin gran esfuerzo modelos variados de exámenes.

En muchos casos ofrecemos distintas variantes de preguntas sobre los mismos conceptos y temas. Esto permite realizar diferentes exámenes sobre temas similares —ya sea en la misma sala de exámenes o para secciones diferentes dentro del mismo curso— reduciendo al mínimo la posibilidad de que los estudiantes se comuniquen entre sí durante los exámenes.

En lo referente a la identificación, cada pregunta del cuestionario lleva asociado dos números con un guión de separación. El primer número se refiere al capítulo del que se ha entresacado la pregunta; el segundo número sirve para identificar la pregunta con la finalidad de poder encontrar la respuesta correcta en la parte última del cuestionario. Por ejemplo, la pregunta «1-10» significa que está basada en el capítulo 1 del texto y que se trata de la décima pregunta del cuestionario para este capítulo en concreto. La letra que indica la respuesta correcta puede ser entonces localizada rápidamente en la sección de respuestas al final de este libro.

Modelos de exámenes

Los que adopten este sistema pueden conseguir gratuitamente conjuntos completos de modelos de exámenes, presentados en una forma atractiva y adecuados para ejercicios periódicos, exámenes trimestrales o finales de duración diversa. Los modelos de exámenes están integrados por las preguntas más generales de las de respuestas múltiples y seleccionadas de entre las que componen el cuestionario. Están preparados ya para ser reproducidos, de modo que los profesores no precisan preparar sus propios exámenes. Para mayor facilidad, las respuestas a los modelos de exámenes aparecen publicadas en el *Manual del Profesor.*

La ciencia económica se preocupa fundamentalmente de cómo:
(a) Hacer dinero.
(b) Gastar el dinero.
(c) Utilizar del mejor modo los recursos de la sociedad.
(d) Valorar las políticas del gobierno.
(e) Tener éxito en los negocios. 1-1

La economía trata principalmente de:
(a) La dirección y administración de las empresas.
(b) La administración de los recursos de la sociedad.
(c) Los presupuestos del gobierno.
(d) Los impuestos.
(e) Los problemas de los consumidores. 1-2

Una economía en la que el gobierno toma la mayor parte de las decisiones referentes a qué y cuánto producir recibe el nombre de:
(a) Economía dirigida.
(b) Economía de mercado.
(c) Economía mixta.
(d) Economía comunista.
(e) Economía fascista. 1-3

Un país que sirva como ejemplo de una economía totalmente de mercado es:
(a) Estados Unidos.
(b) Canadá.
(c) Alemania Occidental.
(d) Japón.
(e) Ninguno de los anteriores 1-4

La economía de los Estados constituye con más aproximación un ejemplo de:
(a) Una economía predominantemente de mercado con muchas características de una economía mixta.
(b) Una economía predominantemente dirigida con muchas características de una economía de mercado.
(c) Una economía predominantemente dirigida.
(d) Una economía predominantemente centralizada.
(e) Una economía predominantemente «pura». 1-5

Los países que constituyen con mayor aproximación una economía dirigida son:
(a) Canadá, Australia, Nueva Zelanda.
(b) Inglaterra, Francia, Alemania Occidental.
(c) Japón, África del Sur, Italia.
(d) Egipto, Siria, Jordania.
(e) Rusia, China Continental, Cuba. 1-6

Las reglamentaciones económicas, costumbres y prácticas de un país comprenden lo que se conoce como:
(a) Economía dirigida.
(b) Economía mixta.
(c) Sistema económico.
(d) Economía de mercado.
(e) Economía controlada. 1-7

¿Cuál de los siguientes términos es el menos relacionado con los cuatro restantes?:
(a) Principio.
(b) Descripción.
(c) Ley.
(d) Teoría.
(e) Modelo. 1-8

El método científico es un modo de razonar consistente en el proceso de:
(a) Inducción.
(b) Deducción.
(c) Verificación.
(d) Todos los anteriores.
(e) Ninguno de los anteriores. 1-9

Los elementos o componentes de una teoría están integrados por:
(a) Definiciones.
(b) Supuestos.
(c) Hipótesis.
(d) Todos los anteriores.
(e) Ninguno de los anteriores. 1-10

Una característica general de la economía (común también a otras ciencias sociales) es que:
(a) No tiene leyes o principios como las matemáticas o la física.
(b) No es científica.
(c) No puede ser utilizada para realizar predicciones.
(d) Es «teórica y no práctica».
(e) Ninguna de las anteriores. 1-11

¿Cuál de las siguientes afirmaciones constituye el mejor ejemplo de una afirmación de economía positiva, en contraposición con la economía normativa?
(a) «La General Motors es una empresa excesivamente grande y sería mejor para todos que se fraccionase en empresas que compitiesen entre sí».
(b) «Es un hecho comúnmente aceptado que el gobierno necesita hacer todo lo posible para proporcionar asistencia económica a los débiles y a los pobres».
(c) «Los miembros de color de nuestra sociedad merecen mejores oportunidades económicas que las que han tenido hasta el presente».
(d) «Una reducción general de 5 por ciento en el precio de los automóviles tendría que ser beneficiosa porque aumentaría la venta de automóviles por lo menos en 2 por ciento».
(e) «Lo que este país necesita es una cerveza de 5 centavos». 1-12

«La industria del acero es una industria básica e importante dentro de la economía americana. Por lo tanto, el gobierno debe hacer todo lo posible para ayudar a esta industria porque de esta manera estará beneficiando a todo el conjunto de la economía». Esta afirmación es un ejemplo perfecto de la falacia de:
(a) Apelación a las personas.
(b) Apelación a la emoción.
(c) Apelación a la autoridad.
(d) Razonamiento inductivo.
(e) Composición. 1-13

Un antiguo alto cargo de la General Motors señaló en cierta ocasión: «Lo que es bueno para la General Motors es bueno para el país». Esta afirmación es un ejemplo perfecto de la falacia de:
(a) Crítica a la persona.
(b) Apelación a las personas.
(c) Apelación a la autoridad.
(d) Apelación a la emoción.
(e) Composición. 1-14

La microeconomía trata principalmente de:
(a) El comportamiento de las empresas y las industrias en el mercado.
(b) El nivel de los impuestos.
(c) Las fluctuaciones en el ingreso agregado y en el empleo.
(d) El estudio de los problemas laborales.
(e) Ninguno de los anteriores. 1-15

En la microeconomía la acentuación principal se fija en temas como:
(a) El nivel general de precios.
(b) El desempleo en el conjunto de la economía.
(c) Los precios y volúmenes concretos de producción.
(d) Las políticas del gobierno con relación a los negocios en general.
(e) La inflación, la banca y los impuestos. 1-16

La macroeconomía trata principalmente de:
(a) El comportamiento de las empresas y las industrias en el mercado.
(b) La estructura económica de las empresas e industrias.
(c) Las políticas de producción de las empresas.
(d) Las políticas de fijación de precios de las empresas.
(e) Ninguna de las anteriores. 1-17

El punto de vista adoptado en la macroeconomía es fundamentalmente el del conjunto de:
(a) La economía.
(b) La industria.
(c) La empresa.
(d) La familia.
(e) El grupo de individuos. 1-18

Los recursos en propiedad o recursos no humanos de una sociedad están integrados exclusivamente por su:
(a) Tierra y capital productivos.
(b) Materias primas útiles.
(c) Máquinas y edificios industriales disponibles.
(d) Recursos naturales reales y descubiertos.
(e) Servicios de transporte y de comunicación. 2-1

Dentro de la economía, una expresión sinónima de recursos es:
(a) Tierra.
(b) Recursos naturales.
(c) Factores de producción.
(d) Depósitos de minerales.
(e) Ninguno de los anteriores. 2-2

Los recursos humanos de una sociedad están integrados por:
(a) Sus consumidores.
(b) Sus obreros.
(c) Sus empresarios.
(d) Todos los anteriores.
(e) Los talentos productivos físicos y mentales de su población. 2-3

Un automóvil es:
(a) Un bien de consumo si se compra para ser utilizado para diversión por una familia.
(b) Un bien de capital si lo compra una empresa para utilizarlo con fines comerciales.
(c) Un bien de capital si lo compra un vendedor ambulante para su trabajo.
(d) Todos los anteriores.
(e) Ninguno de los anteriores. 2-4

La ley de la escasez:
(a) Prevalece en las economías pobres.
(b) Prevalece en las economías ricas.
(c) Impide que algunos bienes sean bienes gratuitos.
(d) Se traduce en que algunos bienes son bienes económicos.
(e) Todos los anteriores. 2-5

La existencia de una ley universal de la escasez impulsa a la sociedad a:
(a) Utilizar sus recursos con prodigalidad.
(b) Economizar en la utilización de sus recursos.
(c) Asignar sus recursos de una manera ineficiente.
(d) Desperdiciar sus recursos.
(e) Explotar sus recursos. 2-6

La construcción de la curva de posibilidades de producción de una sociedad supone que:

(a) La sociedad tiene que elegir entre la producción de dos tipos de bienes.
(b) Los recursos de la sociedad están en pleno empleo.
(c) La oferta de recursos de la sociedad y su nivel de conocimientos tecnológicos son constantes.
(d) No existe subempleo de los recursos de la sociedad.
(e) Todos los anteriores. 2-7

Uno de los supuestos de la curva de posibilidades de producción de una sociedad es que:

(a) El estado de la tecnología está variando.
(b) Existe una oferta ilimitada de recursos a disposición de la sociedad.
(c) Existe pleno empleo y no existe subempleo de los recursos.
(d) Los bienes pueden ser producidos en cantidades ilimitadas.
(e) Ninguno de los anteriores. 2.8

Se puede lograr un aumento en la producción de un tipo de bien, a lo largo de una curva de posibilidades de producción:

(a) Disminuyendo la producción del otro tipo de bien.
(b) Aumentando la producción del otro tipo de bien.
(c) Manteniendo constante la producción del otro tipo de bien.
(d) Sin afectar a la producción del otro tipo de bien.
(e) Ninguno de los anteriores. 2-9

La combinación óptima de producción en la curva de posibilidades de producción se encuentra:

(a) En un punto cercano a la parte superior de la curva.
(b) En un punto cercano a la mitad de la curva.
(c) Exactamente en el punto medio de la curva.
(d) En un punto cercano a la parte inferior de la curva.
(e) Es imposible decirlo. 2-10

Cuando analizamos la curva de posibilidades de producción de combinación óptima de producción siempre se encuentra en un punto situado en algún lugar:

(a) En el interior de la curva.
(b) En el exterior de la curva.
(c) En o dentro de la curva.
(d) En o fuera de la curva.
(e) En la curva. 2-11

La ley de los costes crecientes dice que:

(a) Los costes de producción siempre tienden a aumentar.
(b) Los aumentos en los salarios provocan aumentos en los costes de producción.
(c) A lo largo de una curva de posibilidades de producción los aumentos en la producción de un tipo de bien requieren sacrificios crecientes del otro tipo de bien.
(d) A lo largo de una curva de posibilidades de producción las disminuciones en la producción de un tipo de bien requieren sacrificios crecientes del otro tipo de bien.
(c) Ninguno de los anteriores. 2-12

A lo largo de toda la línea de posibilidades de producción la cantidad de un bien de la que se debe prescindir para adquirir una unidad más del otro bien tiende a:
(a) Disminuir.
(b) Aumentar.
(c) Permanecer constante.
(d) Aumentar unas veces y disminuir otras.
(e) Ninguna de las anteriores. 2-13

Los aumentos en los recursos o las mejoras en la tecnología tenderán a hacer que la curva de posibilidades de producción de una sociedad:
(a) Se desplace hacia dentro o hacia la izquierda.
(b) Se desplace hacia fuera o hacia la derecha.
(c) Se haga más rígida y definida.
(d) Se haga más recta mientras permanece fija en sus puntos extremos.
(e) Ninguna de las anteriores. 2-14

El hecho de que la curva de posibilidades de producción de una sociedad esté «arqueada hacia fuera», o sea cóncava respecto del origen del gráfico, demuestra la ley de:
(a) Los costes crecientes.
(b) Los costes decrecientes.
(c) Los costes constantes.
(d) Los costes fluctuantes.
(e) Ninguno de los anteriores. 2-15

Si una curva de posibilidades de producción fuera una línea recta con pendiente negativa en lugar de ser una línea cóncava o «con curvatura hacia afuera», esto demostraría que está operando una ley de:
(a) Costes crecientes.
(b) Costes decrecientes.
(c) Costes constantes.
(d) Costes fluctuantes.
(e) Ninguno de los anteriores. 2-16

Si una curva de posibilidades de producción tuviese su curvatura «hacia dentro», o fuese convexa con relación al origen del gráfico, en lugar de tener su curvatura «hacia fuera» o ser cóncava respecto del origen, esto demostraría que esta operando una ley de:
(a) Costes crecientes.
(b) Costes decrecientes.
(c) Costes constantes.
(d) Costes fluctuantes.
(e) Ninguno de los anteriores. 2-17

Si en el cuadro explicativo 2-1 la economía está produciendo en el punto correspondiente a la alternativa *C*, el coste real de producir en el punto correspondiente a la alternativa *D* es:
(a) 14 unidades de bienes de consumo.
(b) 8 unidades de bienes de consumo.
(c) 6 unidades de bienes de consumo.
(d) 7 unidades de bienes de consumo.
(e) Ninguna de las anteriores. 2-18

Cuadro explicativo 2-1

ESQUEMA DE POSIBILIDADES DE PRODUCCIÓN

	Alternativas de producción				
	A	*B*	*C*	*D*	*E*
Bienes de capital	0	1	2	3	4
Bienes de consumo	20	18	14	8	0

En el cuadro explicativo 2-1, un movimiento desde la alternativa *D* a la alternativa *C*:
(a) Sería imposible.
(b) Se traduciría en un mayor desempleo.
(c) Disminuiría la tasa de crecimiento.
(d) Aumentaría la tasa de crecimiento.
(e) Se traduciría en un mayor subempleo. 2-19

En el cuadro explicativo 2-1 la producción de 14 unidades de bienes de consumo y 1 unidad de bienes de capital sería:
(a) Posible pero no deseable.
(b) Se traduciría en cierto desempleo.
(c) Se traduciría en la no utilización de algunos recursos.
(d) Todas las anteriores. 2-20
(e) Ninguna de las anteriores.

En el análisis de una curva de posibilidades de producción podemos representar una situación de desempleo o subempleo mediante un punto situado:
(a) En la parte superior de la curva.
(b) Cerca del punto medio de la curva.
(c) En la parte inferior de la curva.
(d) Fuera (a la derecha) de la curva.
(e) Ninguna de las anteriores. 2-21

En términos de una curva de posibilidades de producción podemos representar el crecimiento económico mediante:
(a) Un desplazamiento de la curva hacia la derecha.
(b) Un desplazamiento de la curva hacia la izquierda.
(c) Una curva que permanezca fija.
(d) Ninguna de las anteriores.
(e) Algunas veces (a) y otras veces (b). 2-22

La institución más básica del capitalismo es:
(a) La existencia de capital.
(b) La propiedad privada.
(c) La utilización de dinero y de capital.
(d) El laissez-faire completo.
(e) La producción tratando de lograr un beneficio. 3-1

Un sistema económico en el que los medios de producción y de distribución son de propiedad privada y son utilizados para conseguir un beneficio en condiciones predominantemente competitivas es conocido como:
- (a) Comunismo.
- (b) Socialismo.
- (c) Capitalismo.
- (d) Fascismo.
- (e) Totalitarismo. 3-2

¿Cuál de los siguientes es el menos apropiado en relación con los cuatro restantes?.
- (a) Adam Smith.
- (b) «Mano Invisible».
- (c) *The Wealth of Nations.*
- (d) Aristóteles.
- (e) «Fundador de la economía». 3-3

La persona conocida como el «fundador de la economía» fue:
- (a) Aristóteles.
- (b) Platón.
- (c) Santo Tomás de Aquino.
- (d) Adam Smith.
- (e) Ninguno de los anteriores. 3-4

El libro que contuvo el primer estudio completo y sistemático de la economía fue:
- (a) *La Sagrada Biblia.*
- (b) *La República.*
- (c) *La Ética a Nicómaco.*
- (d) La *Suma Teológica.*
- (e) *The Wealth of Nations.* 3-5

Adam Smith fue el autor de:
- (a) *The Wealth of Nations.*
- (b) *La Política.*
- (c) *La República.*
- (d) *La Ética a Nicómaco.*
- (e) La *Suma Teológica.* 3-6

The Wealth of Nations fue escrita por:
- (a) Aristóteles.
- (b) Platón.
- (c) Santo Tomás de Aquino.
- (d) Adam Simth.
- (e) Ninguno de los anteriores. 3-7

Una economía competitiva es una economía caracterizada por:
- (a) La presencia de muchos compradores y muchos vendedores.
- (b) La presencia de muchos compradores y pocos vendedores.
- (c) La presencia de pocos compradores y muchos vendedores.
- (d) La presencia de pocos compradores y pocos vendedores.
- (e) La presencia de cualquier número de compradores y vendedores. 3-8

En una economía competitiva las preguntas de *qué, cómo* y *para quién* producir tienden a estar reguladas por:
- (a) El gobierno.
- (b) Los empresarios.
- (c) El sistema de precios.
- (d) Los obreros.
- (e) Los consumidores. 3-9

El «sistema de precios» es un mecanismo que, en una economía competitiva, sirve para regular:
- (a) La política del gobierno.
- (b) *Qué, cómo* y *para quién* se produce.
- (c) La publicidad y la promoción de ventas.
- (d) El comportamiento social y político.
- (e) El nivel de los impuestos. 3-10

En un mercado competitivo los precios de los bienes reflejan:
- (a) Las cantidades que los vendedores están dispuestos a vender.
- (b) Las cantidades que adquieren los compradores.
- (c) Tanto (a) como (b).
- (d) Las previsiones de los compradores.
- (e) Los costes y beneficios de los vendedores. 3-11

En una economía competitiva una escasez de trigo en relación con el maíz se traducirá en:
- (a) Una disminución en el precio del trigo en relación con el precio del maíz.
- (b) Un aumento del precio del trigo en relación con el precio del maíz.
- (c) Variaciones proporcionales pero de sentido opuesto en los precios del trigo y del maíz.
- (d) Aumentos iguales en el precio del trigo y del maíz.
- (e) Disminuciones iguales en el precio del trigo y del maíz. 3-12

En una economía de mercado competitiva la pregunta de *qué* bienes se producirán viene determinada en último término por:
- (a) Los compradores, a través del sistema de precios.
- (b) Los vendedores, a través del sistema de precios.
- (c) Las industrias.
- (d) Los sindicatos.
- (e) El gobierno, a través de las leyes y reglamentos. 3-13

En una economía de mercado competitiva la pregunta de *cómo* se van a producir los bienes, viene determinada en última instancia por:

(a) Los compradores, a través del sistema de precios.
(b) Los vendedores, a través del sistema de precios.
(c) Las industrias.
(d) Los sindicatos.
(e) El gobierno, a través de leyes y reglamentos. 3-14

El papel del gobierno federal de los Estados Unidos como protector y regulador de determinados grupos, industrias y sectores dentro de la economía, a partir del siglo diecinueve:
(a) Ha disminuido.
(b) Ha permanecido igual.
(c) Ha aumentado.
(d) Ha cambiado a mejor.
(e) Ha cambiado a peor. 3-15

Una economía moderna o bien desarrollada se caracteriza típicamente por:
(a) Un estado relativamente avanzado de la tecnología y una notable oferta de bienes de capital.
(b) Un grado relativamente elevado de especialización y división del trabajo.
(c) Una forma relativamente adecuada y conveniente de dinero.
(d) Todos los anteriores.
(e) Una industria de producción de acero relativamente eficiente. 3-16

La especialización tiende normalmente a conducir a:
(a) Una mayor división del trabajo.
(b) Un menor grado de autosuficiencia.
(c) Un mayor volumen de producto total.
(d) Una mayor interdependencia entre los miembros de la sociedad.
(e) Todos los anteriores. 3-17

La especialización y la división del trabajo permiten:
(a) El desarrollo y el perfeccionamiento de las aptitudes.
(b) Evitar el tiempo que se pierde en ir de un puesto de trabajo a otro.
(c) El empleo de personas más aptas para un tipo de trabajo determinado.
(d) Una mayor interdependencia entre los miembros de la sociedad.
(e) Todos los anteriores. 3-18

La «doble coincidencia de necesidades» es un fenómeno que existe siempre en:
(a) Un intercambio monetario.
(b) Un intercambio en forma de trueque.
(c) Una bolsa de valores.
(d) Un intercambio entre oro y papel moneda.
(e) Un intercambio entre moneda y bienes. 3-19

¿Cuál de los siguientes elementos es el menos apropiado en relación con los cuatro restantes?:

(a) Los comienzos del capitalismo.
(b) Adam Smith.
(c) Santo Tomás de Aquino.
(d) La *Suma Teológica.*
(e) La usura y el precio «justo». 3-20

La utilización del dinero para el pago de bienes y servicios corrientes refleja la función del dinero como:

(a) Medio de pago.
(b) Medida de valor.
(c) Patrón para pagos diferidos.
(d) Conservador de valor.
(e) Ninguno de los anteriores. 3-21

El dinero puede ser utilizado como medio para expresar los precios de los objetos que son comprados y vendidos. Esto refleja la función del dinero como:

(a) Medio de pago.
(b) Patrón para pagos diferidos.
(c) Conservador de valor.
(d) Medida de valor.
(e) Ninguno de los anteriores. 3-22

Los préstamos y créditos en dinero para su devolución futura con un interés, ilustran la función del dinero como:

(a) Medio de pago.
(b) Patrón para pagos diferidos.
(c) Conservador de valor.
(d) Medida de valor.
(e) Ninguno de los anteriores. 3-23

La posibilidad de ahorrar dinero de modo que podamos gastarlo en un momento futuro ilustra la función del dinero como:

(a) Conservador de valor.
(b) Medio de pago.
(c) Patrón para pagos diferidos.
(d) Medida de valor.
(e) Ninguno de los anteriores. 3-24

Entre los elementos que pueden servir como dinero están:

(a) El papel moneda y las monedas.
(b) El oro.
(c) El oro y la plata.
(d) Las conchas marinas, los cerdos y las cuentas.
(e) Todos los anteriores o todo lo que la sociedad acepte como dinero. 3-25

La proporción que del *valor* (no del número) de todas las transacciones en la economía de los Estados Unidos se realiza mediante cheques es:
(a) Entre 0 y 9 %.
(b) Entre 10 y 24 %.
(c) Entre 25 y 49 %.
(d) Entre 50 y 80 %.
(e) Ninguna de las anteriores. 3-26

En un esquema o modelo de flujo circular consistente en cuatro nudos: el sector familias, el sector empresas, los mercados de productos y los mercados de recursos:
(a) Las familias son demandantes de productos.
(b) Las empresas son oferentes de productos.
(c) Las familias son oferentes de recursos.
(d) Las empresas son demandantes de recursos.
(e) Todas las anteriores. 3-27

En un esquema o modelo de flujo circular consistente en cuatro nudos: el sector familias, el sector empresas, los mercados de productos y los mercados de recursos:
(a) Las familias son oferentes de productos.
(b) Las empresas son demandantes de productos
(c) Las familias son demandantes de recursos.
(d) Las empresas son oferentes de recursos
(e) Ninguna de las anteriores. 3-28

Un modelo del flujo circular de la actividad esconómica es un:
(a) Modelo microeconómico.
(b) Modelo macroeconómico.
(c) Modelo de gobierno.
(d) Modelo de industria.
(e) Modelo de consumo. 3-29

Puede considerarse que un modelo del flujo circular de la actividad económica es conceptualmente similar a un modelo de:
(a) El flujo de la sangre a través de un sistema de venas y arterias en el cuerpo humano.
(b) El flujo del agua a través de un sistema cerrado de tubos.
(c) El flujo de la corriente eléctrica a través de un circuito electrónico cerrado.
(d) Todos los anteriores.
(e) Ninguno de los anteriores. 3-30

El flujo circular de la actividad económica es un modelo de:
(a) El flujo de bienes, recursos, pagos y gastos entre los sectores de la economía.
(b) La influencia del gobierno en el comportamiento de las empresas.
(c) La influencia de las empresas en los consumidores.
(d) El papel de los sindicatos y el gobierno en la economía.
(e) La interacción entre los impuestos, los precios y los beneficios. 3-31

La Wearever Shoe Company vendió 80 pares de zapatos a 20$ el par, y 100 pares de zapatos a 15$ el par. Esto ilustra:
(a) El funcionamiento de la ley de la demanda.
(b) La existencia de una curva de demanda con pendiente negativa.
(c) Una relación inversa entre el precio y la cantidad demandada.
(d) La tendencia de la cantidad demandada a aumentar a medida que disminuye el precio por unidad.
(e) Todos los anteriores. 4-1

Si la curva de demanda del producto G tiene pendiente negativa esto significa que un aumento en el precio de G se traducirá en:
(a) Un aumento en la demanda de G.
(b) Una disminución en la demanda de G.
(c) Ninguna variación en la demanda de G.
(d) La demanda de una mayor cantidad de G.
(e) La demanda de una menor cantidad de G. 4-2

La ley de la demanda es ilustrada por una curva de demanda:
(a) Horizontal.
(b) Con pendiente negativa.
(c) Vertical.
(d) Con pendiente positiva.
(e) Ninguna de las anteriores. 4-3

La empresa Anderson Neckwear, fabricante de corbatas, tiene ante sí una curva de demanda de sus corbatas con la característica de una pendiente negativa. Hace dos meses vendió 1000 corbatas a 6$ la unidad. El mes pasado la empresa pudo vender únicamente 800 corbatas a ese mismo precio de 6$ por unidad. Es evidente que la empresa ha experimentado:
(a) Una disminución en la demanda.
(b) Una variación en la demanda.
(c) Un desplazamiento de la curva de demanda hacia la izquierda.
(d) Todas las anteriores.
(e) Ninguna de las anteriores. 4-4

La empresa Marbury Shirt se enfrenta a una curva de demanda con pendiente negativa con relación a su producto. Hace dos meses vendió 200 camisas a 10$ la unidad. El mes pasado la empresa aumento el precio a 12$ por cada camisa y vendió de nuevo 200 camisas. Es evidente que la empresa ha experimentado:
(a) Una disminución de la demanda.
(b) Una disminución de la cantidad demandada.
(c) Un aumento en la demanda.
(d) Un aumento en la cantidad demandada.
(e) Ninguna de las anteriores. 4-5

Si la curva de demanda del producto C tiene pendiente negativa, es probable que un aumento de la renta de los compradores se traduzca en:
(a) Un aumento de la demanda.
(b) Un aumento de la cantidad demandada.
(c) Una disminución de la demanda.
(d) Una disminución en la cantidad demandada.
(e) Ninguna variación en la demanda ni en la cantidad demandada. 4-6

Con relación a la mayor parte de los bienes, las compras tienden a aumentar cuando aumenta la renta de los compradores y a disminuir cuando disminuye la renta. Tales bienes son conocidos como:
(a) Bienes inferiores.
(b) Bienes directos.
(c) Bienes medios.
(d) Bienes normales.
(e) Ninguno de los anteriores. 4-7

Con relación a algunos bienes las compras tienden a disminuir cuando aumenta la renta de los compradores. Tales bienes son conocidos como:
(a) Bienes comunes.
(b) Bienes inferiores.
(c) Bienes inversos.
(d) Bienes normales.
(e) Ninguno de los anteriores. 4-8

Un aumento del precio del producto X se tradujo en una disminución en la cantidad demandada del producto Y. Esto indica que los productos X e Y son:
(a) Bienes substitutivos.
(b) Bienes complementarios.
(c) Bienes inferiores.
(d) Bienes superiores.
(e) Bienes normales. 4-9

Un aumento del precio del producto B se tradujo en un aumento en la cantidad demandada del producto C. Esto indica que los productos B y C son:
(a) Bienes substitutivos.
(b) Bienes complementarios.
(c) Bienes inferiores.
(d) Bienes superiores.
(e) Bienes normales. 4-10

Es probable que un aumento en el precio de la mantequilla se traduzca en:
(a) Un aumento en la demanda de margarina.
(b) Una disminución en la demanda de margarina.
(c) Un aumento en la cantidad demandada de margarina.
(d) Una disminución en la cantidad demandada de margarina.
(e) Ninguna variación en la demanda de margarina. 4-11

Si los productos M y N son substitutos próximos, la consecuencia será que un aumento en el precio de M hará que la curva de demanda de N:
(a) Se desplace hacia la derecha.
(b) Se desplace hacia la izquierda.
(c) Permanezca inalterada.
(d) Se haga más recta.
(e) Se convierta en más curva. 4-12

Una disminución en el precio del producto X se tradujo en un aumento en la cantidad ofrecida del mismo. Esto es ejemplo de una excepción a:

(a) La ley de los costes crecientes.
(b) La ley de la demanda.
(c) La ley del mercado.
(d) La ley de la producción.
(e) Ninguna de las anteriores. 4-13

Se ha encontrado algunas veces que al aumentar el precio (salario) de ciertos tipos de mano de obra disminuía la cantidad de horas de trabajo ofrecidas. Esto es ejemplo de una excepción a:

(a) La ley de la demanda.
(b) La ley de la producción.
(c) La ley de los costes crecientes.
(d) La ley del mercado.
(e) Ninguna de las anteriores. 4-14

El vendedor A, que tiene una curva de oferta con pendiente positiva, estaba dispuesto a ofrecer 400 unidades de una mercancía a un precio de 5$ por unidad. Ahora está dispuesto a ofrecer el mismo número de unidades a un precio de 4$ por unidad. Es evidente que el vendedor A ha experimentado:

(a) Un aumento en la oferta.
(b) Una disminución en la oferta.
(c) Un aumento en la cantidad ofrecida.
(d) Una disminución en la cantidad ofrecida.
(e) Una disminución en la demanda. 4-15

El vendedor B, que tiene una curva de oferta con pendiente positiva, estaba dispuesto a ofrecer 100 unidades de una mercancía a un precio de 10$ la unidad. Ahora está dispuesto a ofrecer el mismo número de unidades a un precio no menor que 12$ la unidad. Es evidente que el vendedor B ha experimentado:

(a) Una disminución en la cantidad ofrecida.
(b) Una disminución en la oferta.
(c) Un aumento en la cantidad ofrecida.
(d) Un aumento en la oferta.
(e) Un aumento en la demanda. 4-16

Es probable que una mejora en la tecnología de un vendedor en competencia perfecta se traduzca en:

(a) Un desplazamiento de su curva de oferta hacia la derecha.
(b) Un aumento de su oferta.
(c) Un deseo y posibilidad por su parte de ofrecer una cantidad mayor que antes a un precio dado.
(d) Un deseo y posibilidad por su parte de ofrecer la misma cantidad que antes a un precio menor.
(e) Todos los anteriores. 4-17

En el cuadro explicativo 4-1:
- (a) La oferta ha disminuido y el precio de equilibrio ha disminuido.
- (b) La oferta ha disminuido y el precio de equilibrio ha aumentado.
- (c) La demanda ha disminuido y el precio de equilibrio ha disminuido.
- (d) La demanda ha disminuido y el precio de equilibrio ha aumentado.
- (e) Ninguno de los anteriores. 4-18

Cuadro explicativo 4-1

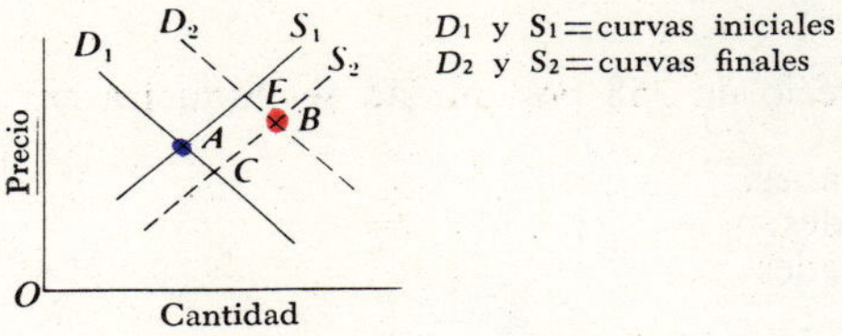

En el cuadro explicativo 4-1:
- (a) Un aumento de la demanda ha compensado sobradamente un aumento en la oferta.
- (b) El precio final de equilibrio es mayor que el precio inicial de equilibrio.
- (c) La cantidad final de equilibrio es mayor que la cantidad inicial de equilibrio.
- (d) Los puntos A y B indican los puntos de equilibrio inicial y final respectivamente.
- (e) Todas las anteriores. 4-19

En el cuadro explicativo 4-1, supóngase que un aumento en la demanda del producto ha sido exactamente compensado por un aumento en su oferta. El resultado habría sido:
- (a) Un aumento del precio y de la cantidad de equilibrio.
- (b) Una disminución del precio y de la cantidad de equilibrio.
- (c) Ninguna variación en el precio de equilibrio pero una cantidad de equilibrio mayor que la anterior.
- (d) Ninguna variación de la cantidad de equilibrio pero un precio de equilibrio mayor.
- (e) Un mayor precio y una menor cantidad de equilibrio. 4-20

En el cuadro explicativo 4-1, supóngase que un aumento de la demanda del producto ha sido compensado exactamente con una disminución en su oferta. El resultado habría sido:
- (a) Un menor precio y cantidad de equilibrio.
- (b) Un mayor precio y cantidad de equilibrio.
- (c) Ninguna variación en el precio y en la cantidad de equilibrio.
- (d) Un precio de equilibrio mayor y ninguna variación en la cantidad de equilibrio.
- (e) Ninguna variación en el precio de equilibrio y una cantidad mayor o menor de equilibrio. 4-21

Cuadro explicativo 4-2

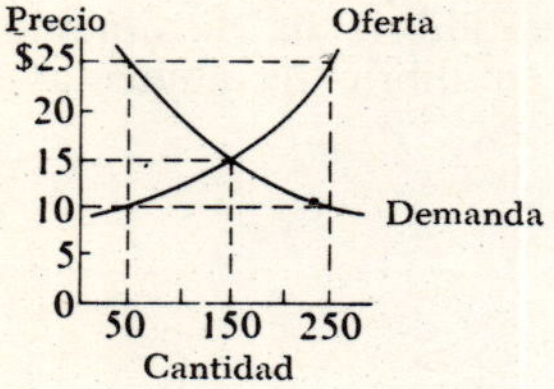

En el cuadro explicativo 4-2, un precio de 25$ por unidad se traducirá en:
(a) Ni excedente ni escasez.
(b) Un excedente de 250 unidades.
(c) Un excedente de 50 unidades.
(d) Un excedente de 200 unidades.
(e) Ninguno de los anteriores. 4-22

En el cuadro explicativo 4-2 un precio de 10$ por unidad se traducirá en:
(a) Una escasez de 50 unidades.
(b) Una escasez de 250 unidades.
(c) Ni excedente ni escasez.
(d) Una escasez de 200 unidades.
(e) Ninguno de los anteriores. 4-23

En el cuadro explicativo 4-2, se producirá un excedente de 200 unidades a un precio de .... y una escasez de 200 unidades a un precio de .... :
(a) 15$; 15$.
(b) 25$; 15$.
(c) 15$; 10$.
(d) 15$; 25$.
(e) Ninguno de los anteriores. 4-24

En el cuadro explicativo 4-2, si no existe restricción alguna a las acciones de los compradores y vendedores, el precio y la cantidad de mercado tenderán hacia:
(a) 25$ y 50 unidades respectivamente.
(b) 25$ y 250 unidades respectivamente.
(c) 10$ y 50 unidades respectivamente.
(d) 10$ y 250 unidades respectivamente.
(e) Ninguno de los anteriores. 4-25

En el cuadro explicativo 4-2, el precio mínimo por unidad que los vendedores estarían dispuestos a aceptar por 50 unidades es:
(a) 25$.
(b) 15$.
(c) 10$.
(d) 0$.
(e) Ninguno de los anteriores. 4-26

En el cuadro explicativo 4-2, el precio máximo por unidad que los compradores estarían dispuestos a pagar por 250 unidades es:
(a) 0$.
(b) 10$.
(c) 15$.
(d) 25$.
(e) Ninguno de los anteriores. 4-27

Una economía competitiva o de mercado pura es aquella en que:
(a) Prevalece la soberanía del consumidor.
(b) Los consumidores expresan con sus dólares los «votos» por los bienes que desean.
(c) Los recursos de la sociedad tienden a estar asignados de una manera eficiente.
(d) Existe un grado relativamente elevado de libertad económica.
(e) Todas las anteriores. 4-28

La determinación de los precios por el libre juego de la oferta y la demanda es:
(a) Un fenómeno extendido en los Estados Unidos.
(b) Una característica de los países industriales avanzados.
(c) Algo que tiende a contarse entre las preferencias de los empresarios.
(d) Su ejemplo más próximo son los mercados organizados para las mercancías.
(e) Típico en las industrias de automóviles, acero y otras dominadas por un pequeño número de grandes empresas. 4-29

La expresión «distribución funcional de la renta» se refiere a la distribución de la renta entre:
(a) Las empresas y las industrias.
(b) El estado y los gobiernos locales.
(c) Las familias.
(d) Las familias y las empresas.
(e) Los propietarios de los recursos. 5-1

La expresión «distribución personal de la renta» se refiere a la distribución de la renta entre:
(a) Las personas.
(b) Las familias.
(c) Las personas que trabajan en las empresas.
(d) Las personas que trabajan en el gobierno.
(e) Todas las personas empleadas. 5-2

La proporción de la renta nacional que es distribuida en forma de sueldos y salarios es aproximadamente:
(a) 15 %.
(b) 30 %.
(c) 50 %.
(d) 75 %.
(e) 90 %. 5-3

La mayor participación de la renta nacional se distribuye en forma de:
(a) Sueldos y salarios.
(b) Rentas.
(c) Intereses.
(d) Beneficios de las empresas.
(e) Rentas de la propiedad. 5-4

La segunda mayor proporción de la renta nacional se distribuye en forma de:
(a) Sueldos y salarios.
(b) Rentas.
(c) Intereses.
(d) Beneficios de las empresas.
(e) Rentas de la propiedad. 5-5

La proporción de la renta nacional distribuida como retribución a los empleados, contando desde los años 1930, ha tenido un promedio aproximado de:
(a) Entre 10 y 20 %.
(b) 33 1/3 %.
(c) 50 %.
(d) 66 2/3 %.
(e) Entre 75 y 90 %. 5-6

La proporción de renta nacional distribuida como beneficio de las empresas, a largo plazo, ha tenido un promedio de:
(a) Entre 1 y 8 %.
(b) 12 %.
(c) 25 %.
(d) 33 1/3 %.
(e) Entre 50 y 75 %. 5-7

La proporción de renta nacional distribuida a los propietarios de recursos está determinada por:
(a) Decreto del gobierno.
(b) Exclusivamente las fuerzas del mercado.
(c) Las fuerzas del mercado y factores institucionales tales como leyes, costumbres, acuerdos sindicales, etc.
(d) Exclusivamente factores institucionales.
(e) La oferta y la demanda. 5-8

Como tendencia a largo plazo, el porcentaje de familias incluido en los grupos de renta más baja, a partir de la segunda guerra mundial:
(a) Ha ido aumentando rápidamente.
(b) Ha ido aumentando lentamente.
(c) Ha estado fluctuando violentamente.
(d) Se ha mantenido aproximadamente igual.
(e) Ha ido disminuyendo con regularidad. 5-9

Como tendencia a largo plazo, el porcentaje de familias en los grupos de rentas más elevadas, a partir de la segunda guerra mundial:
(a) Ha ido disminuyendo rápidamente.
(b) Ha ido disminuyendo lentamente.
(c) Ha ido aumentando.
(d) Ha permanecido aproximadamente igual.
(e) Ha sufrido violentas fluctuaciones. 5-10

Una curva de Lorenz es muy apropiada para comparar:
(a) La oferta y la demanda.
(b) Los impuestos y las salarios.
(c) Los precios de los recursos.
(d) Las tasas de crecimiento económico.
(e) Las distribuciones actual e igualitaria de la renta. 5-11

Si una curva de Lorenz tuvitse una pendiente de 45° las variables comparadas serían:
(a) Idénticas.
(b) Ligeramente diferentes.
(c) Muy diferentes.
(d) Imposibles de cuantificar.
(e) Exactamente opuestas. 5-12

Cuanto más «convexa hacia abajo» sea una curva de Lorenz tanto mayor será el grado de:
(a) Igualdad entre las variables.
(b) Similitud entre las variables.
(c) Mensurabilidad de las variables.
(d) Desigualdad entre las variables.
(e) Ninguna de las anteriores. 5-13

Como tendencia a largo plazo, el porcentaje de renta total recibido por la quinta parte de las familias situadas en el escalón más elevado en los Estados Unidos desde la segunda guerra mundial ha ido:
(a) Aumentando notablemente.
(b) Aumentando moderadamente.
(c) Permaneciendo en el mismo nivel o disminuyendo ligeramente.
(d) Disminuyendo notablemente.
(e) Fluctuando agudamente. 5-14

En los Estados Unidos la distribución personal de la riqueza comparada con la distribución personal de la renta es:
(a) Notablemente más concentrada.
(b) Ligeramente más concentrada.
(c) Concentrada de una manera aproximadamente igual.
(d) Ligeramente menos concentrada.
(e) Notablemente menos concentrada. 5-15

A partir de mediados de la década de los años treinta la distribución personal de la renta en los Estados Unidos ha:

(a) Pasado a ser más desigual.
(b) Permanecido aproximadamente igual.
(c) Tendido hacia una mayor igualdad.
(d) Favorecido a los ricos a costa de los pobres.
(e) Favorecido a los grupos de renta media a expensas de los grupos de rentas más reducidas. 5-16

La distribución personal de la renta se convertiría en más igualitaria si se redujesen las diferencias en:

(a) La riqueza.
(b) Las posibilidades y oportunidades de obtener ingresos.
(c) La movilidad de los recursos.
(d) Todas las anteriores.
(e) Ninguna de las anteriores. 5-17

La proporción del producto total de los Estados Unidos producida por el sector privado de la economía, en comparación con el sector público, queda en la de:

(a) Menos que 10 %.
(b) Entre 10 y 24 %.
(c) Entre 25 y 49 %.
(d) Entre 50 y 75 %.
(e) Más de 75 %. 5-18

En Economía se define una industria como un conjunto de empresas:

(a) Que utilizan tipos de mano de obra iguales o semejantes.
(b) Que fabrican productos similares o idénticos.
(c) Situadas en la misma área geográfica.
(d) Que utilizan tipos de equipos iguales o semejantes.
(e) Todas las anteriores. 5-19

De acuerdo con la definición de industria tal como nos la da la economía, un fabricante diversificado como la General Electric Co. podría ser clasificado como perteneciente a:

(a) La industria de equipo eléctrico.
(b) La industria de radio y televisión.
(c) La industria de pequeños aparatos eléctricos.
(d) La industria de grandes aparatos eléctricos.
(e) Todas las anteriores. 5-20

La forma más antigua de organización empresarial es:

(a) La propiedad individual.
(b) La sociedad colectiva.
(c) La sociedad anónima.
(d) La sociedad limitada.
(e) Los acuerdos de asociación para proyectos concretos. 5-21

La forma más común de organización empresarial es la:
(a) Agrupación Massachusetts.
(b) Sociedad limitada.
(c) Propiedad individual.
(d) Sociedad anónima.
(e) Asociación para proyectos concretos. 5-22

Una ventaja importante de la forma de organización empresarial como propiedad individual es:
(a) Su capacidad para recaudar fondos para su expansión.
(b) Su elevado grado de estabilidad y permanencia.
(c) Su naturaleza impersonal.
(d) Su responsabilidad limitada.
(e) Ninguna de las anteriores. 5-23

Una desventaja fundamental de la forma de organización empresarial como propiedad individual es:
(a) Su facilidad de formación.
(b) Su simplicidad en cuanto a control.
(c) Su naturaleza personal.
(d) La complejidad de su estructura.
(e) Ninguna de las anteriores. 5-24

Una forma de organización empresarial como sociedad limitada se asemeja a una propiedad individual en cuanto a:
(a) Que es costosa su constitución.
(b) Está gravada con elevados impuestos de constitución.
(c) Es más impersonal.
(d) Supone una responsabilidad ilimitada de los propietarios.
(e) Es estable y normalmente permanente. 5-25

La famosa definición de una sociedad anónima como «un ente artificial invisible, intangible y existente únicamente ante los ojos de la ley» fue dada por:
(a) El Congreso.
(b) El Parlamento.
(c) El juez Marshall en el *Juicio del Darmouth College* (1819).
(d) Woodrow Wilson en los *Fourteen Points* (1918).
(e) En la *Constitución de los Estados Unidos.* 5-26

El señor Smith tiene 10 000$ en una cuenta de ahorro. Es también propietario de bienes por valor de 100 000$ (incluyendo una casa, mobiliario, coche, ropas, etc.) más una inversión de 1000$ en acciones de la empresa XYZ. Si la empresa quiebra porque no puede pagar a sus acreedores, el señor Smith podrá perder como máximo:
(a) 10 000$.
(b) 100 000$.
(c) 110 000$.
(d) 111.000$.
(e) 1000$. 5-27

El señor Harris, que es propietario de bienes personales por valor de 50 000$ y que tiene también una cuenta de ahorro con 5000$, ha adquirido recientemente acciones de una sociedad por valor de 2000$. Si la sociedad da en quiebra porque no puede pagar a sus acreedores, los acreedores podrán llevar al señor Harris ante los tribunales y obtener de él hasta la cantidad de:

(a) 50 000$.
(b) 5000$.
(c) 2000$.
(d) 57 000$.
(e) 0$. 5-28

El consejo de dirección de una sociedad es elegido por:

(a) El presidente de la sociedad.
(b) El vicepresidente de la sociedad.
(c) El presidente y el vicepresidente de la sociedad.
(d) Los accionistas de la sociedad.
(e) Todos los ejecutivos de la sociedad. 5-29

Una ventaja importante en la forma de sociedad anónima como modelo de organización de una empresa es su:

(a) Inestabilidad.
(b) Responsabilidad limitada de los accionistas.
(c) Falta de permanencia.
(d) Simplicidad de constitución.
(e) Incapacidad para recaudar fondos para la expansión. 5-30

Una característica única de una sociedad anónima, que la distingue de una propiedad individual y de una sociedad limitada, es que:

(a) La propiedad está dividida en participaciones denominadas acciones.
(b) Los propietarios participan en los beneficios recibiendo una retribución denominada dividendo.
(c) Normalmente los propietarios no son responsables personalmente de las deudas de la empresa.
(d) La propiedad puede cambiar pero la sociedad anónima sigue viviendo.
(e) Todas las anteriores son características únicas. 5-31

El concepto de «separación de propiedad y control» se refiere a:

(a) La forma de propiedad individual moderna.
(b) La gran sociedad anónima moderna.
(c) Las sociedades anónimas de comienzos del siglo diecinueve.
(d) La forma moderna de sociedad limitada.
(e) Ninguna de las anteriores. 5-32

La diferencia entre el activo total y el pasivo total de una empresa es su:

(a) Caja.
(b) Beneficio.
(c) Activo neto.
(d) Deuda.
(e) Tasa de rendimiento. 5S-33

La mejor medida de la tasa de rendimiento de la inversión de los propietarios en una empresa es la relación entre:
(a) Beneficios operativos y ventas netas.
(b) Beneficios netos después de impuestos y ventas netas.
(c) Beneficio neto después de impuestos y activo total.
(d) Beneficio neto después de impuestos y activo neto.
(e) Disponible en caja y activos totales. 5S-34

Una medida de la productividad del activo total de una empresa es la relación entre su:
(a) Beneficio bruto y ventas netas.
(b) Beneficio neto antes de impuestos y ventas netas.
(c) Beneficio neto después de impuestos y ventas netas.
(d) Beneficio neto y pasivo corriente.
(e) Ninguna de las anteriores. 5S-35

Cuadro explicativo 5-1

DATOS FINANCIEROS SELECCIONADOS DE LA SOCIEDAD XYZ
(Para el año que finalizó el pasado 31 de diciembre)

Disponible en caja	$ 3 000	Pasivo total	$80 000
Beneficio neto después de impuestos	5 000	Beneficio bruto	10 000
Activo total	100 000	Beneficio neto antes de impuestos	12 000
Ventas netas	60 000	Activo fijo	50 000

En el cuadro explicativo 5-1 el activo neto de la sociedad es:
(a) 3000$.
(b) 8000$.
(c) 100 000$.
(d) 20 000$.
(e) 10 000$. 5S-36

En el cuadro explicativo 5-1 si el disponible en caja fuese 5000$, en lugar de 3000$, y si *todos* los restantes datos permaneciesen iguales, el activo neto de la sociedad sería:
(a) 5000$.
(b) 20 000$.
(c) 10 000$.
(d) 100 000$.
(e) 12 000$. 5S-37

En el cuadro explicativo 5-1, la relación del beneficio bruto de la sociedad es igual a:
(a) 16 2/3 %.
(b) 10 %.
(c) 20 %.
(d) 12 1/2 %.
(e) 10 000$. 5S-38

En el cuadro explicativo 5-1, la relación del beneficio neto de la sociedad es igual a:
(a) 20 %.
(b) 8,3 %.
(c) 5 %.
(d) 41,7 %.
(e) 5000 $. 5S-39

En el cuadro explicativo 5-1 la tasa de rendimiento del activo total de la sociedad es:
(a) 12 %.
(b) 10 %.
(c) 125 %.
(d) 5 %.
(e) 50 %. 5S-40

En el cuadro explicativo 5-1, si no existiesen impuestos, la tasa de rendimiento de los activos totales de la sociedad seria:
(a) 12 %.
(b) 10 %.
(c) 5 %.
(d) 50 %.
(e) 125 %. 5S-41

En el cuadro explicativo 5-1, la tasa de rendimiento de la inversión de los accionistas es:
(a) 5 %.
(b) 75 %.
(c) 25 %.
(d) 3 %.
(e) Ninguna de las anteriores. 5S-42

En el cuadro explicativo 5-1 la tasa de rendimiento del activo neto es:
(a) 25 %.
(b) 20 %.
(c) 33 1/3 %.
(d) 75 %.
(e) Ninguna de las anteriores. 5S-43

A largo plazo, el presupuesto federal anual ha sido normalmente tal que:
(a) Los ingresos exceden a los gastos.
(b) Los ingresos son iguales que los gastos.
(c) Los gastos son superiores a los ingresos.
(d) Los gastos son independientes de los ingresos.
(e) Ninguna de las anteriores. 6-1

A largo plazo, el presupuesto federal anual normalmente:
(a) Ha estado equilibrado.
(b) Ha tenido un déficit.
(c) Ha tenido un superávit.
(d) Ha sido menor que el del año anterior.
(e) Ninguna de las anteriores. 6-2

La mayor fuente de ingresos del gobierno federal es:
(a) Los impuestos sobre la renta individual.
(b) Los impuestos sobre las rentas de las sociedades.
(c) Los impuestos por seguros sociales y por pensiones de retiro.
(d) Los impuestos indirectos.
(e) Los empréstitos y todas las restantes formas de impuestos no mencionados en los apartados anteriores. 6-3

Los impuestos sobre la renta de los individuos constituyen una proporción .... del ingreso del gobierno federal:
(a) Menor que 20 %.
(b) Entre 20 y 34 %.
(c) Entre 35 y 49 %.
(d) Entre 50 y 75 %.
(e) Mayor que 75 %. 6-4

La mayor categoría de gastos del gobierno federal es:
(a) La defensa nacional.
(b) La seguridad social y el bienestar.
(c) La educación y otros programas sociales.
(d) La ayuda exterior.
(e) Las pensiones a veteranos, la ayuda exterior y los intereses por la deuda nacional. 6-5

¿Qué proporción de nuestros gastos federales totales se destina a finalidades militares y de defensa nacional?:
(a) Menos que 20 %.
(b) Entre 20 y 34 %.
(c) Entre 35 y 49 %.
(d) Entre 50 y 75 %.
(e) Más de 75 %. 6-6

La mayor fuente de ingresos para los gobiernos estatales y locales conjuntamente es:
(a) Las concesiones de ayudas por parte del gobierno federal.
(b) Los impuestos sobre las ventas.
(c) Los impuestos sobre los servicios públicos y los almacenes de licores.
(d) Los impuestos indirectos.
(e) Los impuestos sobre la propiedad. 6-7

La principal categoría de gastos de todos los gobiernos estatales y locales considerados conjuntamente es:
(a) El bienestar público.
(b) Los servicios públicos y los almacenes de licores.
(c) La construcción y mantenimiento de las carreteras.
(d) La educación.
(e) Los hospitales y la sanidad. 6-8

Las ayudas financieras distribuidas por los gobiernos federales y estatales a los gobiernos estatales y locales se conocen técnicamente como:
(a) Donaciones.
(b) Ayudas gratuitas.
(c) Bonos.
(d) Redistribuciones de impuestos.
(e) Pagos por razón de bienestar. 6-9

Cuadro explicativo 6-1

Renta imponible	100$	200$	300$	400$	500$
Cuantía del impuesto	0$	10$	21$	34$	50$

En el cuadro explicativo 6-1 observamos que a medida que la renta aumenta, la tasa impositiva media:
(a) Disminuye.
(b) Aumenta.
(c) Permanece constante.
(d) Fluctúa.
(e) Ninguna de las anteriores. 6-10

En el cuadro explicativo 6-1 la tasa impositiva media para una renta de 500$, comparada con la correspondiente a una renta de 200$, es:
(a) La misma.
(b) Menor.
(c) Mayor.
(d) Proporcional.
(e) Regresiva. 6-11

En el cuadro explicativo 6-1, observamos que a medida que la renta aumenta, la tasa impositiva marginal:
(a) Permanece igual.
(b) Disminuye.
(c) Fluctúa.
(d) Aumenta.
(e) Es regresiva. 6-12

En el cuadro explicativo 6-1 la tasa impositiva marginal por un aumento de la renta desde 100$ hasta 200$ es:
(a) 0 %.
(b) 5 %.
(c) Infinita.
(d) 20 %.
(e) 10 %. 6-13

En el cuadro explicativo 6-1 la tasa impositiva marginal por un aumento desde 200$ hasta 300$ de renta es:
(a) 0%.
(b) 5 %.
(c) 7 %.
(d) 11 %.
(e) Infinita. 6-14

Nuestros tipos impositivos sobre la renta personal son tales que a medida que la renta aumenta la tasa impositiva marginal:
(a) Aumenta con mayor rapidez que la tasa impositiva media.
(b) Permanece igual que la tasa impositiva media.
(c) Disminuye a medida que aumenta la tasa impositiva media.
(d) No está relacionada con la tasa impositiva media.
(e) Fluctúa alrededor de la tasa impositiva media. 6-15

Nuestros tipos impositivos sobre la renta personal son tales que:
(a) No merece la pena ganar más dinero.
(b) Para la gente pobre un aumento en la renta se ve sobrepasado por el aumento correspondiente en los impuestos.
(c) Para la gente rica un aumento en la renta se ve sobrepasado por el aumento correspondiente en los impuestos.
(d) El tipo impositivo marginal absorbe cualquier incremento de la renta.
(e) Ninguno de los anteriores. 6-16

La expresión «doble imposición» se refiere a la idea de que:
(a) El impuesto sobre las sociedades es aproximadamente el doble del impuesto sobre las empresas personales y sobre las sociedades limitadas.
(b) La sociedad anónima paga un impuesto por sus beneficios y el accionista paga un impuesto sobre la renta personal por los dividendos que recibe de esos beneficios.
(c) El gobierno grava tanto a la sociedad anónima como a las formas no societarias de organizaciones de empresas.
(d) Las grandes sociedades pagan un impuesto aproximadamente doble del que pagan las pequeñas sociedades.
(e) Los tipos impositivos sobre la renta de las sociedades son aproximadamente el doble de los tipos impositivos que gravan la renta de las personas físicas. 6-17

Los impuestos que mejor ilustran el principio fiscal del beneficio son:
(a) Los impuestos sobre la renta de las personas físicas.
(b) Los impuestos sobre la renta de las sociedades.
(c) Los impuestos sobre las ventas de gasolina.
(d) Los impuestos sobre las ventas.
(e) Los impuestos con ocasión de muerte y por donaciones. 6-18

Los impuestos que mejor ilustran el principio de la capacidad de pago son:
(a) Los impuestos sobre las ventas.
(b) Los impuestos sobre la renta de las personas físicas.
(c) Los impuestos sobre las ventas de gasolina.
(d) Los impuestos a los usuarios de autopistas.
(e) Los impuestos sobre el tabaco y los licores. 6-19

Supongamos que uno paga un impuesto de 10$ por una renta de 100$, de 20$ por una renta de 200$, y de 30$ por una renta de 300$. Éste sería un ejemplo de:
(a) Impuesto regresivo.
(b) Impuesto proporcional.
(c) Impuesto progresivo.
(d) Impuesto fijo.
(e) Impuesto inverso. 6-20

Supongamos que uno paga un impuesto de 10$ por una renta de 100$, de 25$ por una renta de 200$, y de 60$ por una renta de 300$. Éste sería un ejemplo de:
(a) Impuesto progresivo.
(b) Impuesto proporcional.
(c) Impuesto regresivo.
(d) Impuesto inverso.
(e) Impuesto constante. 6-21

Supongamos que uno paga un impuesto de 20$ por una renta de 100$, de 15$ por una renta de 200$ y de 18$ por una renta de 300$. Este sería un ejemplo de:
(a) Impuesto negativo.
(b) Impuesto desproporcional.
(c) Impuesto proporcional.
(d) Impuesto progresivo.
(e) Ninguno de los anteriores. 6-22

De acuerdo con su definición estricta, un tipo de impuesto no existente en los Estados Unidos es:
(a) Un impuesto regresivo.
(b) Un impuesto proporcional.
(c) Un impuesto progresivo.
(d) Un impuesto directo.
(e) Un impuesto indirecto. 6-23

El tipo de impuesto que produce los efectos regresivos más acusados es un:
(a) Impuesto sobre la renta personal.
(b) Impuesto sobre la propiedad.
(c) Impuesto sobre las donaciones.
(d) Impuesto sobre las ventas.
(e) Impuesto con ocasión de la muerte. 6-24

Los impuestos que tienden a ser ejemplo del concepto de la capacidad de pago son:
(a) Los impuestos sobre la renta.
(b) Los impuestos sobre la riqueza yacente.
(c) Los impuestos sobre las herencias.
(d) Todos los anteriores.
(e) Ninguno de los anteriores. 6-25

Los impuestos que son ejemplo del principio del beneficio son:
(a) Los impuestos por la seguridad social.
(b) Los impuestos sobre licencias.
(c) Los impuestos sobre la gasolina.
(d) Todos los anteriores.
(e) Ninguno de los anteriores. 6-26

Los mejores ejemplos de impuestos directos son:
(a) Los impuestos pagados por los empresarios por la seguridad social.
(b) Los impuestos sobre las ventas.
(c) Los impuestos sobre consumos.
(d) Los impuestos sobre las rentas de la propiedad.
(e) Los impuestos sobre la renta de las personas. 6-27

Los mejores ejemplos de los impuestos indirectos son:
(a) Los impuestos sobre la renta de las personas.
(b) Los impuestos pagados por los empleados por razón de la seguridad social.
(c) Los impuestos sobre las ventas.
(d) Los impuestos sobre la riqueza yacente.
(e) Los impuestos sobre las herencias. 6-28

La distinción entre un impuesto directo y un impuesto indirecto se basa en:
(a) La cantidad del impuesto.
(b) El tipo impositivo particular.
(c) El tipo de base impositiva.
(d) La repercutibilidad e incidencia del impuesto.
(e) Todos los anteriores. 6-29

Se dice que los datos económicos que reflejan los precios reales tal como han existido cada año están expresados en términos de:
(a) Dólares constantes.
(b) Dólares corrientes.
(c) Dólares fijos.
(d) Dólares variables.
(e) Dólares históricos. 7-1

Los datos económicos que reflejan los precios reales de un año anterior o el promedio de los precios reales de un año anterior están expresados en términos de:
(a) Dólares históricos.
(b) Dólares variables.
(c) Dólares corrientes.
(d) Dólares constantes.
(e) Dólares medios. 7-2

En el cuadro explicativo 7-1, si el año 3 es el período base, el valor del producto de ese año en dólares corrientes es:
(a) 100$.
(b) 5$.
(c) 20$.
(d) 5,20$.
(e) Ninguno de los anteriores. 7-3

Cuadro explicativo 7-1

Año	Unidades de producto	Precio por unidad de producto
1	2	2$
2	3	4
3	4	5
4	6	6
5	7	9

En el cuadro explicativo 7-1, si el período base es el año 3, el valor del producto del año 4 en dólares corrientes es:
(a) 36$.
(b) 6$.
(c) 120$.
(d) 5,20$.
(e) Ninguno de los anteriores. 7-4

En el cuadro explicativo 7-1, si el período base es el año 3, el índice de precios para el año 2 es:
(a) 4$.
(b) 12$.
(c) 80 %.
(d) 125 %.
(e) Imposible de determinar. 7-5

En el cuadro explicativo 7-1, si el período base es el año 3, el índice de precios para el año 4 es:
(a) 6$.
(b) 120 %.
(c) 83,3 %.
(d) 36$.
(e) Imposible de determinar. 7-6

En el cuadro explicativo 7-1, si el período base es el año 3, el valor del producto del año 2 en dólares constantes es:
(a) 15$.
(b) 12$.
(c) 4$.
(d) 16$.
(e) Ninguno de los anteriores. 7-7

En el cuadro explicativo 7-1, si el período base es el año 3, el valor del producto del año 4 en dólares constantes es:
(a) 36$.
(b) 6$.
(c) 24$.
(d) 30$.
(e) Ninguno de los anteriores. 7-8

En el cuadro explicativo 7-1, si el período base es el año 3, el valor del producto del año 3 en dólares constantes es:
(a) 5$.
(b) 27$.
(c) 22,67$.
(d) Imposible de determinar.
(e) Ninguno de los anteriores. 7-9

Podemos calcular el PNB para un año dado:
(a) Sumando los valores finales de mercado de todos los bienes y servicios.
(b) Sumando los valores añadidos en todas las etapas de producción.
(c) Sumando los gastos en consumo privado, la inversión privada bruta interior, los gastos del gobierno en bienes y servicios y el valor neto de las exportaciones.
(d) Mediante cualquiera de los métodos precedentes.
(e) Mediante la combinación de todos los métodos precedentes. 7-10

¿Cuál de las siguientes partidas se incluye en el cálculo del PNB?
(a) La renta de las casas ocupadas por los propietarios de las mismas.
(b) La compra y venta de acciones.
(c) La compra y venta de obligaciones.
(d) La compra y venta de máquinas y edificios industriales ya utilizados.
(e) La compra y venta de todos los bienes usados. 7-11

¿Cuál de las siguientes partidas está excluida del cálculo del PNB?
(a) La compra de 100 acciones de capital de la General Motors.
(b) La compra de AT & T.
(c) El valor de los servicios proporcionados por el ama de casa.
(d) La venta por parte del gobierno de los bienes militares excedentes.
(e) Todas las anteriores. 7-12

Uno de los inconvenientes del PNB como indicador del bienestar económico de una sociedad es que no logra medir:
(a) El crecimiento del tiempo de ocio.
(b) La mejora en la calidad de los bienes.
(c) Las mejoras en la variedad de los bienes.
(d) Los «desproductos» procedentes de la producción.
(e) Todos los anteriores. 7-13

Cuadro explicativo 7-2

DATOS DEL INGRESO NACIONAL — PUNTO DE VISTA DEL GASTO

(En miles de millones de dólares)

Gastos en consumo privado	71$
Impuestos indirectos sobre las empresas	11
Beneficios no distribuidos de las empresas	3
Pagos por transferencia	5
Gastos del gobierno en bienes y servicios	14
Impuestos personales	3
Contribuciones a la seguridad social	2
Inversión interior privada bruta	13
Exportaciones	2
Impuestos sobre las rentas de las sociedades	3
Importaciones	1
Intereses pagados por los consumidores	1
Deducciones por consumo de capital	8

En el cuadro explicativo 7-2, el producto nacional bruto es:
(a) 99$.
(b) 85$.
(c) 129$.
(d) 118$.
(e) Ninguno de los anteriores. 7-14

En el cuadro explicativo 7,2, el producto nacional neto es:
(a) Más de 100$.
(b) Menos de 75$.
(c) 76$.
(d) 91$.
(e) Ninguno de los anteriores. 7-15

En el cuadro explicativo 7-2, el ingreso nacional (al coste de los factores) es:
(a) 129$.
(b) 118$.
(c) 80$.
(d) Menos de 50$.
(e) Ninguno de los anteriores. 7-16

En el cuadro explicativo 7-2, el ingreso personal es:
(a) 84$.
(b) 77$.
(c) Entre 50 y 75$.
(d) Menos de 50$.
(e) Ninguno de los anteriores. 7-17

En el cuadro explicativo 7-2, el ingreso personal disponible es:
(a) Entre 0 y 19$.
(b) Entre 20 y 39$.
(c) Entre 40 y 50$.
(d) Entre 75 y 100$.
(e) Ninguno de los anteriores. 7-18

En el cuadro explicativo 7-2 el ahorro personal es:
(a) Más de 10$.
(b) 5$.
(c) 4$.
(d) 2$.
(e) Ninguno de los anteriores. 7-19

Cuadro explicativo 7-3

DATOS DEL INGRESO NACIONAL — PUNTO DE VISTA DEL INGRESO

(En miles de millones de dólares)

Salarios	155$
Impuestos indirectos sobre las empresas	25
Deducciones por consumo de capital	18
Rentas	9
Beneficios	76
Transferencias	22
Intereses	2
Beneficios no distribuidos por las sociedades	11
Impuestos personales	21
Contribuciones a la seguridad social	7
Impuestos sobre las rentas de las sociedades	18

En el cuadro explicativo 7-3 el producto nacional bruto es:
(a) 242$.
(b) 253$.
(c) 364$.
(d) 285$.
(e) Ninguno de los anteriores. 7-20

En el cuadro explicativo 7-3, el producto nacional neto es:
(a) Más de 275$.
(b) Entre 250 y 275$.
(c) Entre 225 y 249$.
(d) Entre 200 y 224$.
(e) Ninguno de los anteriores. 7-21

En el cuadro explicativo 7-3 el ingreso nacional (el coste de los factores) es:
(a) 264$.
(b) 253$.
(c) 276$.
(d) Menos que 225$.
(e) Ninguno de los anteriores. 7-22

En el cuadro explicativo 7-3, el ingreso personal es:
(a) 250$.
(b) 206$.
(c) 228$.
(d) Menos que 200$.
(e) Ninguno de los anteriores. 7-23

En el cuadro explicativo 7-3, el ingreso personal disponible es:
(a) 207$.
(b) 228$.
(c) Más de 225$.
(d) Menos que 200$.
(e) Ninguno de los anteriores. 7-24

¿Cuál de los siguientes no corresponde al grupo?:
(a) Fisiocratas.
(b) *Tableau Economique.*
(c) Wesley C. Mitchell.
(d) François Quesnay.
(e) Flujo circular. 7-25

Partidas que no constituyen bienes de inversión son:
(a) Las máquinas nuevas.
(b) Las acciones y obligaciones nuevas.
(c) Los edificios industriales nuevos.
(d) Los edificios nuevos.
(e) Un aumento en las existencias de almacén. 7-26

Si no existiesen deducciones por consumo de capital ni impuestos indirectos sobre las empresas, el producto nacional bruto sería igual a:
(a) El producto nacional neto.
(b) El ingreso nacional (al coste de los factores).
(c) El ingreso nacional bruto.
(d) Todos los anteriores.
(e) Ninguno de los anteriores. 7-27

En una economía en expansión o creciente:
(a) La inversión bruta es mayor que la depreciación.
(b) La inversión bruta es igual a la depreciación.
(c) La inversión neta es negativa.
(d) La inversión neta es cero.
(e) El producto nacional neto es mayor que el producto nacional bruto. 7-28

Si la inversión neta de una economía en un año dado fuese un *valor negativo* de 3 mil millones, esto significaría que:
(a) La economía expansionaba su base productiva en ese año.
(b) La base productiva de la economía permanecía constante en ese año.
(c) La deducción por consumo de capital en ese año fue de 3 mil millones.
(d) El producto nacional bruto fue menor que el producto nacional neto en ese año en la cuantía de 3 mil millones de dólares.
(e) Ninguna de las anteriores. 7-29

Si en un año dado la inversión interior privada bruta de una economía es de 45 mil millones de dólares y su deducción por consumo de capital es de 49 mil millones de dólares, entonces la economía está:
(a) En un estado de prosperidad.
(b) En un estado de depresión.
(c) Creciendo porque existe una gran demanda de capital.
(d) Declinando porque la inversión interior privada neta es negativa.
(e) Experimentando bien una inflación aguda o una deflación aguda. 7-30

Cuadro explicativo 7-4
DATOS DEL INGRESO NACIONAL — INFORMACIÓN DEL GASTO Y DEL INGRESO
(En miles de millones de dólares)

Sueldos y salarios	224$
Producto nacional neto	367
Gastos en consumo privado	254
Valor neto de las exportaciones	2
Rentas	14
Gastos del gobierno en bienes y servicios	74
Intereses	4
Inversión interior privada bruta	67
Rentas de la propiedad	42
Impuestos sobre las rentas de las sociedades	22
Dividendos	10
Beneficios no distribuidos de las empresas	15
Contribuciones a la seguridad social	11
Transferencias	27
Impuestos personales	36

En el cuadro explicativo 7-4, el ingreso nacional (al coste de los factores) es:
(a) 275$.
(b) 345$.
(c) 331$.
(d) Más de 350$.
(e) Menos que 300$. 7-31

En el cuadro explicativo 7-4, los impuestos indirectos sobre las empresas son:
(a) Más de 125$.
(b) 113$.
(c) 110$.
(d) 36$.
(e) Imposible de determinar. 7-32

En el cuadro explicativo 7-4, la deducción por consumo de capital es:
(a) 30$.
(b) 55$.
(c) 103$.
(d) Ninguno de los anteriores.
(e) Imposible de determinar. 7-33

En el cuadro explicativo 7-4, el producto nacional bruto es:
(a) 422$.
(b) 397$.
(c) 470$.
(d) Más de 475$.
(e) Ninguno de los anteriores. 7-34

En el cuadro explicativo 7-4, el ingreso personal es:
(a) 352$.
(b) 340$.
(c) 322$.
(d) 310$.
(e) Menos que 300$. 7-35

En el cuadro explicativo 7-4 el ingreso personal disponible es:
(a) Entre 300 y 325$.
(b) Entre 275 y 299$.
(c) Entre 250 y 274$.
(d) Entre 225 y 249$.
(e) Entre 200 y 224$. 7-36

En el cuadro explicativo 7-4, si se gastase en consumo el 93% de todo el ingreso personal disponible, entonces los gastos en consumo privado, redondeando en miles de millones de dólares, serían igual a:
(a) 290S.
(b) 255$.
(c) 233$.
(d) 186$.
(e) Ninguno de los anteriores. 7-37

En el cuadro explicativo 7-4, En el cuadro explicativo 7-4, si los gastos en consumo privado constituyen el 93 por ciento del ingreso personal disponible y si el interés pagado por los consumidores fuese de 5 mil millones de dólares, el ahorro personal, redondeando en millares de millones, sería:

(a) 20$.
(b) 9$.
(c) 11$.
(d) 14$.
(e) Ninguno de los anteriores. 7-38

A largo plazo, el valor monetario del producto nacional bruto ha aumentado con mayor rapidez que su valor real porque:

(a) El PNB no refleja las mejoras en la calidad.
(b) Las exportaciones netas son normalmente negativas.
(c) La inversión interior privada neta ha aumentado con mayor rapidez que la depreciación.
(d) Todas las anteriores.
(e) Ninguna de las anteriores. 7-39

A largo plazo la diferencia entre ingreso personal disponible e ingreso personal:

(a) Ha permanecido constante.
(b) Se ha hecho menos pronunciada debido a la importancia decreciente de los impuestos.
(c) Se ha hecho más pronunciada debido a la importancia creciente de los impuestos.
(d) Se ha hecho menos pronunciada debido a la importancia decreciente de las importaciones.
(e) Se ha hecho más pronunciada debido a la importancia creciente de las exportaciones. 7-40

Los ciclos económicos de los Estados Unidos a partir de la segunda guerra mundial, comparados con los sucedidos entre 1930 y 1945:

(a) Han sido menos severos.
(b) Han sido más severos.
(c) Han tenido aproximadamente la misma gravedad.
(d) Han contenido más depresiones que etapas de prosperidad.
(e) Han permanecido normalmente por debajo de la tendencia a largo plazo. 8-1

Una característica general de los ciclos económicos es que:

(a) Son periódicos.
(b) Son estacionales.
(c) Son no recurrentes.
(d) Existen en teoría pero no en la práctica.
(e) Ninguna de las anteriores. 8-2

La elevación de las ventas al detalle que tiene lugar en el mes de diciembre de cada año es un ejemplo de:

(a) Ciclo económico.
(b) Fluctuación estacional.
(c) Tendencia secular.
(d) Indicador con desfase.
(e) Inflación de demanda. 8-3

Un ejemplo de serie temporal es:
(a) Las ventas anuales totales de automóviles para cada uno de los últimos 10 años.
(b) Las ventas totales mensuales de calzados para cada uno de los pasados 12 meses.
(c) Los precios diarios medios de las acciones ordinarias para cada uno de los últimos siete días hábiles en el Mercado de Cambios de Nueva York.
(d) El número total de muertes que se produce cada hora como consecuencia de accidentes de automóvil para cada una de las últimas 24 horas.
(e) Todas las anteriores. 8-4

Un ejemplo de serie temporal es:
(a) El número total de coches vendidos en el último mes.
(b) El número total de coches vendidos en los últimos tres meses.
(c) El número de receptores de televisión que eran propiedad de las familias el 25 de enero del año pasado.
(d) El número de aparatos de televisión existentes por cada familia en la fecha de 25 de enero del año pasado.
(e) Ninguna de las anteriores. 8-5

Los ciclos económicos se producen principalmente en:
(a) La producción.
(b) Los precios.
(c) La renta.
(d) El empleo.
(e) Todas las anteriores y muchas otras series temporales. 8-6

A partir de la segunda guerra mundial los retrocesos económicos experimentados por los Estados Unidos se han producido principalmente en forma de:
(a) Depresiones profundas.
(b) Depresiones suaves.
(c) Depresiones prolongadas.
(d) Recesiones cortas.
(e) Recesiones prolongadas. 8-7

En el curso de un ciclo económico, los bienes industriales duraderos como el hierro y el acero, el cemento y los automóviles, tienden a experimentar:
(a) Fluctuaciones relativamente prolongadas en los precios.
(b) Fluctuaciones relativamente pequeñas en la producción y en el empleo.
(c) Fluctuaciones relativamente pequeñas en los precios y relativamente prolongadas en la producción y en el empleo.
(d) Fluctuaciones relativamente prolongadas en los precios y relativamente pequeñas en la producción y en el empleo.
(e) Una estabilidad relativa tanto en los precios como en la producción y el empleo. 8-8

En el curso de un ciclo económico, las industrias de bienes no duraderos como los productos alimenticios, los bienes procedentes de la agricultura y los textiles, tienden a experimentar:

(a) Una estabilidad relativa tanto en los precios como en la producción y el empleo.
(b) Fluctuaciones relativamente prolongadas en los precios y relativamente pequeñas en la producción y en el empleo.
(c) Fluctuaciones relativamente pequeñas en los precios y relativamente prolongadas en la producción y en el empleo.
(d) Fluctuaciones relativamente pequeñas en los precios.
(e) Fluctuaciones relativamente largas en la producción y en el empleo. 8-9

Los datos nos indican que, a largo plazo, la duración de los ciclos económicos en los tiempos de paz en los Estados Unidos ha tenido aproximadamente un promedio de:

(a) 25 años.
(b) 20 años.
(c) 15 años.
(d) 10 años.
(e) 5 años. 8-10

Desde el punto de vista del análisis de los ciclos económicos una característica importante de las industrias de bienes duraderos y no duraderos es que normalmente:

(a) La compra de bienes no duraderos puede ser pospuesta mientras que no se puede posponer la compra de bienes duraderos.
(b) Podemos posponer la compra de bienes duraderos pero no la de bienes no duraderos.
(c) Podemos posponer por un igual la compra tanto de bienes duraderos como de bienes no duraderos, retrasando así la recuperación de un ciclo económico.
(d) No podemos posponer ni la compra de bienes duraderos ni la de bienes no duraderos, con los cual apresuramos la recuperación de un ciclo económico.
(e) La posibilidad de posponer la compra de los bienes duraderos y de los no duraderos no tiene ninguna influencia sobre las fluctuaciones cíclicas en cuanto tales. 8-11

Una teoría del ciclo económico que acentúa ante todo la adopción de nuevos métodos y técnicas por parte de los empresarios es la denominada:

(a) Teoría psicológica.
(b) Teoría monetaria.
(c) Teoría del subconsumo.
(d) Teoría de la sobreinversión.
(e) Ninguna de las anteriores. 8-12

Una teoría del ciclo económico que se basa sobre todo en la mala distribución de la renta en la sociedad es la denominada:

(a) Teoría monetaria.
(b) Teoría del subconsumo.
(c) Teoría psicológica.
(d) Teoría de la sobreinversión.
(e) Teoría de la innovación. 8-13

Una teoría del ciclo económico que se fija principalmente en las expansiones y contracciones de las compras de equipo capital por parte de los empresarios es la:
(a) Teoría psicológica.
(b) Teoría monetaria.
(c) Teoría de la sobreinversión.
(d) Teoría del subconsumo.
(e) Teoría de las manchas solares. 8-14

¿Cuál de los siguientes factores es, según la teoría moderna de los ciclos económicos, el causante principal de las fluctuaciones económicas?:
(a) Las interacciones entre las variaciones en el consumo y las variaciones en la inversión.
(b) La tendencia del consumo a quedar por detrás del volumen de producto.
(c) La tendencia del consumo a aumentar con mayor rapidez que el producto.
(d) Las reacciones psicológicas de los empresarios ante los acontecimientos políticos, sociales y económicos.
(e) El exceso o la deficiencia de gasto en capital por parte de los empresarios. 8-15

Un conjunto de relaciones económicas que es expresado matemáticamente y después comprobado mediante métodos estadísticos recibe el nombre de:
(a) Sondeo de opinión.
(b) Extrapolación mecánica.
(c) Proyección de tendencia.
(d) Modelo econométrico.
(e) Indicados económico. 8-16

Una serie temporal que se mueve aproximadamente «al compás» del conjunto de la economía recibe el nombre de:
(a) Extrapolación mecánica.
(b) Tendencia.
(c) Indicador con desfase.
(d) Indicador adelantado.
(e) Indicador coincidente. 8-17

Una serie temporal que tiende a moverse por delante del agregado total de la actividad económica recibe el nombre de:
(a) Promedio móvil.
(b) Indicador con desfase.
(c) Indicador coincidente.
(d) Indicador de tiempo.
(e) Ninguno de los anteriores. 8-18

Una serie temporal que tiende a seguir los pasos del agregado de la actividad económica recibe el nombre de:
(a) Indicador diferido.
(b) Indicador coincidente.
(c) Indicador de respuesta.
(d) Índice de difusión.
(e) Ninguno de los anteriores. 8-19

Un economista renombrado por sus investigaciones sobre los ciclos económicos fue:
(a) Jean Baptiste Say.
(b) Wesley Clair Mitchell.
(c) David Ricardo.
(d) Adam Smith.
(e) Thomas Malthus. 8-20

El economista Wesley Clair Mitchell fue muy conocido por su investigación sobre:
(a) Los impuestos.
(b) Los problemas laborales.
(c) Las prácticas monopolísticas.
(d) Los asuntos urbanos.
(e) Los ciclos económicos. 8-21

La expresión «fuerza laboral» se refiere a:
(a) Todos los que están empleados.
(b) Todas las personas mayores de 16 años que están empleadas.
(c) Todas las personas que tengan al menos 16 años de edad, tanto si están empleadas como si no lo están.
(d) Todas las personas empleadas, excepto los militares.
(e) Ninguno de los anteriores. 8-22

Las personas que están en el proceso de cambio de puesto de trabajo quedan clasificadas en la categoría de:
(a) Paro friccional.
(b) Paro involuntario.
(c) Paro estructural.
(d) Paro cíclico.
(e) Paro estacional. 8-23

Un tipo de desempleo que sea resultante de las recesiones y depresiones económicas recibe el nombre de:
(a) Paro estacional.
(b) Paro tecnológico.
(c) Paro cíclico.
(d) Paro friccional.
(e) Paro transicional. 8-24

Se dice que existe pleno empleo cuando:
(a) Toda la fuerza laboral civil está empleada, excepto en una cantidad mínima correspondiente al paro friccional.
(b) No más de aproximadamente 3 por ciento de la fuerza laboral civil está desempleada.
(c) Todo aquel que desea trabajar puede encontrar un puesto de trabajo a las tasas de salarios corrientes para la capacitación y experiencia que él puede ofrecer.
(d) No existe paro involuntario.
(e) Todos los anteriores. 8-25

Existe paro involuntario cuando las personas están:
(a) Desempleadas debido a factores estacionales.
(b) No pueden encontrar puestos de trabajo a las tasas de salario corrientes para la capacitación y experiencia que ellas pueden ofrecer.
(c) Desempleadas porque están cambiando de puesto de trabajo.
(d) Todos los anteriores.
(e) Ninguno de los anteriores. 8-26

El coste económico del paro para la sociedad es:
(a) Las prestaciones por desempleo pagadas a los parados.
(b) La pérdida de beneficios adicionales sufrida por los parados.
(c) La pérdida de salarios sufrida por los parados.
(d) La pérdida de una producción que hubiera podido realizarse en caso de haber estado en pleno empleo.
(e) La pérdida de una producción que habría sido posible con pleno empleo y la pérdida de capacitación humana. 8-27

¿Con qué porcentaje de nivel de empleo se dice que la economía está ya en «pleno empleo»?:
(a) Más del 50 %.
(b) Más del 75 %.
(c) 92 %.
(d) Alrededor del 97 %.
(e) No menos del 100 %. 8-28

La inflación es:
(a) Un aumento en el nivel general de precios (o nivel medio de precios) de bienes y servicios.
(b) Una reducción en el poder de compra del dinero.
(c) Una depreciación de la moneda del país.
(d) Más común que la deflación.
(e) Todas las anteriores. 8-29

La deflación es:
(a) Una disminución en el nivel general de precios (o nivel medio de precios) de bienes y servicios.
(b) Un aumento en el poder de compra del dinero.
(c) Una repreciación de la moneda del país.
(d) Menos común que la inflación.
(e) Todas las anteriores. 8-30

La relación entre el nivel general de precios y la producción total tiende a ser tal que a medida que la producción aumenta hasta los niveles de pleno empleo, el nivel medio de los precios:
(a) Permanece bastante estable.
(b) Aumenta en proporción con la producción total.
(c) Aumenta con mayor rapidez que la producción total.
(d) Aumenta por un tiempo y después se estabiliza.
(e) Ninguna de las anteriores. 8-31

¿Cuál de las siguientes afirmaciones constituye la mejor explicación de la relación entre el nivel de precios y la producción total?:

(a) El nivel de precios es generalmente independiente del producto total a todos los niveles de producción.
(b) El nivel de precios permanece al principio bastante estable a medida que aumenta la producción, pero después aumenta con rapidez creciente a medida que la producción se aproxima al nivel de pleno empleo.
(c) El nivel de precios tiende generalmente a aumentar a medida que el producto total aumenta.
(d) El nivel de precios disminuye al principio y después aumenta a medida que el producto total aumenta.
(e) El nivel de precios tiende generalmente a aumentar con mayor rapidez que el producto total para todos los niveles de producción. 8-32

El tipo de inflación que se origina cuando los costes de producción aumentan con mayor rapidez que la productividad recibe a menudo el nombre de:

(a) Inflación de demanda.
(b) Inflación de beneficios.
(c) Inflación reptante.
(d) Hiperinflación.
(e) Inflación de costes. 8-33

El tipo de inflación que se origina como consecuencia de una elevación desigual de la demanda o de las presiones de los costes aun cuando la demanda agregada esté equilibrada con la oferta agregada para el conjunto de la economía, recibe a menudo el nombre de:

(a) Inflación de costes.
(b) Inflación estructural.
(c) Inflación de demanda.
(d) Inflación reptante.
(e) Inflación de beneficios. 8-34

La «inflación reptante» puede ir acompañando a:

(a) La inflación de demanda.
(b) La inflación de costes.
(c) La inflación estructural.
(d) La inflación de beneficios.
(e) Todas las anteriores. 8-35

Un aumento de precios en una o más industrias clave tales como la del acero o el cemento puede reflejarse en incrementos de precios en otras industrias como las de automóviles, construcción, etc. Esto constituye un ejemplo perfecto del concepto de:

(a) Inflación estructural.
(b) Inflación de demanda.
(c) Inflación de beneficios.
(d) Inflación reptante.
(e) Hiperinflación. 8-36

Los que con mayor probabilidad se beneficiarán de la inflación son:
(a) Los tenedores de obligaciones.
(b) Los titulares de notas promisorias.
(c) Los deudores.
(d) Los ahorradores.
(e) Los pensionistas. 8-37

Los que con mayor probabilidad se verán perjudicados por la inflación son:
(a) Los accionistas ordinarios.
(b) Los especuladores en el mercado de títulos valores.
(c) Los profesionales independientes (por ejemplo, doctores, dentistas, etc.).
(d) Los tenedores de obligaciones.
(e) Los especuladores en bienes reales. 8-38

Desde el punto de vista del conjunto de la economía la inflación:
(a) Redistribuye la renta y la riqueza.
(b) Perjudica a algunos grupos económicos y beneficia a otros.
(c) Menoscaba la eficiencia en la producción.
(d) Reduce la competividad en los mercados mundiales.
(e) Todas las anteriores. 8-39

Los economistas hablan del pleno empleo y de la estabilidad de precios como metas deseables. El significado del segundo de los objetivos es que:
(a) No deben producirse variaciones en los precios.
(b) Los precios de algunos elementos determinados deben permanecer constantes mientras se permite que los precios medios aumenten.
(c) Los precios medios deben permanecer constantes mientras se permite que aumenten los precios de determinados elementos específicos.
(d) Incrementos medios en los precios por cuantía menor que aproximadamente 2 por ciento anual, en respuesta a las presiones inflacionistas subyacentes, conducirían a un crecimiento y un desarrollo económicos estables.
(e) No se debe permitir que los salarios y los precios aumenten en más del 2 por ciento anual. 8-40

La Nueva Economía nació en la década de:
(a) 1920.
(b) 1930.
(c) 1940.
(d) 1950.
(e) 1960. 9-1

La ciencia económica clásica dominó el pensamiento económico del mundo occidental:

(a) Durante el siglo diecisiete.
(b) Durante el siglo dieciocho.
(c) Durante la segunda guerra mundial.
(d) A partir de la década de 1930.
(e) Durante el siglo diecinueve y comienzos del veinte. 9-2

La «ley de los mercados» clásica está asociada con el nombre de:
- (a) Adam Smith.
- (b) John Maynard Keynes.
- (c) Jean Baptiste Say.
- (d) Santo Tomás de Aquino.
- (e) Ninguno de los anteriores. 9-3

La frase «la oferta crea su propia demanda» recibe comúnmente el nombre de:
- (a) Ley de escasez.
- (b) Ley de Say.
- (c) Ley de los costes crecientes.
- (d) Ley de los rendimientos decrecientes.
- (e) Ley de la oferta y la demanda. 9-4

«La producción tiene como finalidad el consumo o la venta, los cuales a su vez estimulan de nuevo la producción y el consumo». Esta afirmación constituye un ejemplo perfecto de:
- (a) La ley de los rendimientos decrecientes.
- (b) La ley de los rendimientos crecientes.
- (c) La ley de Say.
- (d) La ley de la oferta y la demanda.
- (e) La ley de Keynes. 9-5

El hombre cuyas ideas dominaron e influyeron en su mayor parte la estructura de la economía clásica fue:
- (a) Santo Tomás de Aquino.
- (b) Adam Smith.
- (c) Jean Baptiste Say.
- (d) David Ricardo.
- (e) John Maynard Keynes. 9-6

Una característica fundamental del modelo clásico sobre la renta y el empleo es que:
- (a) La demanda agregada es igual al ingreso agregado.
- (b) Los ahorros agregados son iguales a la inversión agregada.
- (c) Los precios de los factores y de los productos fluctúan libremente.
- (d) La economía se ajusta automáticamente al nivel de pleno empleo.
- (e) Todas las anteriores. 9-7

Una característica fundamental del modelo clásico sobre la renta y el empleo es que:
- (a) El mercado de productos carece relativamente de competencia.
- (b) El mercado de factores carece relativamente de competencia.
- (c) El mercado de dinero carece relativamente de competencia.
- (d) Los recursos económicos son relativamente inmóviles.
- (e) Ninguna de las anteriores. 9-8

En la teoría moderna de la renta y del empleo:
(a) El ahorro y la inversión son realizados por las familias y por las empresas por razones diferentes.
(b) La cantidad de inversión es relativamente estable de año en año.
(c) Las fluctuaciones en la renta y en la inversión varían inversamente respecto del nivel de inversión.
(d) La economía tiende automáticamente hacia el pleno empleo.
(e) Todas las anteriores. 9-9

En la teoría moderna de la renta y del empleo se supone que:
(a) La mayor parte de los precios de los productos y recursos son relativamente flexibles.
(b) La mayor parte de los precios de los productos y recursos son relativamente inflexibles.
(c) Todas las empresas tenderían a mejorar con un nivel menor de precios y salarios durante la recesión.
(d) Todas las anteriores.
(e) Ninguna de las anteriores. 9-10

Una conclusión importante de la teoría moderna sobre la renta y el empleo es que:
(a) La economía tiende automáticamente hacia el equilibrio en el nivel de pleno empleo.
(b) La economía tiende automáticamente hacia el equilibrio con algún nivel de desempleo.
(c) La economía puede encontrarse en equilibrio con cualquier nivel de empleo.
(d) El nivel de empleo en la economía no tiene una importancia primordial.
(e) Ninguna de las anteriores. 9-11

La obra *General Theory of Employment, Interest and Money* fue escrita por:
(a) Adam Smith.
(b) Jean Baptiste Say.
(c) David Ricardo.
(d) John Maynard Keynes.
(e) Karl Marx. 9-12

John Maynard Keynes fue el autor de:
(a) *The Wealth of Nations.*
(b) *Principles of Political Economy and Taxation.*
(c) *The General Theory of Employment, Interest and Money.*
(d) *The New Economics.*
(e) Ninguna de las anteriores. 9-13

Es probable que el factor más importante en la determinación de los gastos de consumo de una familia sea:
(a) La vecindad en la que viva.
(b) Su renta disponible.
(c) La edad media de sus miembros.
(d) El número de sus niños en edad escolar.
(e) La cantidad de dinero que puede ahorrar. 9-14

Según la ley de Engels, a medida que la renta de una familia aumenta, la cantidad total que gasta:

(a) Aumenta.
(b) Primero aumenta y después se estabiliza.
(c) Permanece inferior al 90 por ciento de su renta.
(d) Aumenta con mayor rapidez que su renta.
(e) Permanece como un porcentaje aproximadamente constante de su renta. 9-15

La «función de consumo» expresa:

(a) Las finalidades del consumo.
(b) La relación entre el consumo y los precios.
(c) La relación entre el consumo y el ahorro.
(d) La diferencia entre el consumo y los impuestos.
(e) Ninguna de las anteriores. 9-16

La «función de consumo» es:

(a) Un esquema de la relación entre el consumo y la renta.
(b) Un gráfico que relaciona el consumo y la renta.
(c) Una relación que afirma que, a medida que la renta aumenta, el consumo también aumenta pero no con la misma rapidez que la renta.
(d) Todas las anteriores.
(e) Ninguna de las anteriores. 9-17

Cuadro explicativo 9-1

ESQUEMA DE CONSUMO DE UNA FAMILIA

Renta disponible	Gasto en consumo
7000$	7350$
8000	8000
9000	8550
10000	9000
11000	9350

En el cuadro explicativo 9-1 para una renta de 7000$ la cantidad ahorrada es:

(a) Una cantidad positiva.
(b) Imposible de determinar.
(c) +350$.
(d) −350$.
(e) Ninguna de las anteriores. 9-18

En el cuadro explicativo 9-1, para una renta de 8000$ la cantidad ahorrada es:

(a) Más de 350$.
(b) Una cantidad positiva.
(c) Una cantidad negativa.
(d) Imposible de determinar.
(e) 0$. 9-19

En el cuadro explicativo 9-1, para una renta de 10 000$ la propensión media a consumir es:

(a) 90 %.
(b) Imposible de determinar.
(c) Una cantidad negativa.
(d) 9000$.
(e) Ninguna de las anteriores. 9-20

En el cuadro explicativo 9-1, para una renta de 8000$ la propensión media a consumir es:

(a) 0$.
(b) 0 %.
(c) 8000$.
(d) 100 %.
(e) Ninguna de las anteriores. 9-21

En el cuadro explicativo 9-1, para una renta de 10 000$ la propensión media a ahorrar es:

(a) 90 %.
(b) 10 %.
(c) 1000$.
(d) 0$.
(e) 0%. 9-22

En el cuadro explicativo 9-1, para una renta de 8000$ la propensión media a ahorrar es:

(a) Una cantidad positiva.
(b) Una cantidad negativa.
(c) Imposible de determinar.
(d) Infinita.
(e) Ninguna de las anteriores. 9-23

En el cuadro explicativo 9-1, un aumento en la renta desde 8000$ hasta 9000$ está asociado con una propensión marginal a consumir de:

(a) 1000$.
(b) 550$.
(c) 9500$.
(d) 9000$.
(e) 55%. 9-24

En el cuadro explicativo 9-1, un aumento de la renta desde 10 000$ hasta 11 000$ está asociado con una propensión marginal a consumir de:

(a) 9000$.
(b) 9350$.
(c) 35%.
(d) 175$.
(e) 350$. 9-25

En el cuadro explicativo 9-1 un aumento en la renta desde 8000$ hasta 9000$ está asociado con una propensión marginal a ahorrar de:
(a) 45%.
(b) 450$.
(c) 55%.
(d) 550$.
(e) Ninguna de las anteriores. 9-26

En el cuadro explicativo 9-1 un incremento de la renta desde 10 000$ hasta 11 000$ está asociado con una propensión marginal al ahorro de:
(a) 650$.
(b) 65%.
(c) 325$.
(d) 0%.
(e) 0$. 9-27

Cuadro explicativo 9-2
FUNCIÓN DE CONSUMO

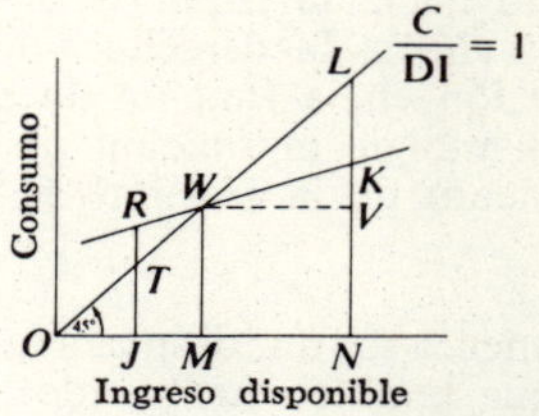

En el cuadro explicativo 9-2, en el «nivel de ingreso» que supone la igualdad exacta con los gastos en consumo, la propensión media a consumir es la distancia:
(a) *MW*.
(b) *OM*.
(c) *OJ*.
(d) *MW*/*OM*.
(e) *JR*/*OJ*. 9-28

En el cuadro explicativo 9-2, la propensión marginal a consumir viene medida por la distancia:
(a) *JR*.
(b) *MW*.
(c) *VK*/*WV*.
(d) *NK*/*ON*.
(e) Ninguna de las anteriores. 9-29

En el cuadro explicativo 9-2, el ahorro es:
(a) Negativo para el nivel *OJ* de ingreso.
(b) Cero para el nivel *OM* de ingreso.
(c) Positivo para el nivel *ON* de ingreso.
(d) Todos los anteriores.
(e) Ninguno de los anteriores. 9-30

En el cuadro explicativo 9-2, el ahorro negativo viene representado por la distancia:
(a) *KL*.
(b) *VK*.
(c) *MW*.
(d) *TR*.
(e) *JT*. 9-31

Si todas las restantes cosas permanecen constantes, hemos de esperar que un incremento de los activos líquidos en poder de las familias se traduzca en:
(a) Una elevación de la función de consumo.
(b) Una disminución en la cantidad consumida.
(c) Un movimiento hacia la izquierda a lo largo de la función de consumo.
(d) Un desplazamiento de la función de consumo hacia abajo.
(e) Un movimiento hacia la derecha a lo largo de la función de consumo. 9-32

Si todas las restantes cosas permanecen constantes, podemos esperar que una restricción general de las condiciones crediticias se traduzca en:
(a) Un movimiento hacia la izquierda a lo largo de la función de consumo.
(b) Un movimiento hacia la derecha a lo largo de la función de consumo.
(c) Ninguna variación en la función de consumo.
(d) Un desplazamiento de la función de consumo hacia arriba.
(e) Un desplazamiento de la función de consumo hacia abajo. 9-33

Si se produce un aumento o un desplazamiento de la función de consumo hacia arriba, esto significa que también ha habido:
(a) Un aumento en la función de ahorro.
(b) Ninguna variación en la función de ahorro.
(c) Una disminución más que proporcional en la función de ahorro.
(d) Una disminución menos que proporcional en la función de ahorro.
(e) Una disminución igual en la función de ahorro. 9-34

Si se produce una disminución o un desplazamiento de la función de consumo hacia abajo, esto significa que también ha habido:
(a) Un aumento igual en la función de ahorro.
(b) Un aumento menos que igual en la función de ahorro.
(c) Un aumento más que igual en la función de ahorro.
(d) Ninguna variación en la función de ahorro.
(e) Una disminución en la función de ahorro. 9-35

La tasa de rendimiento esperada por los incrementos de inversión realizados por una empresa se mide por su:
(a) Relación entre el beneficio neto y los activos totales.
(b) Aumento en el beneficio neto.
(c) Relación entre el beneficio neto y el activo neto.
(d) Propensión marginal a consumir.
(e) Eficacia marginal de la inversión. 9-36

Una empresa realiza una inversión cuando:
(a) El mercado de valores se presenta favorable.
(b) Puede comprar por un precio bajo la planta y los equipos.
(c) Su eficacia marginal de la inversión es mayor que el tipo de interés o coste de capital.
(d) La propensión marginal a consumir es mayor que su eficacia marginal de la inversión.
(e) El tipo de interés es mayor que la eficacia marginal de la inversión. 9-37

La eficacia marginal de la inversión expresa una relación entre:
(a) El consumo y la inversión.
(b) Los tipos de interés y el consumo.
(c) Los tipos de interés y el ahorro.
(d) La inversión y el ahorro.
(e) Los tipos de interés y la inversión. 9-38

La eficacia marginal de la inversión realizada por una empresa es:
(a) Medida por el precio de sus acciones de capital.
(b) Su curva de demanda de inversiones.
(c) Igual al valor de su planta y equipo.
(d) Igual al valor de su planta, equipo y existencias de almacén.
(e) Determinada por los dividendos que paga a los accionistas. 9-39

A lo largo de un período de años, la inversión interior privada neta tiende a:
(a) Experimentar grandes fluctuaciones.
(b) Ser mayor que la inversión interior privada bruta.
(c) Ser altamente estable.
(d) Variar inversamente en relación a la inversión interior privada bruta.
(e) Ser una causa menos importante de los ciclos económicos. 9-40

Supongamos que el gráfico de una función de consumo coincide con la línea de 45° En este caso, para cualquier nivel de ingreso:
(a) La *PmC* es cero.
(b) La *PmC* es 1.
(c) La *PMC* es cero.
(d) La *PMC* es infinita.
(e) Ninguna de las anteriores. 10-1

Supongamos que el gráfico de una función de consumo coincide con la línea de 45°. En este caso, para cualquier nivel de ingreso:
(a) El ahorro es igual a cero.
(b) La diferencia entre el ingreso y el consumo es cero.
(c) La *PmA* es igual a cero.
(d) $PMC = PmC = 1$.
(e) Todas las anteriores. 10-2

A medida que el ingreso aumenta:
(a) La *PMC* aumenta.
(b) La *PmC* aumenta.
(c) La *PMA* disminuye.
(d) La *PmA* disminuye.
(e) Ninguna de las anteriores. 10-3

La pendiente de una curva de demanda agregada coincide con:
(a) La *PmC*.
(b) La *PMC*.
(c) La *PmA*.
(d) La *PMA*.
(e) Ninguna de las anteriores. 10-4

Cuando la demanda agregada es igual a la oferta agregada:
(a) $C=I$.
(b) $A=I$.
(c) $A=C$.
(d) $C+I=A$.
(e) $A+I=C$. 10-5

Cuando la oferta agregada es mayor que la demanda agregada:
(a) *C* es negativa.
(b) $C+I=A$.
(c) *A* es mayor que I.
(d) *I* es mayor que *A*.
(e) $A=I$. 10-6

Cuando la demanda agregada es mayor que la oferta agregada:
(a) *A* es mayor que *I*.
(b) *I* es mayor que *A*.
(c) $A=I$.
(d) $C+A=I$.
(e) $C+I=A$. 10-7

Si el gráfico de la función de consumo fuese una línea recta:
(a) El multiplicador sería cero.
(b) El multiplicador sería 1.
(c) El multiplicador sería infinito.
(d) La *PmC* sería constante para todos los niveles de ingreso.
(e) La *PMC* sería constante para todos los niveles de ingreso. 10-8

Si el gráfico de la función de consumo fuese una línea recta:
(a) La *PmC* diferiría para cada nivel de ingreso.
(b) La *PmA* diferiría para cada nivel de ingreso.
(c) El multiplicador sería el mismo para cada nivel de ingreso.
(d) El multiplicador sería diferente para cada nivel de ingreso.
(e) No podríamos determinar el multiplicador. 10-9

Si la economía consume el 80% de cualquier incremento del ingreso, entonces un aumento de 1000 millones de dólares en la inversión debería traducirse en un incremento del ingreso de hasta:

(a) 1000 millones de $.
(b) 0,8 mil millones de $.
(c) 1,8 mil millones de $.
(d) 5000 millones de $.
(e) «0» miles de millones de $. 10-10

Si una economía consume 90% de cualquier aumento en el ingreso, entonces un aumento de 1000 millones de dólares en la inversión debería traducirse en un aumento del ingreso de hasta:

(a) 10.000 millones de $.
(b) 1000 millones de $.
(c) 900 millones de $.
(d) 1900 millones de $.
(e) «0» miles de millones de $. 10-11

Si el multiplicador vale 2, un aumento de 6000 millones de $ en la renta exigiría un aumento de la inversión en la cuantía de:

(a) 6000 millones de $.
(b) 2000 millones de $.
(c) 1000 millones de $.
(d) «0» millones de $. 10-12
(e) Ninguna de las anteriores.

Si una economía ahorra el 20 por ciento de cualquier incremento del ingreso, entonces un aumento de la inversión en la cuantía de 2000 millones de dólares puede provocar un aumento del ingreso en la cuantía de:

(a) 2000 millones de $.
(b) 10 000 millones de $.
(c) 400 millones de $.
(d) 1600 millones de $. 10-13
(e) Infinito.

Si una economía ahorra 50 por ciento de cualquier incremento del ingreso, entonces un aumento de 10 000 millones de dólares en el volumen de inversión puede provocar un incremento del ingreso en la cuantía de:

(a) 10 000 millones de $.
(b) 5000 millones de $.
(c) 15 000 millones de $.
(d) 20 000 millones de $. 10-14
(e) Infinito.

Si el ingreso disponible es 100 000 millones de $, la *PMC* es 0,9 y la *PmC* es 0,2:

(a) El ahorro será de 10 000 millones de $.
(b) El consumo aumentará en 8000 millones de $ si el ingreso disponible aumenta en 10 000 millones de $.
(c) Si se produce una variación en el ingreso disponible, la variación correspondiente en el consumo será cuatro veces superior a la variación correspondiente en el ahorro.
(d) El ahorro aumentará en 20 centavos por cada dólar adicional. 10-15
(e) Todas las anteriores.

Si el ingreso disponible es 100 000 millones de $, la *PMA* es 0,2 y la *PmC* es 0,8:
(a) El consumo será de 80 000 millones de $.
(b) El ahorro aumentará en 2000 millones de $ si el ingreso disponible aumenta en 10 000 millones de $.
(c) Si se produce una variación en el ingreso disponible la variación correspondiente en el ahorro será la cuarta parte de la variación correspondiente en el consumo.
(d) El consumo aumentará en 80 centavos por cada dólar adicional.
(e) Todas las anteriores. 10-16

La demanda agregada en el sector privado está integrada por:
(a) La demanda de las familias.
(b) La demanda de las empresas.
(c) La demanda del gobierno.
(d) La demanda de las familias y de las empresas.
(e) Ninguna de las anteriores. 10-17

Si todas las restantes cosas permanecen iguales, un aumento en el ahorro en una cantidad de 10 000 millones de $, por ejemplo, se traducirá en:
(a) Una disminución en más de 10 000 millones de $ en el PNN.
(b) Una disminución de 10 000 millones de $ en el PNN.
(c) Una disminución en menos que 10 000 millones de $ en el PNN.
(d) Un aumento en el PNN.
(e) Ninguna variación en el PNN. 10-18

Si todas las restantes cosas permanecen iguales, un aumento en el ahorro provocará un:
(a) Aumento multiplicado en la producción.
(b) Disminución multiplicada en la producción.
(c) Aumento proporcional en la producción.
(d) Disminución menos que proporcional en la producción.
(e) Disminución proporcional en la producción. 10-19

Si todas las restantes cosas permanecen iguales, una disminución en el ahorro provocará:
(a) Una disminución multiplicada en la producción.
(b) Una disminución proporcional en la producción.
(c) Un aumento multiplicado en la producción.
(d) Un aumento proporcional en la producción.
(e) Un aumento menor que proporcional en la producción. 10-20

La «paradoja de la austeridad» demuestra que:
(a) La gente debe ahorrar para invertir.
(b) La gente que ahorra en el momento presente puede consumir más en el futuro.
(c) Si la curva de inversión tiene pendiente positiva, un aumento en el ahorro por parte de la sociedad reduce el ingreso y hace que la inversión disminuya.
(d) Si la curva de inversión tiene pendiente positiva una disminución en el ahorro será deflacionaria.
(e) Ninguna de las anteriores. 10-21

La «paradoja de la austeridad» demuestra que:
(a) Si la curva de inversión tiene pendiente positiva un aumento en el ahorro por parte de la sociedad se traducirá en una disminución de la cantidad ahorrada.
(b) Un aumento en el ahorro es inflacionario.
(c) Una disminución en el ahorro es deflacionaria.
(d) Si la curva de inversión es horizontal las variaciones en el ahorro no tienen efectos inflacionarios ni deflacionarios.
(e) Ninguna de las anteriores.

10-22

El efecto de un aumento de la inversión sobre el ingreso y el empleo será tanto mayor:
(a) Cuanto mayor sea la *PmC*.
(b) Cuanto mayor sea la *PMC*.
(c) Cuanto mayor sea la *PmA*.
(d) Cuanto mayor sea la *PMA*.
(e) Ninguna de las anteriores.

10-23

El efecto de un aumento en la inversión sobre el ingreso y el empleo será mínimo cuando:
(a) La *PMA* sea relativamente pequeña
(b) La *PmA* sea relativamente grande
(c) La *PMC* sea relativamente pequeña
(d) La *PmC* sea relativamente grande
(e) Ninguna de las anteriores.

10-24

Cuadro explicativo 10-1

ESQUEMA DE INGRESO Y CONSUMO EN UNA ECONOMÍA CON DOS SECTORES: FAMILIAS Y EMPRESAS
(En miles de millones de dólares)

Ingreso disponible (ID=PNN)	Consumo
400$	460$
500	530
600	600
700	670
800	740

En el cuadro explicativo 10-1, la *PMA* para el nivel de 700 000 millones de $ de ingreso disponible es aproximadamente:
(a) 96%.
(b) 4%.
(c) 30%.
(d) 70%.
(e) Ninguna de las anteriores.

10-25

En el cuadro explicativo 10-1, si la inversión neta es 30 000 millones de $, el nivel de equilibrio del PNN será:
(a) Menos que 600 000 millones de $.
(b) 600 000 millones de $.
(c) 700 000 millones de $.
(d) 800 000 millones de $.
(e) Ninguno de los anteriores. 10-26

En el cuadro explicativo 10-1, si el desahorro es de 30 000 millones de $, el nivel correspondiente de PNN será:
(a) Menos que 400 000 millones de $.
(b) 400 000 millones de $.
(c) 500 000 millones de $.
(d) 600 000 millones de $.
(e) Más de 600 000 millones de $. 10-27

En el cuadro explicativo 10-1, la *PmA* es:
(a) 30%.
(b) 70%.
(c) Menos que 10%.
(d) Entre 11 y 20%.
(e) Ninguna de las anteriores. 10-28

En el cuadro explicativo 10-1, la *PmC* es:
(a) Menos que 25%.
(b) Entre 26 y 59%.
(c) 60%.
(d) 70%.
(e) Ninguna de las anteriores. 10-29

En el cuadro explicativo 10-1, el multiplicador es aproximadamente:
(a) 1.
(b) 3,3.
(c) 5,2.
(d) 6.
(e) 7. 10-30

En el cuadro explicativo 10-1 un aumento de la inversión en la cantidad de 2000 millones de $ aumentará probablemente el *PNN* en una cantidad que puede llegar hasta:
(a) 2000 millones de $.
(b) Entre 3000 y 6000 millones de $.
(c) 6600 millones de $.
(d) Entre 7000 y 10 000 millones de $.
(e) 11 000 millones de $ o más. 10-31

Un bache inflacionario mide la cantidad en que:
(a) La demanda agregada es mayor que la oferta agregada para cualquier nivel de empleo.
(b) La demanda agregada empuja al alza a los precios medios en un año determinado.
(c) El nivel general de precios es superior al nivel general de costes.
(d) Los aumentos de salarios son superiores a los aumentos de precios.
(e) Ninguna de las anteriores. 10-32

El bache inflacionario se mide:
(a) A un nivel inferior al de pleno empleo.
(b) Al nivel de pleno empleo.
(c) A un nivel superior al de pleno empleo.
(d) A cualquier nivel de empleo.
(e) Independientemente del nivel de empleo. 10-33

Un bache deflacionario mide la cantidad en que:
(a) El desempleo empuja a los precios a la baja.
(b) La demanda agregada queda por debajo de la oferta agregada al nivel de pleno empleo.
(c) La demanda agregada queda por debajo de la oferta agregada para cualquier nivel de empleo.
(d) Los aumentos de impuestos y salarios hacen que los empresarios reduzcan la producción y el empleo.
(e) Ninguna de las anteriores. 10-34

El bache deflacionario se mide:
(a) En el fondo de la depresión del ciclo económico.
(b) Para cualquier nivel de producción y de empleo.
(c) Para un nivel inferior al de pleno empleo.
(d) En el nivel intermedio de un ciclo económico.
(e) En el nivel de pleno empleo. 10-35

Si la *PmC* es 0,8 y si no existen filtraciones, un aumento en la inversión por una cantidad de 1000$ se traducirá en un aumento del ingreso en la *segunda* «etapa» por la cantidad de:
(a) 1000$.
(b) Más de 1000$.
(c) 800$.
(d) 700$.
(e) Menos que 700$. 11-1

Si la *PmC* es 0,8 y si no existen filtraciones, un aumento de la inversión en la cantidad de 1000$ se traducirá en un aumento del ingreso durante la *tercera* «etapa» en una cantidad de:
(a) 1000$.
(b) Más de 1000$.
(c) 720$.
(d) 640$.
(e) Menos que 600$. 11-2

Si la *PmC* es 0,8 y si no existen filtraciones, la suma acumulada de todos los incrementos del ingreso resultantes de un incremento de 1000$ en la inversión se aproximará a la cifra de:

(a) 1000$.
(b) 2000$.
(c) 3000$.
(d) 4000$.
(e) 5000$. 11-3

Supongamos que la *PmC* fuese 0,8. Si se realiza una inversión *adicional* de 1000$ en cada una de las «etapas», y si no existen filtraciones, el aumento del ingreso durante la *segunda* «etapa» será:

(a) 1000$.
(b) 2000$.
(c) 1800$.
(d) Más de 2.000$.
(e) Menos que 1000$. 11-4

Supongamos que la *PmC* es 0,8. Si se realiza una inversión *adicional* de 1000$ en cada una de las «etapas», y si no existen filtraciones, el aumento del ingreso durante la *tercera* «etapa» será:

(a) 2440$.
(b) 2000$.
(c) 1800$.
(d) 1000$.
(e) Menos que 1000$. 11-5

Si todas las restantes cosas permanecen iguales, una reducción de la diferencia entre el ingreso nacional bruto y el ingreso personal disponible:

(a) Reduciría el tamaño real del multiplicador.
(b) Aumentaría el tamaño real del multiplicador.
(c) No afectaría al tamaño real del multiplicador.
(d) Haría que el tamaño real del multiplicador fluctuase.
(e) Ninguna de las anteriores. 11-6

Si la diferencia entre el PNB y el ID fuese disminuida en 20 por ciento mientras se mantenían constantes todas las restantes cosas, el tamaño real del multiplicador:

(a) Quedaría próximo a su tamaño teórico.
(b) No se vería afectado.
(c) Disminuiría.
(d) Variaría en 20 por ciento.
(e) Ninguna de las anteriores. 11.7

El tamaño real del multiplicador se verá afectado por la porción de ingresos que las empresas:

(a) Aparten por razón de depreciación.
(b) Retengan como beneficios no distribuidos.
(c) Paguen en forma de impuestos.
(d) Todas las anteriores.
(e) Ninguna de las anteriores. 11-8

Si todas las restantes cosas permanecen iguales, el tamaño real del multiplicador quedará reducido como consecuencia de:

(a) Una disminución en las reservas hechas por las empresas por razón de la depreciación.
(b) Una disminución de los beneficios no distribuidos.
(c) Una disminución de los impuestos que gravan a las empresas.
(d) Una disminución de la *PmA*.
(e) Un aumento de la *PmC*. 11-9

Si todas las restantes cosas permanecen iguales el tamaño real del multiplicador se verá incrementado como consecuencia de:

(a) Una disminución en las reservas realizadas por las empresas por razón de depreciación.
(b) Un aumento de los beneficios no distribuidos.
(c) Un aumento de los impuestos que gravan a las empresas.
(d) Una disminución de la *PmC*.
(e) Un aumento de la *PmA*. 11-10

Si un incremento de 4000 millones de $ en el consumo se traduce en un aumento de 8000 millones de $ en la inversión neta, diremos que el acelerador es igual a:

(a) 1/2.
(b) 4.
(c) 8.
(d) 2.
(e) 6. 11-11

Si el acelerador es 4, un incremento de 2000 millones de $ en el consumo se traducirá en un aumento en la inversión neta de:

(a) 4000 millones de $.
(b) 2000 millones de $.
(c) 8000 millones de $.
(d) 500 millones de $.
(e) 6000 millones de $. 11-12

Si el acelerador fuese 5 y si se hubiese producido un incremento de 10 000 millones de $ en la inversión neta la variación en el consumo del período anterior sería:

(a) 5000 millones de $.
(b) 10 000 millones de $.
(c) 500 millones de $.
(d) 7500 millones de $.
(e) 2000 millones de $. 11-13

En la teoría del acelerador la sucesión de acontecimientos o camino de interdependencia va de:

(a) La inversión al consumo.
(b) El consumo a la inversión.
(c) El ingreso al ahorro.
(d) El ahorro al consumo.
(e) El consumo al ahorro. 11-14

El coeficiente del acelerador mide la influencia que una variación en:
(a) El consumo tiene sobre la inversión.
(b) La inversión tiene en el consumo.
(c) El ahorro tiene sobre la inversión.
(d) El ingreso tiene sobre el ahorro.
(e) El consumo tiene sobre el ahorro. 11-15

¿En qué fase del ciclo económico, si es que esa fase existe, es máxima la efectividad del acelerador?:
(a) Depresión.
(b) Recuperación.
(c) Prosperidad.
(d) Recesión.
(e) Ninguna de las anteriores. 11-16

El principio del acelerador tiende a:
(a) Operar en todo momento.
(b) Ejercer su máxima influencia en los períodos de elevado nivel de empleo;
(c) Ejercer su máxima influencia en los períodos de depresión.
(d) Sacar a una economía de una depresión y llevarla a un período de recuperación.
(e) Ninguna de las anteriores. 11-17

La interacción del multiplicador y del acelerador provoca a largo plazo:
(a) El crecimiento económico continuado.
(b) Un agotamiento económico continuado.
(c) Una estabilidad continuada.
(d) Una inflación o una deflación continuada.
(e) Ninguna de las anteriores. 11-18

La teoría moderna sobre los ciclos económicos atribuye las fluctuaciones en la actividad económica principalmente a:
(a) Una variación en la *PmC*.
(b) Una variación en la *PMC*.
(c) El multiplicador.
(d) El acelerador.
(e) Las interacciones entre el multiplicador y el acelerador. 11-19

Durante un período de recuperación económica:
(a) La influencia del acelerador sobrepasa la influencia del multiplicador.
(b) La influencia del multiplicador sobrepasa la influencia del acelerador.
(c) El multiplicador y el acelerador ejercen una influencia aproximadamente igual.
(d) El multiplicador y el acelerador se compensan mutuamente.
(e) Ninguna de las anteriores. 11-20

La desinversión tiene lugar cuando:
(a) La tasa de consumo es superior a la tasa de inversión.
(b) Los ahorros son relativamente elevados con relación al consumo.
(c) Los empresarios no reponen los bienes de capital a medida que éstos van quedando en desuso.
(d) La *PMC* es superior a la *PmC*.
(e) La *PmC* es superior a la *PMC*. 11-21

A largo plazo, las interacciones entre el multiplicador y el acelerador tenderán a producir:
(a) Formas cíclicas con períodos uniformes.
(b) Una forma cíclica con amplitudes uniformes.
(c) Una forma cíclica con períodos y amplitudes uniformes.
(d) Formas cíclicas con períodos y amplitudes variables.
(e) Ninguna de las anteriores. 11-22

A largo plazo:
(a) El coeficiente del acelerador tiende a ser constante mientras que el coeficiente del multiplicador varía.
(b) El coeficiente del multiplicador tiende a ser constante mientras que el coeficiente del acelerador varía.
(c) Tanto el coeficiente del acelerador como el del multiplicador tienden a variar.
(d) Tanto el coeficiente del acelerador como el del multiplicador tienden a permanecer estables.
(e) Ninguna de las anteriores. 11-23

A largo plazo:
(a) El coeficiente del acelerador aumenta.
(b) El coeficiente del acelerador disminuye.
(c) El coeficiente del multiplicador aumenta.
(d) El coeficiente del multiplicador disminuye.
(e) Ninguna de las anteriores. 11-24

A largo plazo:
(a) El coeficiente del acelerador aumenta mientras que el coeficiente del multiplicador disminuye.
(b) El coeficiente del acelerador disminuye mientras el coeficiente del multiplicador aumenta.
(c) Ambos coeficientes aumentan.
(d) Ambos coeficientes disminuyen.
(e) Ninguna de las anteriores. 11-25

En una economía integrada por tres sectores (familias, empresas y gobierno) el pleno empleo tiene lugar para un nivel dado de producción para el que la oferta agregada:
(a) Es menor que $C+I$.
(b) Es igual a $C+I+G$.
(c) Es menor que $C+I+G$.
(d) Es igual a C
(e) Es igual a $C+I$. 12-1

Si la *PmC* es 4/5, un aumento de 10 000 millones de $ en el valor de *G* producirá con toda probabilidad:

(a) Un aumento de 10 000 millones de $ en el ingreso nacional.
(b) Una disminución de 10 000 millones de $ en el ingreso nacional.
(c) Un aumento de 50 000 millones de $ en el ingreso nacional.
(d) Una disminución de 50 000 millones de $ en el ingreso nacional.
(e) Ninguna variación en el ingreso nacional. 12-2

Si la *PmC* es 7/10, un aumento de 10 000 millones de $ en los impuestos personales hará que:

(a) El consumo total disminuya en 7000 millones de $.
(b) El consumo total disminuya en 10 000 millones de $.
(c) El consumo total disminuya en 20 000 millones de $.
(d) El consumo total aumente en 10 000 millones de $.
(e) El consumo total aumente en 7 000 millones de $. 12-3

Si la *PmC* es 8/10, un aumento de 5000 millones de $ en los impuestos personales hará que:

(a) El consumo total aumente en 4 000 millones de $.
(b) El consumo total aumente en 5000 millones de $.
(c) El consumo total disminuya en 10 000 millones de $.
(d) El consumo total disminuya en 5 000 millones de $.
(e) El consumo total disminuya en 400 millones de $. 12-4

Si la *PmC* es 4/5, una disminución de 10 000 millones de $ en los gastos de consumo hará que:

(a) El ingreso nacional disminuya en 10 000 millones de $.
(b) El ingreso nacional disminuya en 50 000 millones de $.
(c) El ingreso nacional disminuya en 8000 millones de $.
(d) El ingreso nacional aumente en 8000 millones de $.
(e) El ingreso nacional permanezca inalterado. 12-5

Si la *PmC* es 1/2, una disminución de 20 000 millones de $ en los gastos de consumo hará que:

(a) El ingreso nacional aumente en 40 000 millones de $.
(b) El ingreso nacional disminuya en 10 000 millones de $.
(c) El ingreso nacional disminuya en 40 000 millones de $.
(d) El ingreso nacional disminuya en 100 000 millones de $.
(e) El ingreso nacional disminuya en 20 000 millones de $. 12-6

Si el multiplicador es 5, un incremento simultáneo de 10 000 millones de $ en *G* y en *T* hará que:

(a) El ingreso nacional aumente en 10 000 millones de $.
(b) No se produzca ninguna variación en el ingreso nacional.
(c) El ingreso nacional aumente en 50 000 millones de $.
(d) El ingreso nacional disminuya en 50 000 millones de $.
(e) El ingreso nacional disminuya en 10 000 millones de $. 12-7

Si el multiplicador es 3, un incremento simultáneo de 20 000 millones de $ en *G* y en *T* hará que:
(a) El ingreso nacional disminuya en 20.000 millones de $.
(b) El ingreso nacional aumente en 20 000 millones de $.
(c) El ingreso nacional aumente en 60 000 millones de $.
(d) El ingreso nacional disminuya en 6670 millones de $.
(e) El ingreso nacional disminuya en 10 000 millones de $. 12-8

Supongamos que en una economía bisectorial integrada por las familias y las empresas: (1) la *PmA* es 1/5, (2) el consumo es igual al ingreso a un nivel de 100 000 millones de $, y (3) el nivel de inversión es de 50 000 millones de $. El nivel de equilibrio del ingreso es:
(a) 180 000 millones de $.
(b) 220 000 millones de $.
(c) 300 000 millones de $.
(d) 350 000 millones de $.
(e) Ninguno de los anteriores. 12-9

Supongamos que en una economía bisectorial integrada por familias y empresas: (a) la *PmA* es 1/4, (2) el consumo es igual al ingreso a un nivel de 160.000 millones de $, y (3) el nivel de inversión es de 80.000 millones de $. El nivel de equilibrio del ingreso es:
(a) 480.000 millones de $.
(b) 640.000 millones de $.
(c) 240.000 millones de $.
(d) 320 000 millones de $.
(e) Ninguno de los anteriores. 12-10

En el nivel de pleno empleo un aumento en *G* provocará un bache inflacionario a menos que sea acompañado por:
(a) Un incremento igual en *T*.
(b) Una disminución en *T*.
(c) Un aumento mayor en *T*.
(d) Ninguna variación en *T*.
(e) Ninguna de las anteriores. 12-11

En el nivel de pleno empleo, podemos evitar un bache inflacionario si:
(a) Mantenemos *T* constante cuando aumentamos *G*.
(b) Aumentamos *T* en una cantidad igual que el aumento que concedemos a *G*.
(c) Disminuimos *T* cuando mantenemos *G* constante.
(d) Disminuimos *T* cuando aumentamos *G*.
(e) Ninguna de las anteriores. 12-12

Durante una época de recesión una política fiscal apropiada consistiría en:
(a) Aumentos de *G* y/o disminuciones en *T*.
(b) Disminuciones en *G* y/o aumentos en *T*.
(c) Mantener constantes *G* y *T*.
(d) Mantener constante *G* y aumentar *T*.
(e) Mantener constante *T* y disminuir *G*. 12-13

Durante una época de inflación una política fiscal apropiada consistiría en:
(a) Aumentar G y/o disminuir T.
(b) Disminuir G y/o aumentar T.
(c) Mantener constantes G y T.
(d) Mantener constante G y disminuir simultáneamente T.
(e) Mantener constante T y aumentar simultáneamente G. 12-14

Los estabilizadores fiscales automáticos tienden a:
(a) Crear déficits presupuestarios en las épocas de recesión.
(b) Crear superávits presupuestarios en las épocas de recesión.
(c) Crear déficits presupuestarios en las épocas de inflación.
(d) Todas las anteriores.
(e) Ninguna de las anteriores. 12-15

Los estabilizadores fiscales automáticos tienden a:
(a) Crear déficits presupuestarios en las épocas de inflación.
(b) Crear superávits presupuestarios en las épocas de recesión.
(c) Crear superávits presupuestarios en las épocas de inflación.
(d) Todas las anteriores.
(e) Ninguna de las anteriores. 12-16

El mejor ejemplo de un estabilizador fiscal automático es:
(a) Los impuestos sobre la gasolina.
(b) Los impuestos sobre la propiedad.
(c) Los impuestos sobre las ventas.
(d) Los impuestos sobre la renta.
(e) Los impuestos sobre los bienes de herencias. 12-17

¿Cuál de los siguientes no es un estabilizador fiscal automático?:
(a) Los impuestos sobre la renta de las personas físicas.
(b) Los impuestos sobre las rentas de las sociedades.
(c) Los impuestos y prestaciones por razón de desempleo.
(d) Los beneficios no distribuidos de las sociedades.
(e) Los impuestos que gravan la propiedad. 12-18

Si la PmC es menor para los grupos de rentas más elevadas que para los grupos de rentas más bajas, una estructura impositiva más progresiva que aumente la carga sobre los grupos de rentas más elevadas reduciendo al mismo tiempo la carga que pesa sobre los grupos de rentas más bajas tendería probablemente a:
(a) Aumentar el gasto total en bienes de consumo.
(b) Reducir el gasto total en bienes de consumo.
(c) Dejar invariado el gasto total en bienes de consumo.
(d) Reducir la PMC.
(e) Hacer que la PMC fuese igual a la PmC. 12-19

La experiencia indica que durante los tiempos de paz lo probable es que los créditos que el gobierno obtiene de las familias y de las empresas sean:
(a) Contractivos.
(b) Neutrales.
(c) Expansionistas.
(d) Anticíclicos durante la inflación.
(e) Ninguno de los anteriores. 12-20

La emisión de nuevo dinero puede ser inflacionaria a menos que se vea compensada por:
(a) Un incremento de los impuestos.
(b) Una disminución del consumo.
(c) Una disminución del gasto del gobierno.
(d) Todos los anteriores.
(e) Ninguno de los anteriores. 12-21

Los gastos en obras públicas:
(a) Tienden a ser contractivos.
(b) Son muy fáciles de iniciar y concluir cuando se precisa.
(c) Tienden a ser expansionistas.
(d) No compiten con el sector privado (empresarial).
(e) Amortiguan la actividad económica en las industrias de bienes de capital y de la construcción. 12-22

Una ventaja atribuida a los gastos en obras públicas es que:
(a) Tienen efectos expansivos durante la recesión.
(b) Crean bienes socialmente útiles.
(c) Proporcionan puestos de trabajo a las personas desempleadas.
(d) Todas las anteriores.
(e) Ninguna de las anteriores. 12-23

Una desventaja de los gastos en obras públicas es que:
(a) Van a favor del ciclo durante la recesión.
(b) Son anticíclicos durante la inflación.
(c) Nunca son administrados de una manera eficiente.
(d) Siempre están en conflicto con las empresas privadas.
(e) Es difícil comenzarlos y terminarlos precisamente cuando son necesarios. 12-24

Una de las dificultades de la política fiscal federal es que a menudo:
(a) Complementa y suplementa a las políticas fiscales de los estados y de los municipios.
(b) Va en contra de las políticas fiscales estatales y locales.
(c) Suplementa a las políticas fiscales de los estados pero va en contra de las políticas fiscales locales.
(d) Suplementa las políticas fiscales de las localidades pero va en contra de las políticas fiscales de los estados.
(e) No está relacionada con las políticas fiscales de los estados ni de los municipios locales en cuanto a su efecto económico total. 12-25

El mantenimiento de la estabilidad económica general descansa principalmente:
(a) En la política fiscal federal.
(b) En la coordinación de las políticas fiscales de los estados y las localidades.
(c) En las políticas de los ingresos y gastos de los gobiernos estatales.
(d) En la ayuda federal a los estados.
(e) En la ayuda federal a los gobiernos locales. 12-26

La expresión «draga fiscal» se refiere a:
(a) El retraso en la aprobación de los incrementos de impuestos por el Congreso.
(b) El retardo en la aprobación de las disminuciones de impuestos por el Congreso.
(c) La tendencia de la charlatanería política a impedir el progreso y la reforma económicos.
(d) El aumento automático de los ingresos fiscales con relación a los gastos experimentado por una economía creciente cuando se encuentra en el nivel de pleno empleo.
(e) La tendencia de los impuestos elevados a amortiguar el crecimiento económico. 12-27

Los dividendos fiscales pueden adoptar la forma de:
(a) Un aumento del gasto federal en obras públicas.
(b) Una reducción de los impuestos federales sobre el sector privado.
(c) Un aumento de las transferencias gratuitas de ingresos del gobierno federal a los gobiernos estatales y locales.
(d) El pago de superávits federales acumulados a la sociedad.
(e) Todas las anteriores. 12-28

Un presupuesto federal equilibrado anualmente sería:
(a) Anticíclico.
(b) Procíclico.
(c) Neutral.
(d) Conducente a una sana administración fiscal.
(e) Ninguno de los anteriores. 12-29

La desventaja de un presupuesto equilibrado cíclicamente es:
(a) La dificultad de predecir los ingresos y gastos federales a lo largo del ciclo económico.
(b) La extrema improbabilidad de que los superávits de las épocas de prosperidad compensen los déficits de las épocas de depresión.
(c) La naturaleza no periódica y los efectos económicos de los ciclos económicos.
(d) La dificultad de predecir los ciclos económicos.
(e) Todas las anteriores. 12-30

El término «finanzas funcionales» se refiere a una filosofía que mantiene que:
(a) Los ingresos presupuestarios federales deberían normalmente ser superiores a los gastos presupuestarios federales.
(b) Los gastos presupuestarios federales deberían normalmente ser superiores a los ingresos presupuestarios federales.
(c) El presupuesto federal debería normalmente estar equilibrado.
(d) El gobierno federal tiene como una de sus funciones la de financiar los déficits presupuestarios de los gobiernos estatales y locales.
(e) Ninguna de las anteriores. 12-31

La ventaja atribuida a un presupuesto equilibrado de elevado nivel de empleo es que:

(a) Se traduce en un presupuesto cíclicamente equilibrado a largo plazo.
(b) Utiliza de un modo pleno los estabilizadores fiscales automáticos.
(c) Evita la necesidad de utilizar una política fiscal discrecional, que puede resultar difícil por razones políticas o económicas.
(d) Todas las anteriores.
(e) Ninguna de las anteriores. 12-32

Una filosofía presupuestaria que tiende a ser procíclica es:

(a) El presupuesto equilibrado anualmente.
(b) El presupuesto equilibrado cíclicamente.
(c) Las finanzas funcionales.
(d) El presupuesto equilibrado de pleno empleo.
(e) Ninguna de las anteriores. 12-33

Una característica no deseable de nuestra enorme deuda pública es que:

(a) Pone en peligro nuestro crédito nacional.
(b) Puede llevar a la bancarrota del país.
(c) Plantea a menudo un conflicto entre la política monetaria y la fiscal.
(d) Antes o después tiene que ser pagada.
(e) Supone una carga para las generaciones futuras. 12-34

A partir de finales de la segunda guerra mundial, y considerada como porcentaje del PNB nuestra deuda pública:

(a) Ha disminuido ligeramente.
(b) Ha disminuido notablemente
(c) Ha permanecido aproximadamente igual.
(d) Ha aumentado ligeramente.
(e) Ha aumentado notablemente. 12-35

En la actualidad nuestra deuda pública es:

(a) Mayor que el PNB.
(b) Mayor que 3/4 del PNB.
(c) Entre 1/2 y 3/4 del PNB.
(d) Entre 1/4 y 1/2 del PNB.
(e) Menos que 1/4 del PNB. 12-36

A partir de finales de la segunda guerra mundial, y considerado como porcentaje del PNB el promedio de los pagos por intereses en razón de la deuda pública ha sido:

(a) 7% o más.
(b) Entre 5,0 y 6,9%.
(c) Entre 3,0 y 4,9%.
(d) Entre 1 y 2,9%.
(e) Menos que 1%. 12-37

A partir de la segunda guerra mundial la tendencia de los pagos por intereses en razón de la deuda pública:
(a) Ha sido muy creciente.
(b) Ha sido ligeramente creciente.
(c) Ha permanecido aproximadamente igual.
(d) Ha sido ligeramente decreciente.
(e) Ha sido muy decreciente. 12-38

La carga económica real de un incremento de la deuda pública:
(a) Depende de su tamaño total.
(b) Depende de su incremento medio anual.
(c) Es siempre de poca importancia.
(d) Es siempre muy grave.
(e) Puede ser despreciable en épocas de depresión. 12-39

Es posible que la deuda pública americana en manos de extranjeros sea gravosa porque:
(a) Los tipos de interés extranjeros son siempre mayores que los tipos de interés nacionales.
(b) Las generaciones futuras de americanos deben pagar el interés y el principal sin que necesariamente perciban a cambio los beneficios.
(c) Hacen que los Estados Unidos pasen de ser un país acreedor a ser un país deudor.
(d) La devolución se traduce en una salida de dólares del país.
(e) La devolución debe ser realizada en bienes en lugar de ser realizada en dinero. 12-40

Los pagos por intereses asociados a una deuda pública plantean una carga económica sobre las generaciones presente y futuras porque:
(a) Los intereses percibidos por las obligaciones del gobierno de los Estados Unidos están libres de impuestos.
(b) Los detentadores de obligaciones pertenecen principalmente a los grupos de rentas medias y altas, mientras que los ingresos fiscales totales proceden de todos los grupos de rentas.
(c) Los detentadores de obligaciones y los contribuyentes están normalmente en los mismos grupos de rentas.
(d) Los detentadores de obligaciones pueden evitar los impuestos sobre la renta utilizando huecos legales.
(e) Los intereses son una proporción rápidamente creciente del PNB. 12-41

¿Cuál de las siguientes *no* es una norma adecuada para la administración de la deuda pública?:
(a) A largo plazo, la deuda pública no debería aumentar con mayor rapidez que el PNB.
(b) Deberían utilizarse los impuestos para dominar las presiones inflacionistas resultantes de los aumentos de la deuda.
(c) Los pagos por intereses deberían permanecer como un porcentaje relativamente pequeño y estable del PNB.
(d) Deberían evitarse los aumentos de la deuda durante las épocas de inflación porque normalmente no se pueden imponer medidas que la contrapesen.
(e) Debería utilizarse la deuda pública como instrumento para la política fiscal discrecional. 12-42

La mayor parte de la oferta monetaria está integrada por:
(a) Dinero de curso legal.
(b) Monedas metálicas.
(c) Depósitos a la vista.
(d) Depósitos a plazo.
(e) Billetes de la Reserva Federal. 13-1

Los economistas normalmente definen la oferta monetaria como integrada por:
(a) Dinero de curso legal.
(b) Dinero y moneda metálica.
(c) Dinero de curso legal y depósitos a la vista.
(d) Depósitos a la vista y depósitos a plazo.
(e) Dinero de curso legal, metálico, depósitos a la vista y cuasi-dinero. 13-2

Algunos economistas definen la oferta monetaria en un sentido «amplio» como integrada por:
(a) Dinero de curso legal, depósitos a la vista y depósitos a plazo.
(b) Dinero de curso legal y moneda metálica.
(c) Dinero de curso legal, depósitos a la vista y obligaciones del gobierno.
(d) Dinero de curso legal y obligaciones del gobierno.
(e) Dinero de curso legal, obligaciones del gobierno y el valor líquido de las pólizas de seguro. 13-3

Los depósitos a la vista se clasifican como dinero porque:
(a) Están respaldados por el Tesoro.
(b) Están garantizados por los Bancos de la Reserva Federal.
(c) Son convenientes para la realización de transacciones.
(d) Están asegurados por el gobierno.
(e) Obtienen elevados intereses. 13-4

Ejemplos de cuasi-dinero son:
(a) Las obligaciones y promesas de pago de las sociedades.
(b) Las existencias mantenidas por los mayoristas.
(c) Las acciones, obligaciones y notas promisorias de las sociedades.
(d) Los depósitos a plazo, las obligaciones del gobierno de los Estados Unidos y el valor líquido de las pólizas de seguros.
(e) Ninguno de los anteriores. 13-5

Entre los años 1870 y 1914 la mayor parte de los principales países pertenecieron a:
(a) Un patrón oro (monetario).
(b) Un patrón oro lingote.
(c) Un patrón oro cambios.
(d) Un patrón bimetálico.
(e) Un patrón inconvertible. 13-6

Desde un punto de vista internacional, el patrón monetario de la mayor parte de los principales países a partir de los años 1930 ha sido:
(a) El patrón oro (monetario).
(b) El patrón oro lingote.
(c) El patrón oro cambios.
(d) El patrón bimetálico.
(e) El patrón papel inconvertible. 13-7

La frase «la moneda barata tiende a desplazar del mercado a la moneda cara» constituye un ejemplo perfecto del funcionamiento de:
(a) La ley de Say.
(b) La ley de Gresham.
(c) La ley de la oferta y la demanda.
(d) La teoría cuantitativa del dinero.
(e) La velocidad del dinero con relación a la renta. 13-8

La ley de Gresham funcionará con una probabilidad cercana a la certeza cuando un país pertenece a:
(a) El patrón oro (monetario).
(b) El patrón oro lingote.
(c) El patrón oro cambios.
(d) El patrón bimetálico.
(e) El patrón papel inconvertible. 13-9

Desde un punto de vista interno los Estados Unidos y casi todos los restantes países han pertenecido, desde la década de 1930, a:
(a) El patrón oro (monetario).
(b) El patrón oro lingote.
(c) El patrón oro cambios.
(d) El patrón bimetálico.
(e) El patrón papel inconvertible. 13-10

Si un índice del nivel general de precios fuese 200 por ciento, el valor correspondiente del dinero o el poder de compra del dólar sería:
(a) 0,50$.
(b) 2$.
(c) 1$.
(d) Más de 1$.
(e) Ninguno de los anteriores. 13-11

Si un índice del nivel general de precios fuese 50 por ciento, el valor correspondiente del dinero o poder de compra del dólar sería:
(a) 1$.
(b) 2$.
(c) 0$.
(d) Menos que 1$.
(e) Ninguno de los anteriores. 13-12

Si un índice del nivel general de precios fuese 100 por ciento, el valor correspondiente del dinero o poder de compra del dólar sería:
(a) 1$.
(b) 0$.
(c) Más que 1$.
(d) Menos que 1$.
(e) Infinito. 13-13

Si el poder de compra del dólar es 91 centavos, el índice general de precios correspondiente es aproximadamente:
(a) 100.
(b) 110.
(c) 91.
(d) 0.
(e) 120. 13-14

Si el poder de compra del dólar es 85 centavos, el índice general de precios correspondiente es, aproximadamente:
(a) 118.
(b) 100.
(c) 85.
(d) 0.
(e) 90. 13-15

El valor del dinero se mide por:
(a) Su «respaldo» en oro.
(b) La cantidad que la gente tiene del mismo.
(c) El valor recíproco del nivel general de precios.
(d) La cantidad de bienes básicos necesarios que pueden ser adquiridos con él.
(e) Su velocidad de circulación. 13-16

Una función económica del crédito es que:
(a) Facilita el comercio.
(b) Canaliza el ahorro hacia la inversión productiva.
(c) Hace posible una mayor cantidad de consumo en el momento presente con relación al momento futuro.
(d) Todas las anteriores.
(e) Ninguna de las anteriores. 13-17

Un instrumento de crédito firmado por un banco en el cual éste se compromete a pagar unas deudas determinadas por parte de uno de sus clientes en el momento en que esas deudas venzan, recibe el nombre de:
(a) Obligación.
(b) Aceptación bancaria.
(c) Orden de pago.
(d) Nota promisoria.
(e) Letra de cambio. 13-18

Un instrumento de crédito librado por un exportador contra un importador, especificando la cantidad de dinero adeudada por este último al primero en concepto de un embarque de bienes, recibe el nombre de:
(a) Letra de cambio.
(b) Orden de pago.
(c) Nota promisoria.
(d) Débito.
(e) Conocimiento de embarque. 13-19

Los instrumentos de crédito a corto plazo son objeto de compra y venta en el:
(a) Mercado de acciones.
(b) Mercado de capital.
(c) Mercado de dinero.
(d) Mercado de obligaciones.
(e) Mercado de cambios exteriores. 13-20

¿Qué tipos de instrumentos son objeto de cambio en el mercado de dinero?:
(a) Las acciones de las sociedades.
(b) Las obligaciones de las sociedades.
(c) Los títulos con garantía de hipoteca.
(d) Las obligaciones del gobierno.
(e) Los instrumentos de crédito a corto plazo. 13-21

Prestamistas en el mercado de dinero son:
(a) Los bancos de la Reserva Federal.
(b) Los grandes bancos comerciales.
(c) Las compañías de seguros y trusts.
(d) Todos los anteriores.
(e) Ninguno de los anteriores. 13-22

Prestatarios en el mercado de dinero son:
(a) El Tesoro de los Estados Unidos.
(b) Las casas de intermediación y los agentes en títulos del gobierno.
(c) Las entidades bancarias dedicadas a la inversión, los agentes de cambio de mercancías, los importadores, los exportadores y las empresas que necesitan medios de liquidez.
(d) Todos los anteriores.
(e) Ninguno de los anteriores. 13-23

La ecuación de cambio:
(a) Es $MP=VQ$.
(b) Define las condiciones del trueque.
(c) Identifica la relación de cambio entre compradores y vendedores.
(d) Determina la oferta de dinero y crédito en la economía.
(e) Ninguna de las anteriores. 13-24

La ecuación de cambio es equivalente a la afirmación de que:
(a) El ahorro es igual a la inversión.
(b) El producto nacional bruto es igual al ingreso nacional bruto.
(c) $MP=VQ$.
(d) Los incrementos en M provocan disminuciones en V.
(e) Ninguna de las anteriores. 13-25

Supongamos que $M=100\$$, $P=5\$$, y $Q=60$. Entonces V es:
(a) 165.
(b) 8,3 aproximadamente.
(c) 30 000.
(d) 3.
(e) Ninguno de los anteriores. 13-26

Supongamos que $M=50\$$, $P=2\$$, y que $Q=100$. Entonces V es:
(a) 152.
(b) 10 000.
(c) 4.
(d) 1.
(e) Ninguno de los anteriores. 13-27

La teoría cuantitativa del dinero sostiene que:
(a) La cantidad de dinero determina el nivel de empleo y de producto.
(b) El nivel de precios es directamente proporcional a la cantidad de dinero.
(c) La velocidad de circulación depende de la cantidad de dinero.
(d) La cantidad de dinero afecta al nivel medio de impuestos.
(e) La cantidad de dinero determina el ahorro. 13-28

Con relación a la ecuación del cambio los economistas clásicos pensaban que:
(a) La velocidad de circulación con relación a la renta era constante.
(b) La cantidad de producto era constante.
(c) Las variaciones en el nivel de precios era directamente proporcional a las variaciones en la cantidad de dinero.
(d) Todas las anteriores.
(e) Ninguna de las anteriores. 13-29

Con relación a la ecuación del cambio la evidencia empírica indica que a largo plazo:
(a) Tanto M como Q son estables.
(b) M aumenta mientras Q disminuye.
(c) M disminuye mientras Q aumenta.
(d) P varía directamente respecto a Q e inversamente respecto a M.
(e) Ninguna de las anteriores. 13-30

Con relación a la ecuación del cambio, la evidencia empírica indica que la velocidad de circulación con relación a la renta:
(a) Varía ampliamente a corto plazo.
(b) Es muy fácil de predecir a corto plazo.
(c) Ha sido normalmente mayor que 5.
(d) Ha sido normalmente menor que 2.
(e) Ninguna de las anteriores. 13-31

En la ecuación del cambio la velocidad de circulación con relación a la renta aumentará con toda probabilidad si:
(a) Disminuye la frecuencia con la que las personas reciben su retribución.
(b) Se produce un incremento del porcentaje de ingreso ahorrado sin que se produzca un incremento correspondiente en la cantidad de inversión.
(c) Aumenta la frecuencia con que las personas perciben su retribución.
(d) Se mantiene constante la cantidad de dinero.
(e) Se mantienen las variaciones en la cantidad de dinero directamente proporcionales a las variaciones en la cantidad de producto. 13-32

En la ecuación del cambio, la variable cuyos determinantes escapan más al dominio de nuestra comprensión es:
(a) El nivel de precios.
(b) La cantidad de producto.
(c) La cantidad de dinero.
(d) La velocidad de circulación respecto a la renta.
(e) Imposible decirlo. 13-33

La proporción de dinero legal en circulación en relación con la demanda está determinada por:
(a) Los bancos comerciales.
(b) El Tesoro.
(c) El Público.
(d) Los Bancos de la Reserva Federal.
(e) El Comité del Mercado Abierto. 14-1

¿Qué proporción aproximada de la oferta monetaria total está representada por el dinero de curso legal?:
(a) 20%.
(b) 40%.
(c) 60%.
(d) 80%.
(e) Más del 80%. 14-2

¿Qué proporción aproximada de la oferta monetaria total está representada por los depósitos a la vista?:
(a) Menos que el 20%.
(b) 20%.
(c) 40%.
(d) 60%.
(e) 80%. 14-3

La reserva legal de un banco es:
(a) El valor de los activos que debe tener por precepto legal.
(b) La proporción mínima de sus depósitos a la vista que la ley le exige mantener disponible, bien sea en dinero efectivo en sus arcas o en depósitos en el banco central.
(c) La cantidad mínima que debe mantener en depósito en otros bancos.
(d) Igual a su activo neto.
(e) Ninguna de las anteriores. 14-4

La reserva excedentaria de un banco es:
(a) La cantidad que tiene disponible para créditos e inversiones.
(b) Menor que su reserva legal.
(c) La cantidad en que el valor de sus activos es superior al mínimo legal.
(d) Los beneficios de sus propietarios.
(e) Ninguna de las anteriores. 14-5

Si el coeficiente de reserva es 20%, un banco que recibe un nuevo depósito por valor de 100$ puede estar en disposición de prestar hasta la cantidad de:
(a) 500$.
(b) 100$.
(c) 80$.
(d) 20$.
(e) 0$. 14-6

Si el coeficiente de reserva es 10 por ciento, un banco que recibe un nuevo depósito por valor de 1000$ puede estar en disposición de prestar hasta la cantidad de:
(a) 10 000$.
(b) 900$.
(c) 1000$.
(d) 100$.
(e) 0$. 14-7

Si el coeficiente de reserva es 20 por ciento, un depósito inicial de 100$ puede permitir que el conjunto del sistema bancario preste hasta la cantidad de:
(a) 500$.
(b) 80$.
(c) 100$.
(d) 20$.
(e) 0$. 14-8

Si el coeficiente de reserva es 10 por ciento, un depósito inicial de 1000$ puede permitir al conjunto del sistema bancario prestar hasta la cantidad de:
(a) 900$.
(b) 1000$.
(c) 100$.
(d) 0$.
(e) 10 000$. 14-9

El principio de la expansión múltiple de los depósitos bancarios expresa la idea de que:
(a) El público tiende a expansionar sus depósitos bancarios en múltiplos del coeficiente de reserva.
(b) El público tiende a contraer sus depósitos bancarios en múltiplos del coeficiente de reserva.
(c) La expansión potencial de los depósitos bancarios es igual al valor recíproco del coeficiente de reserva legal.
(d) La expansión potencial de los depósitos bancarios es igual al valor recíproco del coeficiente de reserva excedentario.
(e) Ninguna de las anteriores. 14-10

Un «banco monopolista» en el sistema bancario:
(a) Perdería reservas a favor de otros bancos cuando se presentasen al cobro cheques girados contra él.
(b) Podría prestar sus reservas excedentarias al mismo tipo de interés que un sistema multibancario.
(c) Podría prestar únicamente una cantidad igual a su reserva legal.
(d) Podría prestar únicamente una cantidad igual a su reserva legal hasta producir una expansión de los depósitos bancarios en la proporción de 5 a 1.
(e) Ninguna de las anteriores. 14-11

Un banco de propiedad independiente dentro de un sistema integrado por una multiplicidad de bancos, todos ellos de propiedad independiente:
(a) No puede expansionar sus depósitos creados con créditos a un ritmo superior al de los otros bancos.
(b) Puede expansionar sus depósitos creados con créditos a un ritmo superior al de los otros bancos.
(c) No se ve afectado en cuanto a su comportamiento como prestamista por la tasa a la que los restantes bancos expansionan sus depósitos creados con créditos.
(d) Debe siempre expansionar sus depósitos creados con créditos a un ritmo inferior al del conjunto del sistema.
(e) Ninguna de las anteriores. 14-12

En la realidad es muy probable que la expansión actual de los depósitos bancarios por parte del sistema bancario sea:
(a) Mucho mayor que lo teóricamente esperado.
(b) Ligeramente mayor que lo teóricamente esperado.
(c) Igual a lo teóricamente esperado.
(d) Menos que lo teóricamente esperado.
(e) Inversamente relacionado con lo teóricamente esperado. 14-13

La expansión múltiple de los depósitos bancarios puede, en realidad, verse limitada por:
(a) Que los empresarios transformen en dinero en efectivo una parte de sus depósitos creados con créditos.
(b) Que el público cobre en dinero en efectivo todos o parte de los cheques recibidos en lugar de depositarlos en una cuenta en el banco.
(c) El deseo por parte de algunos bancos de no prestar la cantidad total de sus reservas excedentarias.
(d) La falta de deseo por parte de los empresarios de pedir como préstamo la totalidad de las reservas excedentarias que los bancos tienen disponibles.
(e) Todas las anteriores. 14-14

Un factor que, en la realidad, puede limitar la expansión múltiple de los depósitos bancarios es:
(a) La existencia de reservas excedentarias entre los bancos.
(b) La tendencia de alguna parte de las reservas excedentarias a filtrarse hacia la circulación en forma de dinero en efectivo.
(c) La no disponibilidad de los empresarios a pedir préstamos cuando sus perspectivas sobre el futuro son pesimistas.
(d) La no disponibilidad de los bancos a invertir todas sus reservas excedentarias cuando las condiciones económicas no presentan buenas perspectivas.
(e) Todas las anteriores. 14-15

El sistema de la Reserva Federal fue establecido para:
(a) Proporcionar un sistema bancario de propiedad gubernamental y administrado por el gobierno.
(b) Permitir a los bancos del gobierno la emisión de dinero.
(c) Proporcionar un dinero «elástico» que se expansionase o contrajese según las necesidades de las empresas.
(d) Proporcionar un lugar seguro a los depósitos bancarios.
(e) Todas las anteriores. 14-16

Los bancos miembros del sistema de la reserva federal son:
(a) Los bancos comerciales.
(b) Los bancos de estado.
(c) Los bancos de ahorro y de crédito.
(d) Los bancos de ahorro mutuo.
(e) Ninguno de los anteriores. 14-17

¿Qué porcentaje aproximado de todos los depósitos a la vista están en los bancos miembros del sistema de la reserva federal?:
(a) Menos que 20%.
(b) Entre 20 y 40%.
(c) 50%.
(d) 85%.
(e) Más de 95%. 14-18

El número de bancos de la reserva federal es:
(a) 6.
(b) 12.
(c) 50.
(d) Igual al número de bancos miembros.
(e) Igual al número de bancos comerciales. 14-19

Los bancos de la reserva federal son:
(a) De propiedad privada de los bancos miembros pero administrados con vistas al interés público.
(b) De propiedad privada de los bancos miembros y administrados principalmente para la consecución de un beneficio.
(c) De propiedad del Departamento del Tesoro.
(d) De propiedad del gobierno y administrados por el mismo.
(e) Ninguna de las anteriores. 14-20

La Junta de Gobernadores del sistema de la reserva federal es:
(a) Elegida periódicamente por la población.
(b) Elegida por los bancos miembros.
(c) Designada por el Departamento del Tesoro.
(d) Propuesta por los gobernadores de los estados.
(e) Ninguna de las anteriores. 14-21

El sistema de la reserva federal es supervisado por:
(a) El Presidente de los Estados Unidos.
(b) El Secretario del Tesoro.
(c) La Junta de Gobernadores.
(d) El Comité del Senado para la Banca.
(e) Ninguno de los anteriores. 14-22

Una función de servicio realizada por el Sistema de la Reserva Federal es:
(a) Actuar como agente fiscal del Tesoro de los Estados Unidos.
(b) Administrar una «casa de compensación» a escala nacional.
(c) Proporcionar medios para la transferencia de fondos por cable desde una parte a otra del país.
(d) Suministrar la maquinaria a través de la cual se mueve la mayor parte del dinero y las monedas en dirección hacia y desde la circulación fiduciaria.
(e) Todas las anteriores. 14-23

Los instrumentos de control monetario (nos referimos a los «generales» por oposición a los «selectivos») de que dispone el Sistema de la Reserva Federal son:
(a) Coeficientes de reserva, regulaciones de márgenes y persuasión moral.
(b) Coeficientes de reserva, operaciones de mercado abierto y tipo de descuento.
(c) Operaciones de mercado abierto, regulaciones de márgenes y persuasión moral.
(d) Tipo de descuento, regulaciones de márgenes y persuasión moral.
(e) Todos los anteriores (es decir, todos sus instrumentos son «generales» más que «selectivos»). 14-24

Los instrumentos de control monetario (nos referimos a los «selectivos» y «psicológicos») de que dispone el Sistema de la Reserva Federal son:
(a) Operaciones de mercado abierto y tipo de descuento.
(b) Persuasión moral y operaciones de mercado abierto.
(c) Coeficientes de reserva, operaciones d mercado abierto y tipo de descuento.
(d) Regulaciones de márgenes y persuasión moral.
(e) Todos los anteriores (es decir, todos sus instrumentos son «selectivos» y «psicológicos»). 14-25

El instrumento monetario más poderoso del Sistema de la Reserva Federal es:
(a) Las variaciones en los coeficientes de reserva.
(b) La práctica de operaciones de mercado abierto.
(c) Las variaciones en el tipo de descuento.
(d) La alteración de los requisitos de márgenes.
(e) La utilización de la persuasión moral. 14-26

El coste que un banco miembro ha de afrontar por tomar préstamos de su Banco de la Reserva Federal viene medido por:
(a) El coeficiente de reserva.
(b) El precio de los títulos valores en el mercado abierto.
(c) El tipo de descuento.
(d) Los requisitos de márgenes.
(e) El rendimiento de las obligaciones del gobierno. 14-27

Las reservas bancarias tienden a:
(a) Aumentar debido a fuerzas de tendencia a largo plazo.
(b) Aumentar debido a fuerzas estacionales.
(c) Permanecer estables.
(d) Fluctuar debido a fuerzas de tendencia, estacionales e irregulares.
(e) Disminuir debido a fuerzas de tendencia y estacionales. 14-28

El precio de mercado de una obligación:
(a) No está relacionado con sus rendimientos.
(b) Varía directamente con sus rendimientos.
(c) Varía inversamente respecto de sus rendimientos.
(d) Es siempre estable.
(e) Permanece estable mientras sus rendimientos aumentan. 14-29

El precio de mercado de una obligación:
(a) Aumenta cuando sus rendimientos aumentan.
(b) Disminuye cuando sus rendimientos disminuyen.
(c) Permanece estable cuando sus rendimientos aumentan.
(d) Permanece estable cuando sus rendimientos disminuyen.
(e) Aumenta cuando sus rendimientos disminuyen y disminuye cuando sus rendimientos aumentan. 14-30

Cuando el sistema de la Reserva Federal compra títulos en el mercado abierto las reservas de los bancos comerciales se ven:
(a) Disminuidas en proporción al coeficiente de reserva.
(b) Disminuidas.
(c) No afectadas.
(d) Aumentadas.
(e) Aumentadas por un valor doble del coeficiente de reserva. 14-31

Cuando la Reserva Federal vende títulos en el mercado abierto las reservas de los bancos comerciales:
(a) Se ven disminuidas.
(b) Se ven disminuidas en dos veces el coeficiente de reserva.
(c) No se ven afectadas.
(d) Se ven aumentadas.
(e) Se ven incrementadas en proporción al coeficiente de reserva. 14-32

Cuando la Reserva Federal compra títulos a los bancos miembros, las reservas de estos últimos:
(a) Se duplican.
(b) Aumentan en un quinto.
(c) Aumentan.
(d) Disminuyen.
(e) No son afectadas. 14-33

Cuando la Reserva Federal vende títulos a los bancos miembros, las reservas de éstos:
(a) Se reducen a la mitad.
(b) Se reducen en un quinto.
(c) No se ven afectadas.
(d) Disminuyen.
(e) Aumentan. 14-34

Cuando la Reserva Federal compra títulos a entidades no bancarias, ya se trate de individuos o de sociedades, las reservas de los bancos comerciales:
(a) No se ven afectadas.
(b) Aumentan.
(c) Disminuyen.
(d) Aumentan en 20%.
(e) Disminuyen en 80%. 14-35

Cuando la Reserva Federal vende títulos a entidades no bancarias, como individuos o sociedades, las reservas de los bancos comerciales:
(a) Se reducen en 20%.
(b) Se reducen en 80%.
(c) No se ven afectadas.
(d) Aumentan.
(e) Disminuyen. 14-36

Los requisitos de márgenes pretenden influir en:
(a) La compra de coches.
(b) La compra de casas.
(c) La compra de acciones.
(d) La venta de obligaciones del gobierno.
(e) La venta de obligaciones de las sociedades. 14-37

El instrumento de control monetario de la Reserva Federal que tiene mayores probabilidades de ser el menos efectivo es:
(a) Los coeficientes de reserva.
(b) Las operaciones de mercado abierto.
(c) El tipo de descuento.
(d) Los requisitos de márgenes.
(e) La persuasión moral. 14-38

¿Cuál de las siguientes acciones de la Reserva Federal tiene mayores probabilidades de ser expansionista?:
(a) Una reducción de los coeficientes de reserva.
(b) Una venta de obligaciones en el mercado abierto.
(c) Un aumento del tipo de descuento.
(d) Un aumento de los requisitos de márgenes.
(e) Ninguna de las anteriores. 14-39

¿Cuál de las siguientes acciones de la Reserva Federal tiene mayor probabilidad de ser contractiva?:
(a) Una disminución de los coeficientes de reserva.
(b) Una disminución del tipo de descuento.
(c) Una venta de obligaciones en el mercado abierto.
(d) Una disminución de los requisitos de márgenes.
(e) Ninguna de las anteriores. 14-40

¿Cuál de las siguientes acciones de la Reserva Federal tiene mayor probabilidad de ser expansiva?:
(a) Un aumento de los coeficientes de reserva.
(b) Una venta de obligaciones en el mercado abierto.
(c) Un aumento del tipo de descuento.
(d) Un aumento de los requisitos de márgenes.
(e) Ninguna de las anteriores. 14-41

¿Cuál de las siguientes acciones de la Reserva Federal tiene mayor probabilidad de ser contractiva?:
(a) La compra de obligaciones en el mercado abierto.
(b) Una disminución del tipo de descuento.
(c) Una disminución de los coeficientes de reserva.
(d) Una disminución de los requisitos de márgenes.
(e) Ninguna de las anteriores. 14-42

Una ventaja de la política monetaria es su:
(a) Relativa flexibilidad.
(b) Elevado impacto selectivo sobre determinados sectores de la economía.
(c) Estrecha ligazón con las políticas nacionales.
(d) Necesidad de tener la aprobación del Congreso.
(e) Necesidad de tener la aprobación del Presidente. 14-43

Una desventaja de la política monetaria es que:
(a) No es tan efectiva durante la inflación como durante la recesión.
(b) Es más efectiva para estimular la demanda que para reducirla.
(c) En ocasiones se encuentra en posición de conflicto respecto de los objetivos del Tesoro.
(d) Tiende a verse suplementada por las políticas de los intermediarios financieros.
(e) Tiende a verse reforzada por las variaciones en la velocidad de circulación del dinero respecto a la renta. 14-44

Una ventaja de la política monetaria es que:
(a) Puede ser puesta en práctica con mayor rapidez que la política fiscal.
(b) Es más efectiva para sacar a la economía de una recesión que para librarla de una inflación.
(c) Es más efectiva para dominar una inflación de costes que para dominar una inflación de demanda.
(d) Siempre se ensambla perfectamente con la política fiscal del Tesoro.
(e) No se ve afectada por las variaciones en la velocidad de circulación del dinero respecto de la renta. 14-45

Una política fiscal y monetaria adecuadas para cerrar un bache deflacionario tendría que ser tal como:
(a) Aumentar *G*, disminuir *T* y aumentar *M*.
(b) Aumentar *G*, *T* y *M*.
(c) Disminuir *G*, *T* y *M*.
(d) Disminuir *G*, aumentar *T* y disminuir *M*.
(e) Mantener *G*, *T* y *M* constantes. 15-1

Una política fiscal y monetaria adecuadas para cerrar un bache inflacionario debería ser tal como:
(a) Disminuir *G*, *T* y *M*.
(b) Aumentar *G*, *T* y *M*.
(c) Disminuir *G*, aumentar *T* y disminuir *M*.
(d) Aumentar *G*, disminuir *T* y aumentar *M*.
(e) Dejar *G*, *T* y *M* constantes. 15-2

A medida que la economía se aproxima al pleno empleo los precios tienden a aumentar porque:
(a) Aparece escasez de algunos recursos determinados en algunos mercados, con lo cual aumentan los costes de producción.
(b) La reducción general en el desempleo refuerza la posición negociadora de algunos sindicatos.
(c) Las empresas encuentran más fácil «trasladar» los incrementos de salarios hacia elevaciones de precios.
(d) Todas las anteriores.
(e) Ninguna de las anteriores. 15-3

La relación biunívoca entre desempleo e inflación es representada por:
(a) La función de consumo.
(b) La ley de Engel.
(c) El multiplicador.
(d) La curva de Friedman.
(e) La curva de Phillips. 15-4

Una curva de Phillips muestra la relación entre:
(a) El consumo y el ahorro.
(b) La inflación y los precios.
(c) La inflación y el desempleo.
(d) El consumo y la inflación.
(e) El consumo, la inflación y el desempleo. 15-5

A lo largo de una curva de Phillips dada:
(a) El consumo depende de los precios.
(b) Los cambios en los precios varían inversamente con relación a la tasa de desempleo.
(c) Los cambios en los precios varían directamente con relación a la tasa de desempleo.
(d) Los precios, el consumo y la inversión se encuentran directamente relacionados.
(e) Ninguna de las anteriores. 15-6

A lo largo de una curva de Phillips dada:
(a) Las variaciones en el nivel de precios están asociadas con variaciones en la tasa de desempleo.
(b) Un aumento en el nivel de precios está asociado con una disminución en la tasa de desempleo.
(c) Una disminución en el nivel de precios está asociada con un aumento en la tasa de desempleo.
(d) Todas las anteriores.
(e) Ninguna de las anteriores. 15-7

En un momento dado una economía puede ser representada por:
(a) Una curva de Phillips.
(b) Dos curvas de Phillips.
(c) Tres o más curvas de Phillips.
(d) Cualquiera de las anteriores respuestas.
(e) Ninguna de las anteriores. 15-8

Dadas cuatro posibles curvas de Phillips, una economía se encuentra en el punto óptimo en:
(a) La curva de menor nivel, la más cercana al origen.
(b) La segunda curva de menor nivel a partir del origen.
(c) La tercera curva de menor nivel contando desde el origen.
(d) La curva más elevada, la más alejada del origen.
(e) Ninguna de las anteriores (es decir, es imposible decir qué curva es la mejor). 15-9

La altura de la curva de Phillips de una economía se verá influida en máximo grado por:
(a) La propensión media al consumo.
(b) La propensión marginal al consumo.
(c) Su estructura competitiva global.
(d) El nivel de su PNB real.
(e) Las variaciones en su PNB real. 15-10

Si todas las restantes cosas permanecen iguales, una mejora en la tecnología y en la eficiencia en varias industrias producirá el siguiente efecto sobre la curva de Phillips correspondiente a una economía:
(a) Elevarla.
(b) Bajarla.
(c) Eliminarla.
(d) Hacerla cóncava (es decir, curvada hacia afuera).
(e) Ningún efecto. 15-11

Si todas las restantes cosas permanecen iguales, una disminución en la competencia mediante importaciones procedentes del exterior tendrá el siguiente efecto sobre la curva de Phillips correspondiente a una economía:
(a) Bajarla.
(b) Eliminarla.
(c) Hacerla cóncava (es decir, curvada hacia afuera).
(d) Ningún efecto.
(e) Elevarla. 15-12

¿Qué medida a largo plazo tendría como efecto una tendencia a bajar la curva de Phillips de una economía?:
(a) Un déficit presupuestario.
(b) Una política de dinero fácil.
(c) Una política fiscal expansionista.
(d) Un reforzamiento vigoroso de la competencia.
(e) Una reducción de los impuestos. 15-13

¿Qué medida de largo plazo tendería a elevar la curva de Phillips de una economía?
(a) Una disminución en la capacidad industrial.
(b) Un superávit presupuestario federal.
(c) Una política monetaria dura.
(d) Una política fiscal contractiva.
(e) Un aumento de los impuestos. 15-14

Las variaciones a corto plazo a lo largo de una curva de Phillips dada son alcanzadas mediante:
(a) Políticas fiscales.
(b) Políticas monetarias.
(c) Tanto políticas fiscales como monetarias.
(d) Políticas sobre la competencia y leyes antimonopolio.
(e) Ninguna de las anteriores. 15-15

El mejor medio para resolver el conflicto entre el crecimiento económico y la inflación es a través de una combinación de:
(a) Dinero fácil y política fiscal expansionista.
(b) Dinero fácil y política fiscal dura.
(c) Dinero caro y política fiscal dura.
(d) Dinero caro y política fiscal expansionista.
(e) Políticas monetaria y fiscal neutrales. 15-16

La balanza de pagos se refiere a:
(a) Entradas y salidas de fondos de las sociedades.
(b) El activo y pasivo de un país.
(c) Los ingresos y gastos del gobierno.
(d) Las importaciones y exportaciones de bienes y servicios.
(e) Ninguna de las anteriores. 15-17

El valor monetario de las transacciones de un país con el resto del mundo viene medido por:
(a) El balance.
(b) El presupuesto internacional.
(c) La balanza comercial.
(d) La balanza de pagos.
(e) La cuenta de pérdidas y ganancias. 15-18

Una de las maneras de reducir el déficit de la balanza de pagos de los Estados Unidos es:
(a) Implantar una política de dinero barato.
(b) Implantar una política de dinero caro.
(c) Aumentar los precios de los bienes americanos.
(d) Estimular aumentos de los salarios internos.
(e) Reducir el nivel de los tipos de interés. 15-19

Una de las maneras de reducir el superávit de la balanza de pagos de los Estados Unidos es:
(a) Implantar una política de dinero barato.
(b) Implantar una política de dinero caro.
(c) Estimular reducciones de los salarios internos.
(d) Reducir los precios de los bienes americanos con relación a los precios de los bienes extranjeros.
(e) Elevar el nivel de los tipos de interés. 15-20

Si todas las restantes cosas permanecen iguales, un aumento en la renta nacional de los Estados Unidos tiende a:
(a) Mejorar la balanza de pagos de los Estados Unidos.
(b) Empeorar la balanza de pagos de los Estados Unidos.
(c) Afectar a la balanza de pagos de los Estados Unidos.
(d) Aumentar las exportaciones americanas.
(e) Disminuir las importaciones americanas. 15-21

Una curva de Phillips sugiere que variaciones lentas en los salarios y en los precios tienden a estar asociadas con tasas elevadas de:
(a) Empleo.
(b) Desempleo.
(c) Consumo.
(d) Inversión.
(e) Ninguna de las anteriores. 15-22

Una curva de Phillips sugiere que tasas bajas de desempleo tienden a estar asociadas con:
(a) Tasas elevadas de ahorro.
(b) Tasas bajas de inversión.
(c) Tasas elevadas de variaciones en los salarios y en los precios.
(d) Tasas bajas en el consumo.
(e) Ninguna de las anteriores. 15-23

Cuando se traza una curva de Phillips una de las variables que se supone constante es:
(a) El estado de la tecnología.
(b) El estado de la eficiencia.
(c) Las presiones alcistas en los precios por parte de las empresas monopolistas.
(d) Las presiones alcistas en los salarios por parte de los sindicatos.
(e) Todas las anteriores. 15-24

Cuando los sindicatos renegocian los contratos sobre salarios, basan sus nuevas demandas de salarios principalmente en:
(a) Las variaciones económicas producidas en el año anterior o en los dos años anteriores.
(b) Los precios medios de los cinco últimos años.
(c) Las variaciones en los precios previstas para el año siguiente.
(d) Las variaciones previstas en los precios para los cinco años siguientes.
(e) Las tendencias de los precios a largo plazo, y en las expectativas referentes a las tendencias futuras. 15-25

El mejor criterio para juzgar las demandas salariales de los sindicatos es:
(a) Los beneficios de las empresas durante el año precedente.
(b) Las nuevas inversiones de las empresas.
(c) Los niveles de precios del año precedente.
(d) Los niveles de precios de los últimos años.
(e) Las expectativas sobre los precios futuros. 15-26

Según la teoría cuantitativa del dinero las variaciones en el nivel de precios se deben principalmente a variaciones en:
(a) Los tipos de interés.
(b) El PNB.
(c) La productividad de la mano de obra.
(d) Las demandas salariales de los sindicatos.
(e) Ninguna de las anteriores. 16-1

En la teoría cuantitativa del dinero las variaciones en el nivel de precios se deben principalmente a variaciones en:
(a) La oferta monetaria.
(b) La velocidad de circulación del dinero con relación a la renta.
(c) El PNN.
(d) Los beneficios de las empresas.
(e) Los salarios y otros costes. 16-2

La teoría cuantitativa del dinero predice que un incremento de 10 por ciento en la oferta monetaria se traducirá en:
(a) Ninguna variación en el nivel de precios.
(b) Un incremento de 20 por ciento en el nivel de precios.
(c) Una disminución de 20 por ciento en el nivel de precios.
(d) Un incremento de 10 por ciento en el nivel de precios.
(e) Una disminución de 10 por ciento en el nivel de precios. 16-3

Según la teoría cuantitativa del dinero un incremento de 5 por ciento en el nivel de precios puede ser alcanzado mediante:
(a) Un aumento de los salarios en 5 por ciento.
(b) Un incremento de todos los costes de producción por lo menos en la cuantía de 5 por ciento.
(c) Un incremento mínimo de 5 por ciento en la velocidad de circulación del dinero respecto de la renta.
(d) Una disminución de 5 por ciento en el producto real.
(e) Ninguna de las anteriores. 16-4

Según la teoría cuantitativa del dinero una disminución de 20 por ciento en el nivel de precios puede ser alcanzada mediante:
(a) Un incremento de 20 por ciento en el producto real.
(b) Una disminución de la oferta monetaria en 20 por ciento.
(c) Una disminución de todos los costes de producción en 20 por ciento.
(d) Una disminución de los beneficios en 20 por ciento.
(e) Una disminución de todos los costes y beneficios en 20 por ciento. 16-5

¿Qué procedimiento y filosofía básicos para conseguir el pleno empleo propugnaron los keynesianos durante la década de los años 1940 y 1950?:
(a) La política monetaria.
(b) El laissez-faire.
(c) La política fiscal.
(d) La sindicación de los obreros.
(e) El socialismo. 16-6

Durante las décadas de los años 1940 y 1950 la propuesta keynesiana para conseguir y mantener el pleno empleo tendía a conceder una importancia secundaria a:
(a) Los esfuerzos de sindicación.
(b) La política monetaria.
(c) La política fiscal.
(d) Los impuestos y el gasto.
(e) Un reforzamiento de la legislación antimonopolio. 16-7

Los nuevos economistas sostienen que se puede «poner a tono» la economía:
(a) Impidiendo que las entidades monopolísticas eleven los precios.
(b) Prohibiendo que los sindicatos traten de lograr incrementos de salarios que resulten inflacionistas.
(c) Poniendo en práctica unas políticas fiscales y monetarias juiciosas.
(d) Estableciendo límites a los beneficios de las sociedades.
(e) Reduciendo los impuestos. 16-8

La política monetaria ha venido ganando una importancia creciente a partir de la década de los años 1950 debido a:
(a) El gran desfase de tiempo que se observa en la puesta en práctica de la política fiscal.
(b) La creciente importancia de la inflación.
(c) La habilidad de ponerla en práctica rápidamente.
(d) El desplazamiento del énfasis del país que ha pasado de la preocupación por detener la inflación a la de mantener el pleno empleo y la estabilidad de los precios.
(e) Todas las anteriores. 16-9

Los nuevos economistas prefieren una «combinación política» en la que entren:
(a) Una política fiscal anticíclica y una política monetaria neutral.
(b) Una política fiscal neutral y una política monetaria anticíclica.
(c) Una política fiscal procíclica y una política monetaria anticíclica.
(d) Una política fiscal anticíclica y una política monetaria procíclica.
(e) Ninguna de las anteriores. 16-10

Los monetaristas aparecen comúnmente asociados con el nombre de:
(a) J. M. Keynes.
(b) Adam Smith.
(c) J. B. Say.
(d) Milton Friedman.
(e) David Ricardo. 16-11

Los monetaristas sostienen el punto de vista de que, en lo referente a política económica:
(a) Los controles fiscales son más efectivos que los controles monetarios.
(b) Los controles monetarios son más efectivos que los controles fiscales.
(c) La efectividad de los controles fiscales y monetarios es aproximadamente igual.
(d) Los controles fiscales funcionan bien en períodos de prosperidad y los controles monetarios funcicnan bien en los períodos de depresión.
(e) Los controles monetarios deberían estar limitados por el Tesoro. 16-12

Según los monetaristas los ciclos económicos son primordialmente consecuencia de:
(a) Una excesiva rapidez de la circulación del dinero.
(b) Una excesiva lentitud de la circulación del dinero.
(c) Una excesiva cantidad del dinero en circulación.
(d) Una cantidad demasiado escasa de dinero en circulación.
(e) Las variaciones en la oferta monetaria. 16-13

La «regla de la oferta monetaria» afirma que la oferta monetaria:
(a) No es importante en lo que se refiere a la estabilización económica.
(b) Debería ser controlada por el Tesoro.
(c) Debería ser controlada por el Congreso.
(d) Debería ser controlada por los bancos.
(e) Ninguna de las anteriores. 16-14

La «regla de la oferta monetaria» afirma que la oferta monetaria:
(a) Debería variar directamente con relación a los tipos impositivos medios.
(b) Debería variar inversamente con relación a los tipos impositivos medios.
(c) Debería estar asociada con los tipos impositivos medios.
(d) Debería ser incrementada en tiempos de Navidad para facilitar las compras realizadas en estas fiestas y reducir la presión que se ejerce sobre los bancos.
(e) Ninguna de las anteriores. 16-15

«Para evitar al mismo tiempo la inflación y el estancamiento, la oferta monetaria debería ser incrementada al mismo ritmo que la tasa de crecimiento o capacidad de producción del país». Esta norma referente a la expansión económica constituye una descripción perfecta de:

(a) La «regla de la oferta monetaria».
(b) La ley de Gresham.
(c) La ley de crecimiento económico a interés compuesto.
(d) La ley del crecimiento incrementado.
(e) La expansión múltiple del crédito bancario. 16-16

Los monetaristas consideran que la oferta monetaria debería ser:

(a) Incrementada con mayor rapidez que la tasa de crecimiento de la economía.
(b) Incrementada al mismo ritmo que la tasa de crecimiento de la economía.
(c) Incrementada a un menor ritmo que la tasa de crecimiento de la economía.
(d) Incrementada de una manera independiente respecto a la tasa de crecimiento de la economía.
(e) Mantenida constante. 16-17

Los monetaristas sostienen que la oferta monetaria debería:

(a) Ser disminuida en los períodos de depresión.
(b) Ser incrementada en los períodos de prosperidad.
(c) Ser disminuida en los períodos de recesión.
(d) Ser incrementada en los períodos de recuperación.
(e) Ninguna de las anteriores. 16-18

Los monetaristas consideran que la oferta monetaria debería:

(a) Variar directamente con relación a los ciclos económicos.
(b) Variar inversamente con relación a los ciclos económicos.
(c) Variar directamente con relación al nivel de renta.
(d) Variar inversamente con relación al nivel de renta.
(e) Ninguna de las anteriores. 16-19

Los monetaristas consideran que el medio más poderoso para lograr la estabilización de la economía radica en el:

(a) Congreso.
(b) Tesoro.
(c) Reserva Federal.
(d) Presidente.
(e) Comité del Senado para la banca. 16-20

Los que critican a los monetaristas señalan que las variaciones en la oferta monetaria:

(a) Provocan variaciones en el gasto total.
(b) Provocan variaciones en la renta y en el empleo.
(c) No guardan relación con la actividad económica.
(d) Solamente son importantes durante la recesión.
(e) Pueden ser más una consecuencia que una causa del gasto total. 16-21

Los que critican a los monetaristas argumentan que en lo referente a la política económica:
(a) Las variaciones en la oferta monetaria son el factor más importante a controlar.
(b) La política monetaria es mucho más importante que la política fiscal.
(c) Las variaciones en la velocidad pueden sen tan importantes como las variaciones en la oferta monetaria.
(d) La Reserva Federal carece de una importancia significativa.
(e) La actividad económica no está relacionada con la política monetaria. 16-22

Los que critican a los monetaristas señalan que una definición del dinero que tenga un contenido:
(a) Debería limitarse únicamente al dinero de curso legal.
(b) Debería limitarse al dinero de curso legal y a los depósitos a la vista.
(c) Debería limitarse al dinero de curso legal, a los depósitos a la vista y a los depósitos a plazo.
(d) Debería incluir el dinero de curso legal, los depósitos a la vista, los depósitos a plazo y los activos financieros.
(e) No se ha encontrado todavía. 16-23

Los críticos han argumentado que los monetaristas tienden a:
(a) Adoptar un punto de vista «excesivamente agregado» de las infiuencias monetarias sobre la economía total.
(b) Olvidar los efectos desproporcionados de las acciones monetarias sobre determinados sectores de la economía (por ejemplo, sobre la construcción de viviendas).
(c) Dejar que las fuerzas competitivas del mercado determinen el impacto de las variaciones monetarias.
(d) Todas las anteriores.
(e) Ninguna de las anteriores. 16-24

El crecimiento económico se mide por el aumento en:
(a) La oferta monetaria.
(b) El PNB monetario.
(c) El PNB real.
(d) El ingreso disponible.
(e) La productividad de la mano de obra. 17-1

El crecimiento económico se mide en:
(a) La población.
(b) El PNB real per capita.
(c) La fuerza de trabajo.
(d) El PNB monetario per capita.
(e) El nivel general de precios. 17-2

El crecimiento económico puede ser ilustrado en términos de una curva de posibilidades de producción mediante:
(a) Un desplazamiento de la curva hacia la derecha.
(b) Un desplazamiento de la curva hacia la izquierda.
(c) Un movimiento hacia arriba a lo largo de la curva.
(d) Un movimiento hacia abajo a lo largo de la curva.
(e) Ninguno de los anteriores. 17-3

En términos de la curva de posibilidades de producción se puede considerar el crecimiento económico como un:
(a) Movimiento desde un punto de desempleo hasta un punto en la curva.
(b) Movimiento desde la curva hasta un punto de desempleo.
(c) Movimiento hacia arriba a lo largo de la curva.
(d) Movimiento hacia abajo a lo largo de la curva.
(e) Ninguno de los anteriores. 17-4

Uno de los supuestos de la teoría clásica del crecimiento es que:
(a) El nivel de vida de un país aumenta continuamente.
(b) Los obreros de un país reciben una proporción creciente de un PNB también creciente.
(c) La población de un país tiende a ajustarse a un nivel de vida de subsistencia.
(d) Los niveles de vida no guardan relación con el tamaño de la población.
(e) La población y los recursos naturales de un país no afectan al producto real. 17-5

En la teoría clásica del crecimiento, los incrementos de población, cuando se mantienen constantes las técnicas y los recursos naturales, se traducen en:
(a) Aumentos en la oferta monetaria.
(b) Disminuciónes finales del producto per capita.
(c) Nivel medio creciente de los impuestos.
(d) Períodos prolongados de desempleo.
(e) Incrementos finales en el producto per capita. 17-6

La teoría clásica del crecimiento sostiene que la dimensión de equilibrio de la población viene determinada por:
(a) El nivel de vida a que se aspira.
(b) La productividad de la mano de obra.
(c) Las políticas monetaria y fiscal del gobierno.
(d) El tamaño de la fuerza de trabajo.
(e) Ninguna de las anteriores. 17-7

En el modelo clásico de crecimiento la población de equilibrio se alcanza cuando:

(a) La renta monetaria per capita es máxima.
(b) La renta real per capita es máxima.
(c) El producto total es máximo.
(d) Todas las anteriores.
(e) Ninguna de las anteriores. 17-8

En el modelo clásico de crecimiento, la población tenderá a largo plazo hacia un tamaño tal que el nivel de vida actual sea igual a:
(a) El nivel de subsistencia.
(b) El nivel a que se aspira.
(c) El máximo producto per capita.
(d) El mínimo producto per capita.
(e) Ninguno de los anteriores. 17-9

Dos variables de importancia fundamental dentro de la teoría clásica de la subsistencia son:
(a) La fuerza de trabajo y la población.
(b) El producto real y el producto monetario.
(c) El producto real per capita y la población.
(d) La población y la oferta monetaria.
(e) El producto medio y el producto total. 17-10

La teoría clásica de la subsistencia está fundamentada en el funcionamiento de:
(a) La ley de Gresham.
(b) La ley de los rendimientos decrecientes.
(c) La ley de los costes crecientes.
(d) La ley de la oferta y la demanda.
(e) La ley de Say. 17-11

Los teóricos clásicos consideraban que los salarios por obrero, a largo plazo, tenderían a:
(a) Igualar al nivel de subsistencia.
(b) Ser superiores al nivel de subsistencia.
(c) Ser inferiores al nivel de subsistencia.
(d) Verse determinados por la tasa de producción.
(e) Ser determinados por el número de obreros. 17-12

Los economistas clásicos pensaban que la población aumentaría si los salarios:
(a) Aumentasen con mayor rapidez que los precios.
(b) Disminuyesen con relación a los precios.
(c) Estuviesen por encima del nivel de subsistencia.
(d) Estuviesen por debajo del nivel de subsistencia.
(e) Fuesen iguales al nivel de subsistencia. 17-13

En la teoría clásica del crecimiento el descubrimiento de nuevos recursos naturales o el desarrollo de nuevas técnicas, a largo plazo:
(a) Aumentaría el nivel de vida de la economía.
(b) Aumentaría la población mientras dejaba el ingreso real per capita en el nivel de subsistencia.
(c) Aumentaría la población pero disminuiría el ingreso real per capita.
(d) Disminuiría la población y aumentaría el ingreso real per capita.
(e) No tendría ningún efecto sobre la población ni sobre el ingreso real per capita. 17-14

Thomas Malthus es más conocido por su teoría sobre:
(a) Los salarios.
(b) Los precios.
(c) Los mercados.
(d) La población.
(e) La producción. 17-15

¿Cuál de los siguientes autores es más conocido por su teoría sobre la población?:
(a) David Ricardo.
(b) Adam Smith.
(c) Thomas Malthus.
(d) J. B. Say.
(e) John Stuart Mill. 17-16

Una teoría famosa sobre la población que fue objeto de gran atención a comienzos del siglo diecinueve sostenía que:
(a) A menos que se controle, la población tiende a desbordar la oferta de alimentos.
(b) No existe ninguna relación entre la población y la oferta de alimentos.
(c) Debería controlarse la población mediante leyes reguladoras de la inmigración.
(d) Las medidas preventivas no pueden controlar el tamaño de la población.
(e) Los países no deberían intentar influir en el tamaño de la población. 17-17

El concepto de «demanda efectiva» como nivel de demanda agregada necesario para mantener una producción continuada fue desarrollado por primera vez por:
(a) Adam Smith.
(b) T. R. Malthus.
(c) David Ricardo.
(d) J. B. Say.
(e) J. M. Keynes. 17-18

En la teoría clásica del crecimiento los salarios disminuyen y los beneficios aumentan si:
(a) Los tipos de interés aumentan con mayor rapidez que los precios.
(b) Los tipos de interés son inflexibles.
(c) La población aumenta con mayor rapidez que el capital.
(d) Los precios son inflexibles.
(e) Se invierten todos los ahorros. 17-19

En la teoría clásica del crecimiento, los beneficios disminuyen y los salarios aumentan si:
(a) El capital aumenta con mayor rapidez que la población.
(b) El consumo es superior al ahorro.
(c) El consumo es menor que el ahorro.
(d) Los precios permanecen constantes.
(e) Los tipos de interés permanecen constantes. 17-20

Según los teóricos clásicos, ¿qué factores de producción aumentarán de valor a largo plazo?:
(a) El trabajo.
(b) La tierra.
(c) El empresariado.
(d) El capital.
(e) Todos los anteriores. 17-21

En la teoría clásica del crecimiento los propietarios de recursos que se beneficiarán a largo plazo son:
(a) Los terratenientes.
(b) Los obreros.
(c) Los capitalistas.
(d) Los empresarios.
(e) Todos los anteriores. 17-22

El economista más comúnmente asociado con la teoría del «fondo de salarios» fue:
(a) Adam Smith.
(b) Thomas Malthus.
(c) David Ricardo.
(d) John Stuart Mill.
(e) J. B. Say. 17-23

El economista más renombrado de mediados del siglo diecinueve fue:
(a) Adam Smith.
(b) Thomas Malthus.
(c) J. B. Say.
(d) David Ricardo.
(e) John Stuart Mill. 17-24

Según la teoría clásica del crecimiento ¿qué factor de producción, en caso de existir alguno, es aquel cuya oferta permanece fija?:
(a) El capital.
(b) El trabajo.
(c) El empresariado.
(d) La tierra.
(e) Ninguno de los anteriores. 17-25

Las tendencias a largo plazo de los salarios reales y del producto per capita por cada hombre-hora en los Estados Unidos a partir del siglo decinueve:
(a) Han sido decrecientes.
(b) Han sido muy estables.
(c) Han sido ligeramente crecientes.
(d) Han sido notablemente crecientes.
(e) Han respondido a las ideas de la teoría clásica. 17-26

En los Estados Unidos los tipos de interés o el beneficio a partir del siglo diecinueve:
(a) Han respondido a los principios de la teoría clásica.
(b) Han aumentado notablemente al compás de los precios.
(c) Han permanecido muy estables.
(d) Han mostrado una fuerte tendencia a la baja.
(e) Han fluctuado en el ciclo económico sin ninguna tendencia determinada hacia el alza o hacia la baja. 17-27

La tendencia a largo plazo de las rentas de la tierra por acre en los Estados Unidos a partir del siglo diecinueve:

(a) Ha sido notablemente creciente.
(b) Ha sido ligeramente creciente, e incluso ha disminuido con relación a los precios de otros factores.
(c) Ha permanecido estable.
(d) Ha disminuido ligeramente, si bien en la práctica ha aumentado con relación a los precios de otros factores.
(e) Ha respondido a los principios de la teoría clásica. 17-28

En los estudios sobre el crecimiento económico uno de los determinantes que los economistas miden *directamente* es:

(a) La extensión de la especialización y la escala de producción.
(b) La tasa de progreso tecnológico.
(c) El volumen de la fuerza de trabajo.
(d) La cantidad y calidad de los recursos humanos y naturales.
(e) Los factores de medio ambiente. 17-29

Un determinante del crecimiento económico que los economistas miden directamente es:

(a) La acumulación de capital.
(b) Los factores de medio ambiente.
(c) La tasa de progreso tecnológico.
(d) La cantidad y calidad de los recursos humanos.
(e) La cantidad y calidad de los recursos naturales. 17-30

Si una economía crece a una tasa anual de 5 por ciento, de cuyo total se estima que 3 por ciento se debe al crecimiento conjunto de la mano de obra y de capital, el restante 2 por ciento es normalmente atribuido a:

(a) Factores de medio ambiente.
(b) La cantidad de recursos humanos.
(c) La cantidad de recursos naturales.
(d) La calidad de los recursos humanos y naturales.
(e) El progreso tecnológico o «todas las restantes cosas». 17-31

Si la propensión media al consumo es 0,88 y si la relación capital/producto es 4, la tasa de crecimiento con pleno empleo será:

(a) 3%.
(b) 3,52%.
(c) 0,22%.
(d) 0,48%.
(e) Ninguna de las anteriores. 17-32

Si la propensión media al consumo es 0,90 y si la relación capital/producto es 5 la tasa de crecimiento con pleno empleo será:

(a) 0,18%.
(b) 4,5%.
(c) 2%.
(d) 5%.
(e) Ninguna de las anteriores. 17-33

¿Qué tasa de crecimiento con pleno empleo se precisa para mantener una *PMA* de 0,09 y una relación capital/producto de 3?:

(a) Entre 4,1 y 5%.
(b) Entre 3,1 y 4%.
(c) 2,7%.
(d) 3%.
(e) Ninguna de las anteriores. 17-34

Si la *PMA* es 0,06 y si la relación capital/producto es 3, la correspondiente tasa de crecimiento con pleno empleo será:

(a) Menos que 1%.
(b) 1,8%.
(c) 2%.
(d) 2,82%.
(e) Ninguna de las anteriores. 17-35

A partir de 1900 la tendencia del volumen de capital por obrero en los Estados Unidos:

(a) Ha aumentado notablemente.
(b) Ha disminuido ligeramente.
(c) No ha presentado un comportamiento bien definido.
(d) Ha disminuido notablemente.
(e) Ha hecho que disminuyan los salarios. 18-1

La tendencia de los salarios en los Estados Unidos:

(a) Ha disminuido ininterrumpidamente.
(b) Ha permanecido bastante estable.
(c) Ha fluctuado ampliamente.
(d) No ha presentado un comportamiento definido.
(e) Ninguna de las anteriores. 18-2

La tasa de crecimiento de los salarios reales en los Estados Unidos a partir de 1900:

(a) Ha sido mucho mayor que el incremento del producto real per capita.
(b) Ha sido aproximadamente igual al incremento experimentado por el producto real per capita.
(c) Ha disminuido en relación al producto real per capita.
(d) No ha guardado ninguna relación con el producto real per capita.
(e) Ninguna de las anteriores. 18-3

Los rendimientos del capital en los Estados Unidos a partir de 1900 han mostrado:

(a) Una tendencia fuertemente alcista.
(b) Una tendencia fuerte a la baja.
(c) No han presentado tendencia alguna definida bien fuera al alza o a la baja.
(d) Poco cambio o quizás ninguno.
(e) Una fuerte tendencia alcista hasta 1940, para comenzar con una tendencia a la baja a partir de esta fecha. 18-4

La tendencia de la relación capital/producto en los Estados Unidos a partir de 1900 se ha situado como promedio:
(a) En la relación de 5 a 1.
(b) En la relación de 4 a 1.
(c) En la relación de 3 a 1.
(d) En la relación de 2 a 1.
(e) En la relación de 1 a 1. 18-5

En base a la tendencia a largo plazo correspondiente a los Estados Unidos, ¿cuántas unidades adicionales de productos podemos esperar lograr aproximadamente con tres unidades adicionales de capital?:
(a) Cero.
(b) Una.
(c) Dos.
(d) Tres.
(e) Cuatro o más. 18-6

En la década de los años 1950 el país que experimentó la mayor tasa de crecimiento fue:
(a) Los Estados Unidos.
(b) Canadá.
(c) Italia.
(d) Alemania Occidental.
(e) Japón. 18-7

En la década de los años 1960 el país que experimentó la mayor tasa de crecimiento fue:
(a) Francia.
(b) Estados Unidos.
(c) Alemania Occidental.
(d) Japón.
(e) Canadá. 18-8

Un país que, a partir de la segunda guerra mundial, ha experimentado unas tasas de crecimiento sostenido por encima del 10 por ciento ha sido:
(a) Japón.
(b) Alemania Occidental.
(c) Estados Unidos.
(d) Canadá.
(e) Francia. 18-9

Durante las décadas de los años 1950 y 1960 la tasa de crecimiento de la Unión Soviética:
(a) Ha sido superior a la de los Estados Unidos.
(b) Ha sido aproximadamente igual a la de los Estados Unidos.
(c) Ha sido menor que la de los Estados Unidos.
(d) Fue mayor que la del Japón.
(e) Fue aproximadamente igual a la de Japón. 18-10

Hasta 1929 el crecimiento económico de los Estados Unidos se basó principalmente en:

(a) Las mejoras en la calidad de la educación.
(b) Los incrementos en la oferta de mano de obra y de capital.
(c) Las mejoras en la capacitación de los obreros según sus propias habilidades específicas.
(d) Los avances en la tecnología.
(e) El desarrollo de una fuerza de trabajo más sana. 18-11

A partir de 1929 el crecimiento económico de los Estados Unidos se ha debido principalmente a:

(a) Los avances en la tecnología.
(b) Las mejoras en la educación y en la capacitación.
(c) La mayor especialización y escala de producción.
(d) Todos los anteriores.
(e) Los incrementos en las ofertas de mano de obra y de capital. 18-12

En las décadas más recientes el factor más importante, considerado aisladamente, por su contribución al crecimiento económico de los Estados Unidos ha sido:

(a) Las mejoras en la tecnología.
(b) El tamaño de la fuerza de trabajo.
(c) Las mejoras en la educación y en la capacitación.
(d) La oferta de capital.
(e) La expansión de la población. 18-13

Si depositamos 100$ en una cuenta de ahorro que percibe un interés de 5 por ciento compuesto anualmente, ¿cuánto valdrá ese depósito (redondeando al dólar más cercano) al final de un período de tres años?:

(a) 116$.
(b) 115$.
(c) 110$.
(d) 105$.
(e) Menos que 105$. 18-14

Si depositamos 100$ en una cuenta de ahorro que percibe un interés de 6 por ciento compuesto anualmente, ¿cuánto valdrá ese depósito (redondeando al dólar más cermano) al final de un período de tres años?:

(a) Menos que 106$.
(b) 106$.
(c) 112$.
(d) 118$.
(e) 119$. 18-15

Si el PNB per capita de una economía es 5000$, ¿cuántos años redondeando al año más cercano) tardaríamos en alcanzar los 10 000$ a una tasa de crecimiento de cuatro por ciento compuesto anualmente?:

(a) Menos de 10.
(b) 12.
(c) 18.
(d) 20.
(e) Ninguno de los anteriores. 18-16

Si el PNB per capita de una economía es 6000$, ¿cuántos años (redondeando al año más próximo) tardaríamos en alcanzar los 12000$ a una tasa de crecimiento de tres por ciento compuesto anualmente?:
(a) Menos de 12.
(b) 15.
(c) 18.
(c) 24.
(e) Ninguno de los anteriores. 18-17

Si el PNB per capita de una economía aumentase desde 4000$ hasta 8000$ en nueve años, su tasa de crecimiento medio anual (redondeado al porcentaje más próximo), calculando un interés compuesto, sería:
(a) Menos que 5%.
(b) 6%.
(c) 8%.
(d) 10%.
(e) Ninguno de los anteriores. 18-18

Si el PNB per capita de una economía aumentase desde 3000$ hasta 6000$ en seis años, su tasa media anual de crecimiento a interés compuesto (redondeando al tanto por ciento más cercano) sería:
(a) Menos que 10%.
(b) 12%.
(c) 15%.
(d) 18%.
(e) Ninguna de las anteriores. 18-19

Un ejemplo del coste real del crecimiento económico que una sociedad ha de tolerar es:
(a) El coste de construir nuevas factorías.
(b) El sacrificio del ocio en aras del tiempo de trabajo.
(c) El coste de adquirir el equipo necesario.
(d) La depreciación de sus nuevas plantas y equipos.
(e) La depreciación de sus antiguas plantas y equipos. 18-20

Un ejemplo del coste real del crecimiento económico de una sociedad es:
(a) El interés que paga por los créditos para ayuda al desarrollo concedidos por otros países.
(b) Los salarios que paga para atraer obreros a las nuevas industrias.
(c) El consumo de que prescinde para realizar la nueva inversión.
(d) Los costes de adquisición de nuevas plantas y equipos.
(e) La depreciación de sus plantas y equipos. 18-21

La expresión «proceso de destrucción creadora» se refiere a:
(a) Los efectos devastadores de la guerra sobre el crecimiento económico.
(b) Las prácticas económicas imperialistas de ciertos países comunistas.
(c) Las prácticas económicas imperialistas de ciertos países capitalistas.
(d) El proceso de crecimiento de una economía capitalista.
(e) Ninguno de los anteriores. 18-22

¿De qué naturaleza son principalmente los obstáculos que se oponen al desarrollo en las sociedades avanzadas, por oposición a las sociedades tradicionales?:
(a) Religiosos.
(b) Políticos.
(c) Sociales.
(d) Económicos.
(e) Raciales. 18-23

En el futuro, la tendencia a largo plazo de la *PMA* probablemente:
(a) Aumentará notablemente.
(b) Aumentará gradualmente.
(c) Permanecerá aproximadamente estable.
(d) Disminuirá gradualmente.
(e) Disminuirá notablemente. 18-24

La tendencia a largo plazo del ahorro realizado por el sector familiar de la economía:
(a) Está transformándose en relativamente menos importante en comparación con el sector no familiar.
(b) Está transformándose en relativamente más importante en relación con el sector no familiar.
(c) Está permaneciendo aproximadamente igual al del sector no familiar.
(d) Es imposible de comparar con el del sector no familiar.
(e) No tiene importancia en lo que se refiere al crecimiento a largo plazo. 18-25

Si todas las restantes cosas permanecen iguales, una empresa que esté planeando la realización de una inversión se verá influida de una manera preponderante por:
(a) El tipo impositivo medio.
(b) El tipo impositivo marginal.
(c) El tipo impositivo total.
(d) Los tipos impositivos del pasado reciente.
(e) La tendencia a largo plazo de los tipos impositivos. 18-26

Hay probabilidad de aparición de ahorro «forzoso» como consecuencia de:
(a) Una disminución más pronunciada en los precios que en los salarios que permita aumentos del consumo real.
(b) El que las sociedades distribuyan todos sus beneficios entre los accionistas.
(c) El que el gobierno reduzca los impuestos.
(d) Todos los anteriores.
(e) Ninguno de los anteriores. 18-27

Hay probabilidad de aparición de ahorro «forzoso» como consecuencia de:
(a) Que los precios aumenten con mayor rapidez que los salarios, y esto provoque una disminución del consumo real.
(b) Que las sociedades reinviertan sus beneficios.
(c) Que se incrementen los impuestos que el gobierno dedica a gastos en inversiones.
(d) Todos los anteriores.
(e) Ninguno de los anteriores. 18-28

La ecología es·
(a) Una combinación de economía y psicología.
(b) La ciencia de la utilización de la tierra.
(c) Una combinación de economía y geología.
(d) El estudio de cómo economizar en la utilización de los recursos naturales.
(e) Ninguna de las anteriores. 19-1

La ecología trata de las relaciones entre:
(a) Los organismos humanos y su medio ambiente.
(b) Los organismos animales y su entorno.
(c) Las plantas y su entorno.
(d) Los organismos vivientes y su entorno.
(e) Los organismos vivientes, prescindiendo de todas las consideraciones de su entorno. 19-2

El crecimiento o decadencia de un ecosistema está gobernada por:
(a) Leyes de «adaptación» entre las especies.
(b) Leyes de «equilibrio» entre las especies.
(c) Leyes de «diversidad» entre las especies.
(d) Todas las anteriores.
(e) Ninguna de las anteriores. 19-3

Una característica común tanto a un sistema económico como a un ecosistema es:
(a) Un sistema de precios.
(b) Un sistema de cambio.
(c) La soberanía del consumidor.
(d) La elección del consumidor.
(e) La movilidad de los recursos. 19-4

Una característica común tanto a un sistema económico como a un ecosistema es:
(a) Una tendencia hacia el equilibrio.
(b) La imposibilidad de conseguir el equilibrio.
(c) Una tendencia hacia el estancamiento.
(d) La utilización de alguna forma de dinero.
(e) Un crecimiento constante y continuado. 19-5

Un procedimiento directo para reducir el nivel de contaminación es:
(a) Disminuir el PNB real per capita.
(b) Aumentar los precios a los consumidores.
(c) Elevar los impuestos sobre las empresas.
(d) Elevar los impuestos sobre el consumo.
(e) Controlar el volumen de crédito bancario. 19-6

Los que atribuyen la contaminación al crecimiento económico argumentan principalmente a favor de:
(a) Racionar el producto entre los consumidores.
(b) Reducir el crecimiento y redistribuir el producto de una manera más equitativa.
(e) Eliminar la producción de artículos que originan contaminación.
(d) Producir más bienes de consumo y menos bienes de inversión.
(e) Producir más bienes de inversión y menos bienes de consumo. 19-7

Un método recomendado para el control de la contaminación es que la sociedad:
(a) Permite a las empresas explotar los recursos materiales.
(b) Estimule la conservación de los recursos naturales.
(c) Cargue unos precios apropiados por utilizar los recursos naturales.
(d) Conceda subsidios a las empresas en su utilización de los recursos naturales.
(e) Elimine los impuestos sobre los terrenos no aprovechados. 19-8

Las predicciones sobre el volumen de población en el año 2000 indican que la diferencia entre la población de los Estados Unidos y la del resto del mundo:
(a) Permanece aproximadamente igual.
(b) Disminuye ligeramente.
(c) Disminuye notablemente.
(d) Aumenta notablemente.
(e) Aumenta ligeramente. 19-9

La tendencia prevista para la población de los Estados Unidos:
(a) Está aumentando con mayor rapidez que la del resto del mundo.
(b) Está disminuyendo mientras la del resto del mundo está aumentando.
(c) Está aumentando mientras la del resto del mundo está disminuyendo.
(d) Está aumentando a una tasa aproximadamente igual a la del resto del mundo.
(e) Ninguna de las anteriores. 19-10

Desde un punto de vista *ecológico,* y en comparación con países más poblados como son India e Indonesia, los Estados Unidos:
(a) Están superpoblados ligeramente.
(b) Están muy superpoblados.
(c) Están poblados en una medida aproximadamente igual.
(d) Están ligeramente despoblados.
(e) Están notablemente despoblados. 19-11

El nivel de contaminación per capita es relativamente el máximo en:
(a) China.
(b) India.
(c) Paquistán.
(d) Estados Unidos.
(e) Indonesia. 19-12

Desde un punto de vista económico la sociedad debería emprender la realización de gastos para reducir la contaminación:
(a) Prescindiendo del coste.
(b) En tanto el incremento en los costes fuese menor que el incremento en los beneficios.
(c) En tanto el incremento en los costes fuese superior al incremento en los beneficios.
(d) En tanto los costes fuesen razonables.
(e) En tanto se pudiese satisfacer los costes con los ingresos corrientes provenientes de los impuestos. 19-13

Para un grado dado de competencia entre las empresas, los precios reflejarán los costes de producción en la medida en que:
(a) Los costes privados sean superiores a los costes sociales.
(b) Los costes privados sean inferiores a los costes sociales.
(c) Los costes privados sean iguales a los costes sociales.
(d) No se consideren los costes privados.
(e) No se consideren los costes sociales. 19-14

Si todas las restantes cosas permanecen iguales, una empresa encontrará más fácil reducir sus precios:
(a) Incrementando sus costes sociales.
(b) Disminuyendo sus costes sociales.
(c) Aumentando sus costes privados.
(d) Manteniendo constantes sus costes sociales y privados.
(e) Igualando sus costes sociales y privados. 19-15

Si todas las restantes cosas permanecen iguales, una empresa se verá estimulada a incrementar sus precios si experimenta:
(a) Una disminución en los costes privados.
(b) Una disminución en los costes sociales.
(c) Un aumento en los costes sociales.
(d) Ninguna variación en sus costes privados o sociales.
(e) Una mayor igualación de sus costes sociales y privados. 19-16

Supongamos que los beneficios y costes de cinco proyectos alternativos para reducir la contaminación responden a los datos siguientes. ¿Cuál de ellos sería recomendado por el lector, si se supone que todas las restantes cosas permanecen iguales?:
(a) Beneficio: 0,9 millones de $; coste: 1 millón de $.
(b) Beneficio: 1,3 millones de $; coste: 1 millón de $.
(c) Beneficio: 3,1 millones de $; coste: 2 millones de $.
(d) Beneficio: 5 millones de $; coste: 3 millones de $.
(e) Beneficio: 5 millones de $; coste: 4 millones de $. 19-17

Los beneficios y costes de cinco proyectos alternativos para reducir la contaminación responden a los datos siguientes: ¿Cuál de ellos elegiría el lector, si todas las restantes cosas permaneciesen iguales?:
(a) Beneficio: 0,8 millones de $; coste: 1 millón de $.
(b) Beneficio: 1,1 millones de $; coste: 1 millón de $.
(c) Beneficio: 3,1 millones de $; coste: 3 millones de $.
(d) Beneficio: 2,2 millones de $; coste, 2 millones de $.
(e) Beneficio: 4,8 millones de $; coste: 4 millones de $. 19-18

Una característica importante del análisis de costes y beneficios es que:
(a) La definición y medición de algunos beneficios es difícil.
(b) Estimula el análisis cualitativo más que cuantitativo de los beneficios.
(c) Estimula el análisis cualitativo más que cuantitativo de los costes.
(d) Es sencillo identificar y separar las prioridades y los beneficios.
(e) Es muy sencilla su utilización para analizar problemas socioeconómicos complejos. 19-19

Cuando no se pueden medir los resultados de una acción determinada en términos de dinero, una técnica para valorar programas alternativos con objeto de seleccionar aquel programa que alcanza los objetivos con el mínimo coste es:

(a) El análisis de costes y beneficios.
(b) El análisis de costes y efectividad.
(c) El análisis marginal.
(d) El análisis por incrementos.
(e) Ninguno de los anteriores. 19-20

Sería deseable la recaudación de costes por emisión de contaminantes porque:

(a) Controlaría todos los tipos de contaminación.
(b) Controlaría la localización geográfica de las empresas.
(c) Sería muy fácil medir los beneficios sociales.
(d) Sería muy fácil medir los costes sociales.
(e) Permitiría un mayor control sobre la cantidad, el momento de tiempo y el lugar en que se arrojan los contaminantes. 19-21

Un esquema de control de la contaminación que opere directamente a través del libre mercado es:

(a) La recaudación de gastos de emisión de contaminantes.
(b) La venta de «derechos de contaminación».
(c) La concesión de subsidios a los que trabajan en la reducción de la contaminación.
(d) La imposición de reglamentaciones directas.
(e) Todos los anteriores. 19-22

Si el gobierno concede subsidios a los que se esfuerzan por reducir la contaminación es deseable que:

(a) Se conceda pagos directos a las empresas en lugar de exenciones fiscales por invertir en equipos para la reducción de la contaminación.
(b) Se concedan subsidios por los equipos para luchar contra la contaminación que supongan un incremento de los beneficios netos de las empresas.
(c) Se concedan subsidios condicionados a la reducción de la contaminación a niveles inferiores a lo «normal».
(d) Los consumidores que compren los productos responsables de la contaminación paguen los costes (subsidios) por reducirla.
(e) Todos los anteriores. 19-23

El método menos flexible para reducir la contaminación y que, por lo tanto, puede conducir a la más deficiente asignación de recursos es:

(a) La venta de «derechos» de contaminación.
(b) La imposición de reglamentaciones directas.
(c) La recaudación de gastos de emisión.
(d) La concesión de subsidios a los esfuerzos por reducir la contaminación.
(e) Todos los anteriores (es decir, todos son aproximadamente iguales en lo referente a provocar una deficiente asignación de los recursos). 19-24

Si una reducción de 5 por ciento en el precio de una mercancía se traduce en un incremento de 3 por ciento en la cantidad demandada se dice que la demanda es:

(a) Perfectamente elástica.
(b) Relativamente elástica.
(c) De elasticidad igual a la unidad.
(d) Relativamente inelástica.
(e) Perfectamente inelástica. 20-1

Si un incremento de 7 por ciento en el precio de una mercancía se traduce en un incremento de 10 por ciento en la cantidad ofrecida se dice que la oferta es:

(a) Perfectamente elástica.
(b) Relativamente elástica.
(c) De elasticidad igual a la unidad.
(d) Relativamente inelástica.
(e) Perfectamente inelástica. 20-2

Un almacén de corbatas de caballero vendió un promedio de 30 corbatas por día a un precio de 5$ por corbata. Por lo tanto, el valor numérico de la elasticidad de la demanda es:

(a) Mayor que 1 pero menor que 3.
(b) Menor que 1 pero mayor que cero.
(c) Igual a 1.
(d) Igual a cero.
(e) Ninguna de las anteriores. 20-3

Un fabricante de camisas vendió 10 docenas de camisas a un precio de 4$ por cada camisa y 15 docenas de camisas a un precio de 3$ por cada camisa. Por tanto el valor numérico de la elasticidad de la demanda es:

(a) Mayor que 1 pero menor que 2.
(b) Igual a 1.
(c) Mayor que cero pero menor que 1.
(d) Igual a cero.
(e) Ninguno de los anteriores. 20-4

Un fabricante de calzado reduce el precio en 15 por ciento y experimenta un 30 por ciento de incremento en la cantidad demandada. Esto sugiere que, si todas las restantes cosas permanecen iguales, la elasticidad de la demanda es:

(a) 15%.
(b) 30%.
(c) 50%.
(d) 100%.
(e) Ninguna de las anteriores. 20-5

Un vendedor de motociclos reduce el precio de éstos en 6 por ciento y encuentra que la cantidad de sus ventas aumenta en 3 por ciento. Esto nos sugiere que, si todas las restantes cosas permanecen iguales, la elasticidad de la demanda es:

(a) 3%.
(b) 6%.
(c) 100%.
(d) 200%.
(e) Ninguna de las anteriores. 20-6

Supongamos tres curvas de demanda, D_1, D_2, y D_3, con unos valores numéricos de elasticidades de 0,3, 1,0 y 1,2 respectivamente. Una disminución de 1 por ciento en el precio se traducirá en un incremento del ingreso total:
(a) En D_1, D_2 y D_3.
(b) En D_1 y D_2.
(c) En D_2 y D_3.
(d) En D_3.
(e) En D_1. 20-7

Supongamos tres curvas de demanda, D_1, D_2 y D_3, con unos valores numéricos de elasticidades de 0,5, 1,0 y 1,5 respectivamente. Un aumento de 1 por ciento en el precio se traducirá en una disminución del ingreso total:
(a) En D_1.
(b) En D_3.
(c) En D_2.
(d) En D_1 y D_2.
(e) En D_2 y D_3. 20-8

Si la demanda es relativamente elástica una variación en el precio producirá:
(a) Una variación del ingreso total en la dirección opuesta.
(b) Una variación del ingreso total en la misma dirección.
(c) Ninguna variación en el ingreso total.
(d) Un incremento del ingreso total.
(e) Una disminución del ingreso total. 20-9

Si la demanda tiene elasticidad igual a la unidad, una variación en el precio producirá:
(a) Un incremento del ingreso total.
(b) Una disminución del ingreso total.
(c) Una variación del ingreso total en la dirección opuesta.
(d) Una variación del ingreso total en la misma dirección.
(e) Ninguna de las anteriores. 20-10

Si la demanda es relativamente inelástica una variación en el precio producirá:
(a) Una variación del ingreso total en la dirección opuesta.
(b) Una variación del ingreso total en la misma dirección.
(c) Un incremento del ingreso total.
(d) Una disminución del ingreso total.
(e) Ninguna variación en el ingreso total. 20-11

Cuando un sistema de transporte público, como un tren suburbano o una línea de autobuses, eleva la tarifa, normalmente experimenta un incremento de los ingresos brutos. Esto sugiere que la demanda es:
(a) Perfectamente elástica.
(b) Relativamente elástica.
(c) Relativamente inelástica.
(d) De elasticidad unidad.
(e) Ninguna de las anteriores. 20-12

¿Cuál de las situaciones enunciadas a continuación tendrá como efecto un incremento de los ingresos brutos?:

(a) Un incremento de precios cuando la demanda es relativamente inelástica.
(b) Una disminución de precios cuando la demanda es relativamente elástica.
(c) Un incremento de precios cuando la demanda tiene elasticidad igual a la unidad.
(d) Una disminución de precios cuando la demanda es relativamente inelástica.
(e) Una disminución de precios cuando la demanda tiene elasticidad igual a la unidad. 20-13

¿Cuál de las siguientes situaciones se traducirá en una disminución de los ingresos brutos?:

(a) Una disminución del precio cuando la demanda es relativamente inelástica.
(b) Un incremento de precios cuando la demanda es relativamente inelástica.
(c) Un incremento de precios cuando la elasticidad de la demanda es igual a la unidad.
(d) Una disminución de precios cuando la demanda es relativamente elástica.
(e) Una disminución de precios cuando la elasticidad de la demanda es igual a la unidad. 20-14

Si todas las restantes cosas son iguales, la elasticidad de la demanda de un producto será menor:

(a) Si no existen o son pocos los substitutos disponibles.
(b) Si representa una parte pequeña del presupuesto del consumidor.
(c) A corto plazo, por oposición al largo plazo.
(d) Todas las anteriores.
(e) Ninguna de las anteriores. 20-15

Si se impone un precio máximo en un mercado:

(a) La cantidad demandada será mayor que la cantidad ofrecida.
(b) La cantidad ofrecida será mayor que la cantidad demandada.
(c) Será necesario establecer un racionamiento.
(d) Aparecerán excedentes de la mercancía.
(e) Aún se alcanzarán el precio y la cantidad correspondientes al equilibrio en un mercado libre. 20-16

Si se impone un precio mínimo en un mercado:

(a) La cantidad demandada será mayor que la cantidad ofrecida.
(b) La cantidad ofrecida será mayor que la cantidad demandada.
(c) Aparecerá escasez de la mercancía.
(d) Aún se alcanzarán el precio y la cantidad correspondientes al equilibrio en el mercado libre.
(e) Ninguna de las anteriores. 20-17

Si la oferta de un bien es perfectamente elástica y su demanda es relativamente inelástica, un impuesto específico que grave a los vendedores:

(a) Hará que disminuya el precio de equilibrio y que aumente la cantidad de equilibrio.
(b) Hará que disminuya tanto el precio como la cantidad de equilibrio.
(c) Hará que disminuya el precio de equilibrio y dejará inalterada la cantidad de equilibrio.
(d) Dejará inalterado el precio de equilibrio y hará que disminuya la cantidad de equilibrio.
(e) Ninguna de las anteriores. 20-18

Si la oferta de un bien es relativamente elástica y su demanda es perfectamente elástica, un impuesto específico que grave a los vendedores:

(a) Hará que aumente tanto el precio como la cantidad de equilibrio.
(b) Hará que disminuya tanto el precio como la cantidad de equilibrio.
(c) Hará que aumente el precio de equilibrio y que disminuya la cantidad de equilibrio.
(d) Hará que disminuya el precio de equilibrio y que aumente la cantidad de equilibrio.
(e) Ninguna de las anteriores. 20-19

Si queremos que sean mínimas las contracciones en la producción y en el empleo, los tipos de industrias más adecuados para gravar con un impuesto su producción son aquellas:

(a) Cuya demanda es relativamente elástica y cuya oferta es relativamente inelástica.
(b) Cuya demanda y oferta son relativamente inelásticas.
(c) Cuya demanda es relativamente inelástica y cuya oferta es relativamente elástica.
(d) Cuya demanda y oferta tienen elasticidad igual a la unidad.
(e) Cuya demanda y oferta son relativamente elásticas. 20-20

Un impuesto sobre las mercancías tendrá un efecto máximo sobre los precios y mínimo sobre la producción y el empleo en aquellas industrias:

(a) Cuya demanda y oferta tienen elasticidad igual a la unidad.
(b) Cuya demanda y oferta son relativamente elásticas.
(c) Cuya demanda y oferta son relativamente inelásticas.
(d) Cuya demanda es relativamente elástica y cuya oferta es relativamente inelástica.
(e) Cuya demanda es relativamente inelástica y cuya oferta es relativamente elástica. 20-21

Si la demanda es relativamente inelástica y la oferta es relativamente elástica, un impuesto sobre la mercancía por valor de 10 centavos por unidad, que grave al vendedor:
(a) Hará que el precio pagado por el consumidor se eleve en 10 centavos.
(b) Hará que el precio pagado por el consumidor se eleve en una cuantía superior a 10 centavos.
(c) Hará que el precio pagado por el consumidor se eleve en una cuantía inferior a 10 centavos y reducirá el precio neto (después de impuestos) percibido por el vendedor en menos de 10 centavos.
(d) No afectará al precio pagado por los consumidores.
(e) No afectará al precio neto (después de impuestos) percibido por los vendedores. 20-22

Un impuesto sobre la mercancía es siempre soportado:
(a) Totalmente por los compradores.
(b) Totalmente por los vendedores.
(c) En su mayor parte por los compradores.
(d) En su mayor parte por los vendedores.
(e) Ninguno de los anteriores. 20-23

En la gran mayoría de las situaciones de oferta y demanda (excepto en las situaciones extremas referentes a los casos de elasticidad o inelasticidad perfectas) un impuesto sobre la mercancía es soportado:
(a) Totalmente por los compradores.
(b) Totalmente por los vendedores.
(c) En parte por los compradores y en otra parte por los vendedores.
(d) En partes aproximadamente iguales por los compradores y por los vendedores.
(e) En parte por los compradores, en otra parte por los vendedores y en otra parte por el gobierno. 20-24

Si la demanda es relativamente inelástica y la oferta es relativamente elástica, un impuesto sobre las mercancías será soportado:
(a) Totalmente por los compradores.
(b) Más por los compradores que por los vendedores.
(c) Totalmente por los vendedores.
(d) Más por los vendedores que por los compradores.
(e) En partes aproximadamente iguales por los compradores y por los vendedores. 20-25

Si la demanda es relativamente elástica y la oferta es relativamente inelástica un impuesto sobre la mercancía será soportado.
(a) Más por los vendedores que por los compradores.
(b) Más por los compradores que por los vendedores.
(c) Totalmente por los vendedores.
(d) Totalmente por los compradores.
(e) En partes aproximadamente iguales por los compradores y por los vendedores. 20-26

Si las curvas de oferta y demanda de un producto no son ni verticales ni horizontales, el efecto de la concesión de un subsidio a esa mercancía será:
(a) Aumentar el precio y disminuir la producción.
(b) Disminuir el precio y aumentar la producción.
(c) Aumentar tanto el precio como la producción.
(d) Disminuir tanto el precio como la producción.
(e) Mantener constante el precio y aumentar la producción. 20-27

Si la curva de oferta de un producto tiene pendiente positiva y la curva de demanda tiene pendiente negativa, el efecto de la concesión de un subsidio a esa mercancía será:
(a) Mantener el precio constante e incrementar la producción.
(b) Disminuir el precio y mantener constante la producción.
(c) Mantener constante el precio y disminuir la producción.
(d) Aumentar el precio y mantener constante la producción.
(e) Disminuir el precio y aumentar la producción. 20-28

Un subsidio concedido a una mercancía tendrá un efecto máximo sobre la producción y un efecto mínimo sobre el precio si:
(a) La demanda y la oferta son relativamente inelásticas.
(b) La demanda y la oferta tienen elasticidad igual a la unidad.
(c) La demanda es relativamente elástica y la oferta es relativamente inelástica.
(d) La demanda es relativamente inelástica y la oferta es relativamente elástica.
(e) La demanda y la oferta son relativamente elásticas. 20-29

Un subsidio otorgado a una mercancía tendrá un efecto mínimo sobre el volumen de producción y un efecto máximo sobre el precio si:
(a) La demanda y la oferta son relativamente inelásticas.
(b) La demanda y la oferta son relativamente elásticas.
(c) La demanda y la oferta tienen elasticidad igual a la unidad.
(d) La demanda es relativamente elástica y la oferta es relativamente inelástica.
(e) La demanda es relativamente inelástica y la oferta es relativamente elástica. 20-30

Si el gobierno desea que sus ingresos aumenten en una proporción aproximada a la tasa de inflación, debe imponer:
(a) Impuestos específicos.
(b) Ningún impuesto.
(c) Impuestos ad valorem.
(d) Subsidios específicos.
(e) Subsidios ad valorem. 20-31

Un impuesto ad valorem sobre una mercancía es:
(a) Un porcentaje creciente del precio de venta.
(b) Un porcentaje constante del precio de venta.
(c) Un porcentaje decreciente del precio de venta.
(d) Un porcentaje inverso del precio de venta.
(e) Ninguno de los anteriores. 20-32

La cuantía de ingresos proporcionados por un impuesto ad valorem sobre las mercancías:
(a) Disminuye a medida que aumentan la producción y los precios.
(b) Aumenta a medida que disminuyen la producción y los precios.
(c) Aumenta a medida que aumentan la producción y los precios.
(d) Permanece constante a medida que aumentan la producción y los precios.
(e) Permanece constante a medida que disminuyen la producción y los precios. 20-33

Una limitación importante de los modelos elementales de oferta y demanda es que son:
(a) Dinámicos en lugar de ser estáticos.
(b) Estáticos en lugar de ser dinámicos.
(c) No útiles para la interpretación de los fenómenos del mundo real.
(d) Teóricos y no prácticos.
(e) Imposibles de comprobar. 20-34

En el análisis de la oferta y la demanda el precio correspondiente al equilibrio dinámico es:
(a) El precio del mercado en un momento dado.
(b) El precio a corto plazo.
(c) El precio de mercado.
(d) El precio medio.
(e) El precio de equilibrio hacia el que continuamente tiende el precio de mercado. 20-35

El precio necesario para que se ofrezca una determinada cantidad de producción es conocido con el nombre de:
(a) Precio normal.
(b) Precio de oferta.
(c) Precio de demanda.
(d) Precio de equilibrio.
(e) Ninguno de los anteriores. 20-36

El precio máximo que un comprador está dispuesto a pagar por una determinada cantidad de un bien es conocido con el nombre de:
(a) Precio de demanda.
(b) Precio de oferta.
(c) Precio normal.
(d) Precio de mercado.
(e) Ninguno de los anteriores. 20-37

Un mercado competitivo raciona los bienes *admitiendo* al mercado a aquellos compradores y vendedores:
(a) Cuyos precios de demanda y oferta están por encima del precio de equilibrio.
(b) Cuyos precios de demanda y oferta están por debajo del precio de equilibrio.
(c) Cuyos precios de demanda y oferta son iguales al precio de equilibrio.
(d) Cuyo precio de demanda está por debajo y cuyo precio de oferta está por encima del precio de equilibrio.
(e) Cuyo precio de demanda es igual que o está por encima de, y cuyo precio de oferta es igual que o está por debajo de, el precio de equilibrio. 20-38

Un mercado competitivo raciona los bienes *eliminando* del mercado a aquellos compradores y vencedores:
(a) Cuyos precios de demanda y oferta son iguales al precio de equilibrio.
(b) Cuyos precios de demanda y oferta están por debajo del precio de equilibrio.
(c) Cuyos precios de demanda y oferta están por encima del precio de equilibrio.
(d) Cuyo precio de demanda está por debajo y cuyo precio de oferta está por encima del precio de equilibrio.
(e) Cuyo precio de demanda está por encima y cuyo precio de oferta está por debajo del precio de equilibrio. 20-39

El precio de equilibrio en un mercado competitivo es:
(a) Menor que el precio de oferta.
(b) Mayor que el precio de demanda.
(c) El precio máximo que los compradores están dispuestos a pagar en el mercado.
(d) El precio mínimo que los vendedores están dispuestos a aceptar en el mercado.
(e) Ninguno de los anteriores. 20-40

El precio de mercado negro es:
(a) Normalmente superior al precio legal máximo.
(b) Siempre superior al precio legal máximo.
(c) Normalmente inferior al precio legal máximo.
(d) Siempre inferior al precio legal máximo.
(e) Normalmente igual al precio legal máximo. 21-1

El precio en un mercado negro es siempre:
(a) Igual al precio de un mercado no sometido a reglamentación.
(b) Mayor que el precio del mercado no sometido a reglamentación.
(c) Menor que el precio del mercado no sometido a reglamentación.
(d) Determinado por la oferta y la demanda en el mercado no sometido a reglamentación.
(e) Ninguno de los anteriores. 21-2

El precio en un mercado negro será *mínimo* cuando:
(a) Las curvas de oferta y demanda en el mercado negro sean relativamente elásticas.
(b) Las curvas de oferta y demanda en el mercado negro sean relativamente inelásticas.
(c) Las curvas de oferta y demanda en el mercado negro tengan elasticidad igual a la unidad.
(d) La curva de oferta del mercado negro sea relativamente elástica y la curva de demanda del mercado negro sea relativamente inelástica.
(e) La curva de oferta del mercado negro sea relativamente inelástica y la curva de demanda del mercado negro sea relativamente elástica. 21-3

El precio en un mercado negro será *máximo* cuando:
(a) Las curvas de oferta y demanda en el mercado negro tengan elasticidad igual a la unidad.
(b) Las curvas de oferta y demanda en el mercado negro sean relativamente elásticas.
(c) Las curvas de oferta y demanda en el mercado negro sean relativamente inelásticas.
(d) La curva de oferta del mercado negro sea relativamente elástica y la curva de demanda del mercado negro sea relativamente inelástica.
(e) La curva de oferta del mercado negro sea relativamente inelástica y la curva de demanda del mercado negro sea relativamente elástica. 21-4

El medio más efectivo para reducir un precio de mercado negro consiste en:
(a) Incrementar las penalizaciones sobre los vendedores y reducir las penalizaciones sobre los compradores.
(b) Disminuir las penalizaciones sobre los vendedores y aumentar las penalizaciones sobre los compradores.
(c) Aumentar las penalizaciones tanto sobre los vendedores como sobre los compradores.
(d) Disminuir las penalizaciones tanto sobre los vendedores como sobre los compradores.
(e) Penalizar a los vendedores y no a los compradores. 21-5

Si se hubiese determinado una sanción penal (por ejemplo, una sentencia uniforme de encarcelamiento) por tomar parte activa en un mercado negro, el precio en este mercado negro tendería a ser mínimo si la sanción gravitase:
(a) Tanto sobre compradores como sobre vendedores.
(b) Sobre los vendedores pero no sobre los compradores.
(c) Sobre los compradores pero no sobre los vendedores.
(d) Sobre los fabricantes.
(e) Sobre los mayoristas. 21-6

La compra y venta simultáneas de una misma mercancía en diferentes mercados a precios diferentes recibe el nombre de:
(a) Especulación.
(b) Arbitraje.
(c) Juego.
(d) Compra a largo plazo.
(e) Venta a corto plazo. 21-7

En condiciones de competencia perfecta el efecto del arbitraje consiste en estimular:
(a) Las fluctuaciones de precios.
(b) El desequilibrio del mercado.
(c) El juego.
(d) La especulación.
(e) La estabilidad del precio. 21-8

El efecto de un arancel impuesto por los Estados Unidos, según lo que nos enseña el modelo de oferta y demanda expuesto en el texto, consiste en:

(a) Elevar los precios tanto en América como en el extranjero.
(b) Bajar los precios tanto en América como en el extranjero.
(c) Bajar el precio en América pero elevarlo en el extranjero.
(d) Elevar el precio en América pero bajarlo en el extranjero.
(e) Elevar el precio en América sin afectar para nada al precio en el extranjero. 21-9

El efecto de un arancel impuesto por los Estados Unidos, según lo que nos enseña el modelo de oferta y demanda expuesta en el texto, consiste en:

(a) Incrementar tanto las importaciones americanas como las exportaciones extranjeras.
(b) Disminuir tanto las importaciones americanas como las exportaciones extranjeras.
(c) Incrementar las importaciones americanas y disminuir las exportaciones extranjeras.
(d) Disminuir las importaciones americanas y aumentar las exportaciones extranjeras.
(e) Disminuir las importaciones americanas sin que afecte para nada a las exportaciones extranjeras. 21-10

El efecto de un arancel impuesto por los Estados Unidos, según lo que nos enseña el modelo de oferta y demanda expuesto en el texto, consiste en:

(a) Incrementar la producción americana.
(b) Disminuir la producción americana.
(c) Dejar inafectada la producción americana.
(d) Incrementar la producción extranjera.
(e) Ninguno de los anteriores. 21-11

El efecto de un arancel impuesto por los Estados Unidos, según lo que nos enseña el modelo de oferta y demanda expuesto en el texto, consiste en:

(a) Incrementar el consumo americano.
(b) Disminuir el consumo americano.
(c) Dejar inafectado al consumo americano.
(d) Disminuir el consumo extranjero.
(e) Ninguno de los anteriores. 21-12

El teorema de la tela de araña se refiere a:

(a) La relación entre los salarios y los costes de producción.
(b) La interacción entre los precios de las acciones y los precios de las obligaciones.
(c) La relación entre los precios de las importaciones y los precios de las exportaciones.
(d) La red de interdependencias económicas que se produce como consecuencia de la especialización.
(e) Ninguno de los anteriores. 21-13

Una teoría que ayuda a explicar las fluctuaciones cíclicas en los precios y cantidades de determinados productos agrícolas es:

(a) La teoría de la utilidad.
(b) La teoría del multiplicador.
(c) La teoría de las manchas solares.
(d) La teoría moderna de los ciclos económicos.
(e) Ninguna de las anteriores. 21-14

Un modelo de tela de araña tendrá un equilibrio estable o una tendencia hacia la estabilidad si:

(a) Tanto la curva de oferta como la de demanda son perfectamente elásticas.
(b) La elasticidad de la demanda es mayor que la elasticidad de la oferta.
(c) La elasticidad de la demanda es menor que la elasticidad de la oferta.
(d) Las elasticidades de la oferta y de la demanda son iguales.
(e) Ninguna de las anteriores. 21-15

Un modelo de tela de araña tendrá un equilibrio inestable o una tendencia a alejarse de la estabilidad si:

(a) La elasticidad de la oferta es mayor que la elasticidad de la demanda.
(b) La elasticidad de la oferta es menor que la elasticidad de la demanda.
(c) Las elasticidades de oferta y demanda son iguales.
(d) Tanto la curva de oferta como la de demanda son perfectamente elásticas.
(e) Ninguna de las anteriores. 21-16

Un modelo de tela de araña tendrá un equilibrio neutral o fluctuaciones de amplitud constante en tanto:

(a) Las elasticidades de demanda y oferta sean iguales.
(b) La elasticidad de la oferta sea mayor que la elasticidad de la demanda.
(c) La elasticidad de la oferta sea menor que la elasticidad de la demanda.
(d) Tanto la curva de oferta como la de demanda sean perfectamente elásticas.
(e) Ninguna de las anteriores. 21-17

A lo largo de un período de tiempo los modelos de tela de araña tenderán a:

(a) Permanecer en equilibrio estable.
(b) Permanecer en equilibrio inestable.
(c) Permanecer en equilibrio neutral.
(d) Atravesar fases de equilibrio estable, inestable y neutral, pero no necesariamente en este mismo orden.
(e) Permanecer en la misma forma. 21-18

El principal factor determinante de la longitud de un ciclo de tela de araña es:

(a) El nivel de empleo existente en la economía.
(b) El tiempo requerido para que una variación en el precio provoque una variación en la producción.
(c) La relación entre la elasticidad de oferta y elasticidad de la demanda.
(d) El estado de la economía; es decir, si está en un período de prosperidad o de recesión.
(e) La relación entre el precio de los cerdos y el precio del maíz. 21-19

La relación «cerdos-maíz» se refiere a la relación entre:
(a) El precio de los cerdos vivos y el precio del maíz.
(b) La demanda de cerdos vivos y la demanda de maíz.
(c) La demanda de cerdos vivos y la oferta de maíz.
(d) La oferta de cerdos vivos y la demanda de maíz.
(e) La oferta de cerdos vivos y la oferta de maíz. 21-20

La longitud media del ciclo «cerdos-maíz» está:
(a) Entre 0 y 2 años.
(b) Entre 3 y 6 años.
(c) Entre 7 y 10 años.
(d) Entre 11 y 14 años.
(e) Entre 15 y 20 años. 21-21

El «efecto renta» se refiere a:
(a) La variación en la renta resultante de una variación en la inversión.
(b) El efecto sobre la renta resultante de los ciclos económicos.
(c) Las variaciones en la renta debidas a las variaciones en los salarios.
(d) La variación en la renta real del comprador resultante de una variación en el precio de un bien, cuando todas las restantes cosas permanecen constantes.
(e) El efecto resultante en la renta como consecuencia de las variaciones de los tipos impositivos. 21-22

El «efecto substitución» se refiere a la substitución de:
(a) Máquinas por mano de obra.
(b) Obreros cualificados por obreros no cualificados.
(c) Bienes de mayor precio por bienes de menor precio a medida que la población se hace más rica.
(d) Calidad por cantidad en las sociedades ricas.
(e) Una mercancía más barata por otras más caras a medida que su precio baja, mientras todas las restantes cosas permanecen iguales. 21-23

Cuando la utilidad total es máxima, la utilidad marginal está:
(a) Aumentando lentamente.
(b) Aumentando rápidamente.
(c) En un máximo.
(d) En un mínimo.
(e) Ninguna de las anteriores. 21-24

Cuando la utilidad total está en un punto máximo la utilidad marginal está:
(a) En un mínimo.
(b) En un máximo.
(c) Tiene valor positivo.
(d) Tiene valor negativo.
(e) Ninguna de las anteriores. 21-25

Supongamos que las utilidades totales correspondientes a las primeras cinco unidades consumidas de un producto son 10, 15, 19, 22, 24 respectivamente. La utilidad marginal de la tercera unidad es:

(a) 15.
(b) 19.
(c) 4.
(d) 3.
(e) 5. 21-26

Supongamos que las utilidades totales correspondientes a las primeras cinco unidades consumidas de un producto son 14, 20, 25, 29, 32 respectivamente. La utilidad marginal de la tercera unidad es:

(a) 5.
(b) 20.
(c) 25.
(d) 6.
(e) 4. 21-27

Según la teoría de la utilidad, a medida que un consumidor adquiere más unidades de un bien su utilidad marginal de dicho bien:

(a) Continúa siempre aumentando.
(b) Puede aumentar al principio pero al final debe disminuir.
(c) Puede disminuir al principio pero al final debe aumentar.
(d) Puede permanecer constante.
(e) Puede fluctuar. 21-28

Dadas dos mercancías, X e Y, sus precios P_x y P_y y una utilidad marginal constante del dinero, un consumidor hará máxima su utilidad distribuyendo sus gastos de manera que:

(a) $Um_x/P_y = Um_y/P_x$.
(b) $P_y/Um_x = P_x/Um_y$.
(c) $Um_x/P_x = Um_y/P_y$.
(d) Todos los anteriores.
(e) Ninguno de los anteriores. 21-29

Dadas dos mercancías, X e Y, sus precios P_x y P_y y la utilidad marginal del dinero, Um_d, la utilidad de un consumidor será máxima cuando haya distribuido sus gastos de manera que:

(a) $Um_x/P_x = Um_y/P_y = Um_d$.
(b) $Um_x/P_y = Um_y/P_x = Um_d$.
(c) $P_y/Um_x = P_x/Um_y = Um_d$.
(d) Todos los anteriores.
(e) Ninguno de los anteriores. 21-30

Dadas dos mercancías, X e Y y una utilidad marginal constante del dinero, un consumidor se encontrará en equilibrio cuando el último dólar gastado en X le proporcione:

(a) Una utilidad marginal mayor que el último dólar gastado en Y.
(b) Una utilidad marginal menor que el último dólar gastado en Y.
(c) La misma utilidad marginal que el último dólar gastado en Y.
(d) La misma utilidad marginal que todo el dinero gastado en Y.
(e) Ninguna de las anteriores. 21-31

Un economista que se distinguió por sus importantes contribuciones al desarrollo de la teoría de la utilidad marginal fue:
(a) Adam Smith.
(b) Thomas Malthus.
(c) J. B. Say.
(d) Thorstein Veblen.
(e) William S. Jevons. 21-32

Un famoso economista institucional y «antimarginalista» fue:
(a) J. B. Say.
(b) Thorstein Veblen.
(c) Thomas Malthus.
(d) William S. Jevons.
(e) David Ricardo. 21-33

Cuando no existen incendios, un departamento de bomberos tiene, con relación a los residentes de una ciudad:
(a) Una gran utilidad total pero una pequeña utilidad marginal.
(b) Una reducida utilidad total pero una elevada utilidad marginal.
(c) Una elevada utilidad total y una elevada utilidad marginal.
(d) Una reducida utilidad total y una reducida utilidad marginal.
(e) Igual utilidad total que marginal. 21-34

Cuando uno no está enfermo la disponibilidad de un doctor tiene respecto de esta persona:
(a) Una reducida utilidad total y una reducida utilidad marginal.
(b) Una elevada utilidad total y una elevada utilidad marginal.
(c) Una elevada utilidad total y una reducida utilidad marginal.
(d) Una reducida utilidad total y una elevada utilidad marginal.
(e) Igual utilidad total que marginal. 21-35

Si el precio de demanda de un comprador de un bien determinado es 10$ y el precio del mercado es 7$, su excedente de consumidor será:
(a) 10$.
(b) 7$.
(c) Más de 10$.
(d) Menos de 7$.
(e) Ninguno de los anteriores. 21-36

Si cuando un comprador paga 12$ por un bien y se beneficia de un excedente de consumidor de 5$ su precio de demanda es:
(a) 17$.
(b) 12$.
(c) 5$.
(d) Más de 17$.
(e) Menos de 12$. 21-37

Si el precio de demanda de un comprador para una mercancía es 8$ y su excedente de consumidor es 2$ el precio de mercado de la mercancía es:
(a) Más de 8$.
(b) Menos de 6$.
(c) 8$.
(d) 6$.
(e) 2$. 21-38

Un inconveniente grave de la teoría de la utilidad es que:
(a) La utilidad es subjetiva y no objetiva.
(b) La utilidad no puede ser medida en números cardinales.
(c) Se supone que los productos son divisibles.
(d) Todas las anteriores.
(e) Ninguna de las anteriores. 21-39

Las combinaciones posibles de dos mercancías que un consumidor puede adquirir en un momento dado de tiempo, manteniéndose constantes los precios y la renta, vienen representadas por:
(a) Una curva de indiferencia.
(b) Una curva de consumo en función de la renta.
(c) Una curva de consumo en función del precio.
(d) Una línea de precios.
(e) Una curva de demanda. 21S-40

Si los precios de mercado permanecen constantes existirán tantas líneas de precios como:
(a) Niveles de renta.
(b) Curvas de indiferencia.
(c) Mercancías.
(d) Precios de las mercancías.
(e) Ninguna de las anteriores. 21S-41

Si un consumidor se mueve hacia arriba a lo largo de una curva de indiferencia, su utilidad total:
(a) Aumenta.
(b) Disminuye.
(c) Primero aumenta y después disminuye
(d) Primero disminuye y después aumenta.
(e) Ninguna de las anteriores. 21S-42

Si un consumidor se mueve hacia abajo a lo largo de una curva de indiferencia ,su utilidad total:
(a) Disminuye.
(b) Primero disminuye y luego aumenta.
(c) Aumenta.
(d) Primero aumenta y después disminuye.
(e) Ninguna de las anteriores. 21S-43

La tasa a la que un consumidor está dispuesto a reemplazar una mercancía por otra a lo largo de una curva de indiferencia es medida por:
(a) La pendiente de la curva de demanda.
(b) La inclinación de la curva de consumo en función de la renta.
(c) La tasa marginal de substitución.
(d) La elasticidad de la demanda.
(e) Ninguna de las anteriores. 21S-44

En términos de curvas de indiferencia un aumento de la utilidad total viene representado por:
(a) Un desplazamiento hacia la derecha.
(b) Un desplazamiento hacia la izquierda.
(c) Un movimiento hacia arriba a lo largo de la curva.
(d) Un movimiento hacia abajo a lo largo de la curva.
(e) Un movimiento hacia al punto medio de la curva. 21S-45

En el análisis de las curvas de indiferencia:
(a) La curva de indiferencia y la línea de precios son subjetivas.
(b) La curva de indiferencia y la línea de precios son objetivas.
(c) La curva de indiferencia es objetiva y la línea de precios es subjetiva.
(d) La curva de indiferencia es subjetiva y la línea de precios es objetiva.
(e) La curva de indiferencia y la línea de precios son unas veces subjetivas y otras objetivas. 21S-46

En términos de curvas de indiferencia, la combinación de equilibrio en las adquisiciones viene determinada por:
(a) La intersección de una línea de precios y una curva de indiferencia.
(b) La tangencia entre una curva de consumo en función de la renta y una línea de precios.
(c) La tangencia entre una curva de consumo en función del precio y una curva de consumo en función de la renta.
(d) La intersección de una curva de consumo en función de la renta con una curva de consumo en función del precio.
(e) La tangencia entre una línea de precios y una curva de indiferencia. 21S-47

Si la renta de un consumidor aumenta mientras los precios permanecen constantes, el efecto sobre sus adquisiciones de los bienes *X* e *Y* vendrá expresado por:
(a) La curva de demanda.
(b) La curva de consumo en función del precio.
(c) La curva de consumo en función de la renta.
(d) La línea de precios.
(e) Todas las anteriores. 21S-48

Si la renta del consumidor y el precio del bien *Y* permanecen constantes mientras varía el precio del bien *X*, la cantidad comprada de los bienes *X* e *Y* viene mostrada por:
(a) La curva de consumo en función de la renta.
(b) La curva de consumo en función del precio.
(c) La curva de demanda.
(d) La línea de precios.
(e) Todas las anteriores. 21S-49

La importancia del análisis mediante curvas de indiferencia radica en que:
(a) Supone que se pueden expresar las preferencias en términos ordinales, en lugar de expresarlas en términos cardinales.
(b) No descansa en el supuesto de que la utilidad es medible.
(c) Hace posible la derivación de las curvas de demanda sin necesidad de recurrir a la teoría tradicional de la utilidad.
(d) No requiere la ley de la utilidad marginal decreciente para explicar la pendiente negativa de las curvas de demanda.
(e) Todas las anteriores. 21S-50

¿Cuál de los siguientes, en caso de que alguno lo sea, no es un desembolso o coste explícito?:
(a) Salarios.
(b) Salarios de los ejecutivos.
(c) Gastos en materias primas.
(d) Rentas.
(e) Ninguno de los anteriores (es decir, todos son desembolsos o costes explícitos). 22-1

¿Cuál de los siguientes, no es un desembolso o coste explícito?:
(a) El sueldo pagado por la empresa a su presidente.
(b) La renta a que renuncia un estudiante al ir a la escuela en lugar de ocupar un puesto de trabajo.
(c) Los gastos en que incurre una empresa al distribuir muestras gratuitas.
(d) El coste de adquirir equipo usado en lugar de adquirirlo nuevo.
(e) Ninguno de los anteriores (es decir, todos ellos son desembolsos o costes explícitos). 22-2

Otra denominación para los costes de oportunidad es:
(a) Costes contables.
(b) Costes explícitos.
(c) Costes alternativos.
(d) Costes económicos.
(e) Costes directos. 22-3

Los costes que los contables no recogen en los libros de contabilidad de las empresas son:
(a) Costes fijos.
(b) Costes variables.
(c) Costes explícitos.
(d) Costes de oportunidad.
(e) Costes directos. 22-4

La mejor descripción de los costes económicos es:
(a) Pagos que deben ser realizados para atraer y mantener los recursos.
(b) Costes de la mano de obra y del capital.
(c) Costes de los materiales.
(d) Costes contables.
(e) Costes que varían con el volumen de producción. 22-5

Beneficio normal es:
(a) Un sinónimo de costes fijos.
(b) Igual al coste variable.
(c) Un tipo de pago desembolsado.
(d) Lo mismo que beneficio medio.
(e) Una parte del coste total. 22-6

La forma más apropiada para representar los costes implícitos de la propiedad es mediante:
(a) Los costes totales.
(b) Los costes fijos.
(c) El beneficio normal.
(d) Los costes económicos.
(e) El interés de la inversión. 22-7

El beneficio económico de una empresa es igual a la diferencia positiva entre sus ingresos y:
(a) Sus costes directos.
(b) Sus costes fijos.
(c) Sus costes variables.
(d) Sus costes efectivamente desembolsados.
(e) Sus costes económicos. 22-8

El corto plazo es un período:
(a) Menor que una semana.
(b) Menor que un mes.
(c) Menor que un año.
(d) Suficientemente largo para que varíe el volumen de producción pero no la capacidad instalada.
(e) Suficientemente largo para que se realicen todos los ajustes económicos. 22-9

El largo plazo es un período:
(a) Suficientemente largo para que varíe la capacidad instalada.
(b) Mayor que una semana.
(c) Mayor que un mes.
(d) Por lo menos de un año.
(e) Suficientemente largo para poder establecer unas políticas económicas. 22-10

El término «función de producción» se refiere a:
(a) La utilización de las máquinas en la producción.
(b) La relación entre los factores y los productos.
(c) Las finalidades y las funciones de la producción.
(d) El papel de los sindicatos en las manufacturas.
(e) Los efectos de la automatización sobre la productividad. 22-11

Si las unidades del factor variable en un proceso de producción son 1, 2, 3, 4, 5, y el volumen total correspondiente de producción es 10, 15, 19, 22, y 24 respectivamente, la productividad marginal de la tercera unidad es:

(a) 15.
(b) 19.
(c) 22.
(d) 4.
(e) 3. 22-12

Si las unidades del factor variable en un proceso de producción son 1, 2, 3, 4, 5, y si el volumen total de producción correspondiente es 30, 34, 37, 39 y 40 respectivamente, la productividad marginal de la cuarta unidad es:

(a) 2.
(b) 1.
(c) 37.
(d) 39.
(e) 40. 22-13

Cuando se asigna un factor de producción variable a un conjunto de factores fijos, la productividad marginal del factor variable:

(a) Aumentará ininterrumpidamente.
(b) Primero disminuirá y después aumentará.
(c) Primero disminuirá y después permanecerá constante.
(d) Primero aumentará y después permanecerá constante.
(e) Ninguna de las anteriores. 22-14

Incrementos sucesivos en el número de obreros empleados en un acre de tierra deben al final traducirse en disminuciones de la productividad marginal de los obreros, debido a:

(a) Los cambios en las proporciones de factores variables y fijos.
(b) La contratación de obreros menos eficientes.
(c) El pago de menores salarios.
(d) El exceso de tierra en relación con el número de obreros.
(e) La subutilización de los recursos fijos. 22-15

Cuadro explicativo 22-1

ESQUEMA DE COSTES DE UNA EMPRESA

Cantidad producida	Coste fijo total	Coste variable total
0	9$	0$
1		5
2		8
3		10
4		11
5		12

En el cuadro explicativo 22-1, el coste total de producir 4 unidades es:
(a) Menos que 9$.
(b) 20$.
(c) 9$.
(d) 11$.
(e) Ninguno de los anteriores. 22-16

En el cuadro explicativo 22-1, el coste total de producir 5 unidades es:
(a) 12$.
(b) 9$.
(c) 21$.
(d) Menos que 9$.
(e) Ninguno de los anteriores. 22-17

En el cuadro explicativo 22-1, el coste medio total de producir 2 unidades es:
(a) 9$.
(b) 8$.
(c) Menos que 8$.
(d) Más de 9$.
(e) Ninguno de los anteriores. 22-18

En el cuadro explicativo 22-1, el coste medio total de producir 3 unidades es:
(a) 8$.
(b) 9$.
(c) Más de 10$.
(d) Menos que 9$.
(e) Ninguno de los anteriores. 22-19

En el cuadro explicativo 22-1, el coste fijo medio de producir 4 unidades es:
(a) 9$.
(b) Menos que 1$.
(c) Menos que 3$.
(d) Más que 9$.
(e) Imposible de decirlo. 22-20

En el cuadro explicativo 22-1, el coste fijo medio de producir 5 unidades es:
(a) Menos que 2$.
(b) Más de 9$.
(c) Más de 12$.
(d) Imposible de decirlo.
(e) Ninguno de los anteriores. 22-21

En el cuadro explicativo 22-1 el coste variable medio de producir 2 unidades es:
(a) 8$.
(b) 1$.
(c) 5$.
(d) 4$.
(e) Ninguno de los anteriores. 22-22

En el cuadro explicativo 22-1, el coste variable medio de producir 3 unidades es:
(a) 3,33$.
(b) 10,50$.
(c) 8,75$.
(d) 5,25$.
(e) Ninguno de los anteriores. 22-23

En el cuadro explicativo 22-1 el coste variable medio de producir 2 unidades es:
(a) 5$.
(b) 8$.
(c) 3$.
(d) 2$.
(e) Ninguno de los anteriores. 22-24

En el cuadro explicativo 22-1, el coste marginal de producir 3 unidades es:
(a) 1$.
(b) 10$.
(c) 8$.
(d) 2$.
(e) Ninguno de los anteriores. 22-25

Si la contratación de un mayor número de obreros se traduce en un incremento del producto medio el correspondiente producto marginal:
(a) Es menor que el producto medio y está aumentando.
(b) Es menor que el producto medio y está disminuyendo.
(c) Es mayor que el producto medio.
(d) Es menor que el producto medio.
(e) Ninguno de los anteriores. 22-26

Si un incremento en el volumen de producción se traduce en una disminución del coste total medio, el correspondiente coste marginal:
(a) Es menor que el coste total medio.
(b) Es mayor que el coste total medio.
(c) Es menor que el coste total medio y está disminuyendo.
(d) Es menor que el coste total medio y está aumentando.
(e) Ninguno de los anteriores. 22-27

Cuando una curva de producto total está aumentando a una tasa creciente su correspondiente curva de producto marginal:
(a) Es vertical.
(b) Es horizontal.
(c) Está aumentando.
(d) Está disminuyendo.
(e) Es negativa. 22-28

Cuando una curva de producto total está aumentando a una tasa decreciente, su correspondiente curva de producto marginal:
(a) Está aumentando.
(b) Está disminuyendo.
(c) Es vertical.
(d) Es horizontal.
(e) Es negativa. 22-29

En términos de la curva de coste medio a largo plazo de una empresa, o curva envolvente, para todo volumen de producción menor que el óptimo a largo plazo, la empresa encontrará que es más barato:

(a) «Subutilizar» una planta mayor de corto plazo.
(b) «Utilizar» en exceso una planta menor de corto plazo.
(c) Operar en el mínimo *CMT* de su planta de corto plazo.
(d) Ni «subutilizar» ni «utilizar en exceso» su planta de corto plazo.
(e) Ninguna de las anteriores. 22-30

Las economías y deseconomías de escala explican la forma de:

(a) La curva de coste total medio.
(b) La curva de coste variable medio.
(c) La curva de coste fijo medio.
(d) La curva de coste marginal.
(e) Ninguna de las anteriores. 22-31

Cuando las economías de escala superan a las deseconomías:

(a) La curva de coste total medio disminuye.
(b) La curva de coste variable medio disminuye.
(c) La curva de coste medio a largo plazo disminuye.
(d) La curva de coste marginal disminuye.
(e) Todas las anteriores. 22-32

Cuando las economías de escala son sobrepasadas por las deseconomías:

(a) La curva de coste medio a largo plazo aumenta.
(b) La curva de coste marginal aumenta.
(c) La curva de coste total medio aumenta.
(d) La curva de coste variable medio aumenta.
(e) Todas las anteriores. 22-33

Para el caso de una universidad enclavada en un centro urbano la libre disponibilidad de bibliotecas públicas y museos constituye un ejemplo de:

(a) Economías internas.
(b) Deseconomías internas.
(c) Economías externas.
(d) Deseconomías externas.
(e) Ninguna de las anteriores. 22-34

¿Cuál de las siguientes situaciones está descartada por la teoría de la competencia perfecta?

(a) Un gran número de compradores y vendedores.
(b) Heterogeneidad de los productos.
(c) Movilidad perfecta de los recursos.
(d) Conocimiento completo del mercado.
(e) No discriminación en la compra ni en la venta. 23-1

La competencia perfecta se caracteriza por:

(a) La presencia de muchos vendedores y pocos compradores.
(b) La presencia de muchos compradores y pocos vendedores.
(c) La heterogeneidad de los productos.
(d) La movilidad incompleta de los recursos y el conocimiento incompleto del mercado.
(e) Ninguna de las anteriores. 23-2

Una empresa hace máximos sus beneficios en el volumen de producción en el que:
(a) La diferencia entre el ingreso total y el coste total es máxima.
(b) El coste marginal es igual al ingreso marginal.
(c) El ingreso neto es máximo.
(d) Todos los anteriores.
(e) Ninguno de los anteriores. 23-3

Una empresa en competencia perfecta hace máximo su beneficio en el volumen de producción en el que:
(a) El coste marginal es igual al precio.
(b) El coste marginal es igual al ingreso marginal.
(c) El coste marginal es igual al ingreso medio.
(d) El coste marginal corta a la curva de demanda de la empresa.
(e) Todos los anteriores. 23-4

Si una empresa en condiciones de competencia perfecta vende 10 unidades de producto a un precio de mercado de 5$ por unidad, su ingreso marginal es:
(a) 5$.
(b) 50$.
(c) Más de 5$.
(d) Menos de 5$.
(e) Ninguno de los anteriores. 23-5

Si una empresa en condiciones de competencia perfecta vende 30 unidades de producto a un precio de mercado de 10$ por unidad, su ingreso marginal es:
(a) Más de 10$.
(b) Menos de 10$.
(c) 10$.
(d) 300$.
(e) Ninguno de los anteriores. 23-6

Para una empresa en condiciones de competencia perfecta siempre es cierto que:
(a) El coste total medio es igual al coste marginal.
(b) El coste total medio es igual al ingreso medio.
(c) La demanda es igual al coste total medio.
(d) El ingreso medio es igual al ingreso marginal y es igual al precio.
(e) El ingreso medio es igual al ingreso marginal y es igual al coste total medio. 23-7

Cuando el ingreso total de una empresa es superior a su coste total:
(a) El ingreso medio es menor que el coste total medio.
(b) El coste total está disminuyendo a medida que aumenta el volumen de producción.
(c) El coste marginal es negativo.
(d) El ingreso neto es negativo.
(e) Ninguna de las anteriores. 23-8

Cuando el coste total de una empresa es superior a su ingreso total:
(a) El coste total es menor que el ingreso medio.
(b) El ingreso neto es positivo.
(c) El coste marginal es negativo.
(d) El coste total está disminuyendo a medida que aumenta el volumen de producción.
(e) Ninguna de las anteriores. 23-9

Una empresa puede lograr un beneficio puro o beneficio económico únicamente cuando:
(a) El coste marginal es igual al ingreso marginal.
(b) El coste marginal es igual al precio.
(c) El coste total medio es menor que el ingreso medio.
(d) El ingreso neto es creciente.
(e) Ninguna de las anteriores. 23-10

Cuando la empresa está fabricando y vendiendo un volumen de producción tal que el coste total medio es igual a su ingreso medio, esa empresa:
(a) Está obteniendo un beneficio normal.
(b) Está incurriendo en una pérdida económica.
(c) Está obteniendo un beneficio económico o puro.
(d) Está obteniendo más que en el punto de igualdad exacta entre ingresos y gastos.
(e) Está obteniendo menos que en el punto en que se da la igualdad exacta entre ingresos y gastos. 23-11

¿Cuál de las siguientes afirmaciones establece mejor la comparación entre la elasticidad de demanda de un producto desde el punto de vista de la industria y desde el punto de vista de la empresa, si realizamos esa comparación suponiendo que exista competencia perfecta?:
(a) Ambas curvas de demanda tienen la misma elasticidad.
(b) Ambas curvas de demanda son perfectamente elásticas.
(c) Ambas curvas de demanda son relativamente elásticas.
(d) La curva de demanda de la industria es perfectamente elástica; la curva de demanda de la empresa es menos que perfectamente elástica.
(e) La curva de demanda de la empresa es perfectamente elástica; la curva de demanda de la industria es menos que perfectamente elástica. 23-12

Para cualquier nivel de producción menor que aquel que reporta el máximo beneficio, un incremento en el volumen de producción:
(a) Incrementa más el coste total que el ingreso total.
(b) Incrementa más el ingreso total que el coste total.
(c) Incrementa por igual el ingreso y el coste totales.
(d) Incrementa el ingreso total pero no afecta al coste total.
(e) Incrementa el coste total pero no afecta al ingreso total. 23-13

Para cualquier nivel de producción mayor que el que proporciona los máximos beneficios, una reducción en el volumen de producción:
(a) Disminuye el coste total más que el ingreso total.
(b) Disminuye más el ingreso total que el coste total.
(c) Disminuye por igual el ingreso y el coste totales.
(d) Disminuye el ingreso total pero no afecta al coste total .
(e) Disminuye el coste total pero no afecta al ingreso total. 23-14

Cuadro explicativo 23-1

EMPRESA EN CONDICIONES DE COMPETENCIA PERFECTA: CORTO PLAZO

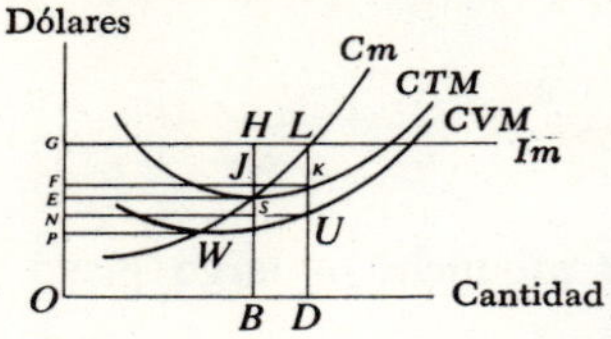

En el cuadro explicativo 23-1, el coste total de la empresa por producir el volumen que resulta más beneficioso es:
(a) *BS.*
(b) *DK.*
(c) *OFKD.*
(d) *OESB.*
(e) Ninguno de los anteriores. 23-15

En el cuadro explicativo 23-1, el ingreso total de la empresa por la venta de su nivel de producción más beneficioso es:
(a) *OGLD.*
(b) *OGHB.*
(c) *BH.*
(d) *DL.*
(e) Ninguno de los anteriores. 23-16

En el cuadro explicativo 23-1, el beneficio económico total de la empresa para el nivel de producción que resulta más beneficioso es:
(a) *OGHB.*
(b) *EFJS.*
(c) *EGHS.*
(d) *JHLK.*
(e) Ninguno de los anteriores. 23-17

En el cuadro explicativo 23-1, cuando la empresa está en equilibrio, su coste fijo total es:
(a) *NFKU.*
(b) *OFKD.*
(c) *ONUD.*
(d) *UK.*
(e) Ninguno de los anteriores. 23-18

En el cuadro explicativo 23-1, el precio que proporcionará beneficios normales es:

(a) *OG*.
(b) *OF*.
(c) *OE*.
(d) *ON*.
(e) *OP*. 23-19

En el cuadro explicativo 23-1, la empresa producirá a corto plazo si el precio es por lo menos igual a:

(a) *OG*.
(b) *OF*.
(c) *OE*.
(d) *ON*.
(e) *OP*. 23-20

En el cuadro explicativo 23-1, la empresa producirá a largo plazo si el precio es por lo menos igual a:

(a) *OG*.
(b) *OF*.
(c) *OE*.
(d) *ON*.
(e) *OP*. 23-21

En el cuadro explicativo 23-1, la curva de oferta de la empresa es:

(a) La totalidad de la curva *Cm*.
(b) La parte creciente de la curva *Cm* comenzando en *W*.
(c) La parte creciente de la curva *Cm* comenzando en *S*.
(d) Imposible de determinar.
(e) Ninguna de las anteriores. 23-22

Cuando una empresa en condiciones de competencia perfecta está en equilibrio a largo plazo:

(a) El coste marginal es igual al ingreso medio.
(b) El ingreso marginal es igual al coste medio a largo plazo.
(c) El coste total medio es igual al coste medio a largo plazo.
(d) El ingreso marginal es igual al coste medio a largo plazo.
(e) Todas las anteriores. 23-23

Cuando una empresa en condiciones de competencia perfecta está en equilibrio a largo plazo:

(a) El ingreso medio es igual al coste medio a largo plazo.
(b) El coste total medio es igual al ingreso marginal.
(c) El ingreso marginal es igual al coste medio a largo plazo.
(d) El coste total medio es igual al coste marginal.
(e) Todas las anteriores. 23-24

Cuando una empresa en condiciones de competencia perfecta está en equilibrio a largo plazo:
(a) La empresa está produciendo en el punto en que el coste total medio es mínimo.
(b) La empresa está en el punto mínimo de la curva de coste total medio.
(c) La empresa está produciendo en el punto mínimo de la curva de coste medio a largo plazo.
(d) Todas las anteriores.
(e) Ninguna de las anteriores. 23-25

Si la curva de oferta a largo plazo de una industria tiene pendiente positiva, la industria se clasifica en el grupo de:
(a) Costes crecientes.
(b) Costes decrecientes.
(c) Costes constantes.
(d) Costes crecientes o constantes.
(e) Ninguno de los anteriores. 23-26

Si la curva de oferta a largo plazo de una industria tiene pendiente negativa, la industria se clasifica dentro del grupo de:
(a) Costes decrecientes o constantes.
(b) Costes constantes.
(c) Costes decrecientes.
(d) Costes crecientes.
(e) Ninguno de los anteriores. 23-27

Si la demanda que una industria realiza con relación a los recursos que utiliza es una proporción poco importante de la demanda total, la curva de oferta a largo plazo de esa industria tenderá a ser:
(a) Relativamente elástica.
(b) Perfectamente elástica.
(c) De elasticidad igual a la unidad.
(d) Relativamente inelástica.
(e) Perfectamente inelástica. 23-28

Si la demanda que una industria realiza con relación a los recursos que utiliza es una proporción importante de la demanda total, la curva de oferta a largo plazo de esa industria tenderá a ser:
(a) Relativamente inelástica.
(b) De elasticidad igual a cero o igual a la unidad.
(c) Relativamente elástica.
(d) Perfectamente elástica.
(e) Perfectamente inelástica. 23-29

Cuando una industria en condiciones de competencia perfecta se encuentra en equilibrio a largo plazo, sus empresas:
(a) Están obteniendo un beneficio superior al normal.
(b) Están combinando de una manera ineficiente sus recursos variables y fijos.
(c) No están en equilibrio a corto plazo.
(d) Están asignando todos sus recursos de una manera óptima.
(e) Ninguna de las anteriores. 23-30

La teoría del equilibrio parcial:
(a) Analiza la economía en su conjunto.
(b) Trata únicamente del sector familiar.
(c) Trata únicamente del sector empresarial.
(d) Es análoga a la macroeconomía.
(e) Analiza un mercado individual en el supuesto de que los restantes mercados se encuentran en equilibrio. 23-31

La teoría del equilibrio general:
(a) Analiza la interrelación existente entre los precios y los productos en los diferentes mercados.
(b) Trata únicamente de la empresa individual.
(c) Estudia una única industria en un momento del tiempo.
(d) Trata únicamente del sector familiar.
(e) Trata únicamente del sector empresarial. 23-32

Un economista destacado dentro de la escuela neoclásica fue:
(a) Thorstein Veblen.
(b) Alfred Marshall.
(c) J. M. Keynes.
(d) David Ricardo.
(e) Ninguno de los anteriores. 23-33

Una característica deseable de un sistema de precios de competencia perfecta es que:
(a) Concede a cada persona un número igual de votos expresados en dólares, prescindiendo de la distribución de la renta.
(b) Refleja tanto los costes sociales de producción como los costes privados.
(c) Con gastos y renta dados del consumidor, hace máxima la satisfacción agre gada de los consumidores al distribuir los bienes de la manera más eficiente.
(d) Estimula la producción de una amplia variedad de productos.
(e) Todos los anteriores. 23-34

La mayor parte de las empresas de la economía americana:
(a) Están en condiciones de competencia perfecta.
(b) Están casi en condiciones de competencia perfecta.
(c) Son monopolios puros.
(d) Son monopolios parciales.
(e) Ninguna de las anteriores. 24-1

Un ejemplo de monopolio natural es:
(a) La American Telephone & Telegraph.
(b) La General Motors.
(c) La Standard Oil.
(d) Sears, Roebuck.
(e) United States Steel. 24-2

Las empresas de servicios públicos son ejemplos de:
(a) Monopolios privados.
(b) Monopolios naturales.
(c) Monopolios de recursos estratégicos.
(d) Monopolios de patente.
(e) Monopolios no reglamentados. 24-3

Los monopolios gubernamentales son:
- (a) De propiedad del gobierno y de reglamentación privada.
- (b) De propiedad privada y de reglamentación gubernamental.
- (c) De propiedad del gobierno y reglamentados por el mismo.
- (d) No existentes en los Estados Unidos.
- (e) Se encuentran únicamente en los países comunistas. 24-4

Cuadro explicativo 24.1

ESQUEMA DE COSTES DE UNA EMPRESA

Cantidad producida	Coste total	Coste variable medio	Coste variable total	Coste marginal
0	6$			
1	15			
2	20			
3	24	(dedúzcase estas columnas en cálculos realizados aparte)		
4	36			
5	55			
6	96			

En el cuadro explicativo 24-1, el coste fijo total de la empresa es:
- (a) 0$.
- (b) 6$.
- (c) 15$.
- (d) Imposible de determinar.
- (e) Ninguno de los anteriores. 24-5

En el cuadro explicativo 24-1, el coste variable medio de la empresa por producir dos unidades es:
- (a) 20$.
- (b) 10$.
- (c) 0$.
- (d) Infinito.
- (e) Ninguno de los anteriores. 24-6

En el cuadro explicativo 24-1, el coste variable medio de la empresa por producir 6 unidades es:
- (a) 16$.
- (b) 96$.
- (c) 0$.
- (d) Infinito.
- (e) Ninguno de los anteriores. 24-7

En el cuadro explicativo 24-1, supongamos que la empresa experimenta un incremento en el ingreso total por valor de 15$ como consecuencia de la venta de una unidad adicional. Consecuentemente el nivel de volumen de producción que le proporciona mayores beneficios es:
(a) 1 unidad.
(b) 2 unidades.
(c) 3 unidades.
(d) 4 unidades.
(e) 5 o más unidades. 24-8

En el cuadro explicativo 24-1, si el vendedor carga un precio de 10$ por unidad, hará máximo su beneficio si produce:
(a) 1 unidad.
(b) 2 unidades.
(c) 3 unidades.
(d) 4 unidades.
(e) 5 o más unidades. 24-9

En el cuadro explicativo 24-1 el vendedor obtendría un beneficio normal si:
(a) Produjese 2 unidades y cargase un precio de 10$ por unidad.
(b) Produjese 3 unidades y cargase un precio de 8$ por unidad.
(c) Produjese 4 unidades y cargase un precio de 9$ por unidad.
(d) Todos los anteriores.
(e) Ninguno de los anteriores. 24-10

En el nivel de producción que proporciona los máximos beneficios a la empresa:
(a) La diferencia entre el ingreso total y el coste total es máxima.
(b) El coste marginal es igual al ingreso marginal.
(c) El ingreso neto es máximo.
(d) Todos los anteriores.
(e) Ninguno de los anteriores. 24-11

La curva de demanda a que se enfrenta un monopolista puro es:
(a) La misma que la curva de demanda de la industria.
(b) Perfectamente elástica.
(c) De elasticidad igual a la unidad.
(d) Perfectamente inelástica.
(e) Ninguna de las anteriores. 24-12

La teoría del monopolio demuestra que:
(a) El ingreso marginal es igual al precio para todos los niveles de producción.
(b) El precio es superior al coste total medio para todos los niveles de producción.
(c) El precio es superior al coste variable medio para todos los niveles de producción.
(d) Los monopolistas obtienen siempre beneficios por encima del normal a largo plazo, o, en caso contrario, abandonan el negocio.
(e) Ninguna de las anteriores. 24-13

Cuadro explicativo 24-2

MODELO DE MONOPOLIO

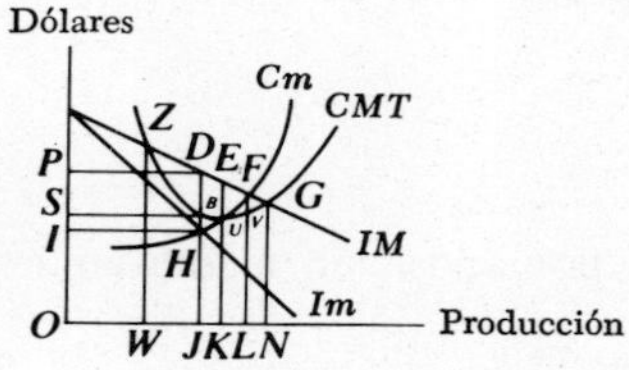

En el cuadro explicativo 24-2, el nivel de producción que hace máximo el beneficio es:
- (a) *OW.*
- (b) *OJ.*
- (c) *OK.*
- (d) *OL.*
- (e) *ON.* 24-14

En el cuadro explicativo 24-2, el precio que hace máximo el beneficio es:
- (a) *WZ.*
- (b) *JD.*
- (c) *KE.*
- (d) *LF.*
- (e) *NG.* 24-15

En el cuadro explicativo 24-2, cuando la empresa se encuentra en equilibrio su coste total es:
- (a) *OPDJ.*
- (b) *OIHJ.*
- (c) *IPDH.*
- (d) *ISBH.*
- (e) Ninguo de los anteriores. 24-16

En el cuadro explicativo 24-2, cuando la empresa se encuentra en equilibrio su ingreso total es:
- (a) *SPDB.*
- (b) *IPDH.*
- (c) *OSBJ.*
- (d) *OIHJ.*
- (e) Ninguno de los anteriores. 24-17

En el cuadro explicativo 24-2, la empresa se encuentra en equilibrio cuando su ingreso neto es:
- (a) *SPDB.*
- (b) *IPDH.*
- (c) *ISBH.*
- (d) *OPDJ.*
- (e) Ninguno de los anteriores. 24-18

En el cuadro explicativo 24-2 la empresa obtendrá beneficios normales en los niveles de producción:

(a) *OW* y *OJ*.
(b) *OJ* y *OK*.
(c) *OK* y *OL*.
(d) *OW* y *ON*.
(e) Ninguno de los anteriores. 24-19

Una característica distintiva de un monopolio, por oposición a una empresa en condiciones de competencia perfecta, es que:

(a) El ingreso marginal no es igual al precio.
(b) El ingreso marginal disminuye con mayor rapidez que el ingreso medio.
(c) No existe curva de oferta.
(d) El precio no es determinado por la oferta y la demanda.
(e) Todas las anteriores. 24-20

¿Cuál de las siguientes afirmaciones es correcta, con referencia a una empresa que no se encuentra en condiciones de competencia perfecta?:

(a) La curva de oferta es la curva de coste marginal de la empresa en el tramo que queda por encima del coste variable medio.
(b) El ingreso marginal es igual al precio.
(c) El precio no es determinado por la oferta y la demanda.
(d) El ingreso marginal y el ingreso medio son perfectamente elásticos.
(e) El ingreso marginal es mayor que el precio. 24-21

Si una empresa se enfrenta a una curva de demanda con pendiente negativa:

(a) Su ingreso marginal es igual a su ingreso medio.
(b) Su nivel de producción más rentable es aquel en que $Cm=IM=P$.
(c) Su curva de oferta coincide con su curva *Cm* en el tramo en que ésta queda por encima de su curva de *CVM*.
(d) Puede encontrarse, sin embargo, en condiciones de competencia perfecta.
(e) Ninguna de las anteriores. 24-22

Un monopolista puro:

(a) Carga el precio máximo que puede obtener.
(b) Siempre obtiene un beneficio económico.
(c) Siempre obtiene un beneficio normal.
(d) Nunca operará por menos que un beneficio normal.
(e) Ninguna de las anteriores. 24-23

Al adherirse al principio de la igualdad $Cm=Im$, un monopolista se garantizará a sí mismo:

(a) O bien los beneficios máximos o bien las pérdidas mínimas.
(b) Unos beneficios abultados.
(c) Beneficios normales.
(d) Ausencia de pérdidas.
(e) Ninguna de las anteriores. 24-24

Compare el precio y el volumen de producción de una empresa monopolística con los de una empresa en condiciones de competencia perfecta suponiendo que todas las restantes cosas permanecen iguales:
(a) El precio y el volumen de producción del monopolio son mayores.
(b) El precio y el volumen de producción del monopolio son menores.
(c) El precio del monopolio es menor y su volumen de producción es mayor.
(d) El precio del monopolio es mayor y su volumen de producción es menor.
(e) El precio y el volumen de producción del monopolio son unas veces mayores y otras menores. 24-25

Una crítica general al monopolio, cuando lo comparamos con la competencia perfecta, es que:
(a) Restringe la producción y carga un precio más elevado.
(b) Restringe la producción y carga un precio de competencia.
(c) Carga un precio más elevado mientras mantiene un volumen de producción semejante al de condiciones de competencia.
(d) Carga un precio excesivamente bajo (por debajo del coste) y produce un excedente de bienes.
(e) Prescinde de la consideración del precio y del volumen de producción a la hora de asignar sus recursos. 24-26

Comparándolo con una empresa en competencia perfecta, un monopolio:
(a) Asigna sus recursos de una manera socialmente óptima.
(b) Estimula una mayor igualdad de la renta.
(c) Estimula el progreso económico.
(d) Estimula una mayor eficiencia.
(e) Ninguna de las anteriores. 24-27

Una «solución» que se ha propuesto al problema del monopolio consiste en:
(a) Detraer en forma de impuestos los beneficios obtenidos por el monopolio.
(b) Reglamentar los monopolios como si se tratase de servicios públicos.
(c) Disolver los monopolios en pequeñas industrias que compitan entre sí.
(d) Todas las anteriores.
(e) Ninguna de las anteriores. 24-28

Cuando un vendedor carga precios diferentes a distintos segmentos de un mercado por un mismo bien, sin que existan diferencias correspondientes en los costes de suministro a cada segmento del mercado, decimos que se practica:
(a) Fijación de precio en condiciones de monopolio.
(b) Discriminación de precios.
(c) Fijación de precio por debajo del coste.
(d) Fijación de precio según el coste total.
(e) Fijación de precio según el coste marginal. 24-29

Cuando un monopolista practica el «dumping» carga:
(a) Un precio relativamente mayor en el sector del mercado en que la demanda es más inelástica.
(b) Un precio relativamente mayor en el subsector del mercado en que la demanda es más elástica.
(c) Un precio relativamente menor en el subsector del mercado en el que la demanda es más inelástica.
(d) Los mismos precios en todos los subsectores de mercado, prescindiendo de las elasticidades de su demanda.
(e) Precios diferentes en todos los subsectores, prescindiendo de las elasticidades. 24-30

Para practicar una discriminación de precios efectiva un vendedor debe:
(a) Hacer publicidad de su producto.
(b) Segmentar su mercado.
(c) Conocer el valor numérico de las elasticidades de demanda de sus compradores.
(d) Poner un precio al mismo nivel que el de sus competidores.
(e) Producir únicamente artículos de precio bajo. 24-31

Una condición necesaria para la práctica de una discriminación de precios efectiva es que los productos ofrecidos en venta sean:
(a) Baratos.
(b) Caros.
(c) De primera necesidad.
(d) Bienes complementarios.
(e) Ninguno de los anteriores. 24-32

Una condición necesaria para una efectiva discriminación de precios es:
(a) Identidad de gustos entre los compradores.
(b) Diferencias en la elasticidad de demanda entre los compradores.
(c) Un mercado único y homogéneo.
(d) Dos o más mercados sin restricciones económicas entre los mismos.
(e) Todas las anteriores. 24-33

El precio para el cual el coste marginal de una empresa es igual a su ingreso medio recibe el nombre de:
(a) Precio de monopolio.
(b) Precio de coste total.
(c) Precio de coste medio.
(d) Precio de coste marginal.
(e) Ninguno de los anteriores. 24-34

El precio que las condiciones reguladoras de los servicios públicos tratan de establecer es:
(a) Precio de coste marginal.
(b) Precio tal que $Cm=Im$.
(c) Precio de coste total.
(d) Precio de monopolio.
(e) Ninguno de los anteriores. 24-35

El precio socialmente óptimo para un monopolio es aquel en que:
(a) $Cm = Im$.
(b) $Cm = IM$.
(c) $Cm = CMT$.
(d) $CMT = IM$.
(e) $CMT = Im$. 24-36

La venta al detalle constituye un ejemplo de:
(a) Competencia perfecta.
(b) Monopolio.
(c) Competencia monopolística.
(d) Oligopolio perfecto.
(e) Oligopolio imperfecto. 25-1

En la teoría económica los productos son homogéneos o heterogéneos según:
(a) El diseño y color de su empaquetamiento.
(b) Sus nombres de marca.
(c) La situación geográfica y conveniencia de los vendedores.
(d) Los servicios ofrecidos por los vendedores.
(e) La opinión del comprador. 25-2

La diferenciación de productos entre dos mercancías viene determinada por:
(a) Los nombres de marca.
(b) El empaquetamiento.
(c) El juicio de los compradores.
(d) Los servicios de los vendedores.
(e) Las conveniencias ofrecidas a los compradores. 25-3

La competencia monopolística se caracteriza por:
(a) La presencia de muchas empresas y la tipificación del producto.
(b) La presencia de muchas empresas y la similitud de los productos.
(c) La presencia de pocas empresas y la tipificación del producto.
(d) La presencia de pocas empresas y la similitud de los productos.
(e) La existencia de una única empresa y de un único producto. 25-4

En condiciones de competencia monopolística:
(a) No existe curva de oferta de la industria.
(b) Cada empresa tiene su propia curva de oferta.
(c) Todas las empresas tienen la misma curva de oferta.
(d) Puede determinarse la curva de oferta de cada una de las empresas.
(e) Ninguna de las anteriores. 25-5

La curva de oferta en una industria en competencia monopolística:
(a) Puede ser obtenida para cada empresa.
(b) Tiene elasticidad igual a la unidad para cada empresa.
(c) Es menos que perfectamente elástica para cada empresa.
(d) Es la suma de las curvas de oferta de las empresas individuales en el tramo que queda por encima de sus curvas de *CVM*.
(e) No existe. 25-6

Si todas las restantes cosas permanecen iguales, la elasticidad de la demanda de un producto de una empresa en condiciones de competencia monopolística:
(a) Varía directamente con relación al grado de diferenciación del producto.
(b) Varía inversamente con relación al grado de diferenciación del producto.
(c) No está relacionada con el grado de diferenciación del producto.
(d) Es infinita.
(e) Es cero. 25-7

En condiciones de competencia monopolística, la curva de demanda a que se enfrenta una empresa se transformará en más elástica:
(a) Cuanto mayor sea el número de vendedores.
(b) Cuanto menor sea el número de vendedores.
(c) Cuanto mayor sea el grado de diferenciación del producto.
(d) Cuanto más abundantes sean los obstáculos que se opongan a la entrada.
(e) Cuanto mayor sea la elasticidad de su curva de oferta. 25-8

La entrada de nuevas empresas en una industria que trabaja en condiciones de competencia monopolística:
(a) Es virtualmente imposible.
(b) Se ve impedida por controles de patente.
(c) Se ve impedida por la complejidad del «know-how» tecnológico.
(d) Es tan fácil como en condiciones de competencia perfecta.
(e) Ninguna de las anteriores. 25-9

Una empresa en condiciones de competencia monopolística hace máximo su beneficio si produce hasta el volumen en que:
(a) $Cm = CMT$.
(b) $Cm = IM$.
(c) $Cm = Im$.
(d) $IM = CMT$.
(e) Ninguno de los anteriores. 25-10

A largo plazo, la mayor parte de las empresas que superviven en un mercado en condiciones de competencia monopolística tienden a obtener:
(a) Beneficios económicos elevados.
(b) Beneficios aproximadamente normales.
(c) Beneficios inferiores a los normales.
(d) Pérdidas económicas substanciales.
(e) Ninguna de las anteriores. 25-11

Desde el punto de vista del vendedor, la finalidad de la publicidad es:
(a) Hacer que la curva de demanda sea más elástica.
(b) Hacer que la curva de demanda sea más inelástica.
(c) Hacer que la curva de demanda tenga elasticidad igual a la unidad.
(d) Desplazar la curva de demanda hacia arriba o hacia la derecha.
(e) Desplazar la curva de demanda hacia abajo o hacia la izquierda. 25-12

Suponiendo funciones de producción y curvas de costes idénticas, el equilibrio a largo plazo en una empresa en condiciones de competencia monopolística y el de una empresa en condiciones de competencia perfecta son tales que para el primero de ellos:

(a) El precio es más elevado y el volumen de producción es mayor.
(b) El precio es más elevado y el volumen de producción es menor.
(c) El precio es menor y el volumen de producción es mayor.
(d) El precio es más bajo y el volumen de producción es menor.
(e) Tanto el precio como el volumen de producción son iguales en las dos condiciones. 25-13

Muchos economistas han criticado a la publicidad en razón de que:

(a) Persuade al comprador en lugar de simplemente informarle.
(b) Es falsa y engañosa.
(c) Estimula una competencia excesiva.
(d) Produce una diferenciación artificial entre productos que son físicamente semejantes.
(e) Ninguna de las anteriores. 25-14

Los defensores de la publicidad argumentan que:

(a) Informa a los compradores y amplía el mercado para los bienes.
(b) Estimula una mayor competencia entre las empresas.
(c) Estimula la eficiencia económica.
(d) Permite que las empresas pequeñas compitan de una manera más efectiva con las grandes.
(e) Todas las anteriores. 25-15

A corto plazo, el efecto de la publicidad sobre la curva de *CMT* de una empresa consiste en:

(a) Ampliarla.
(b) Estrecharla.
(c) Elevarla.
(d) Bajarla.
(e) Mantenerla igual. 25-16

La competencia monopolística conduce a:

(a) Utilización excesiva de las plantas.
(b) Subutilización de las plantas.
(c) Volúmenes de producción superiores a los de la competencia perfecta.
(d) Precios inferiores a los de la competencia perfecta.
(e) Operaciones eficientes. 25-17

La competencia monopolística se traduce en:

(a) Un número insuficiente de empresas dentro de la industria.
(b) La reducción de la competencia en materias no referentes a precios.
(c) Un pequeño número de empresas económicamente fuertes.
(d) Producción en el nivel en que el *CMT* es mínimo.
(e) Ninguno de los anteriores. 25-18

Los gastos realizados por las empresas con objeto de adaptar el comprador al producto se clasifican comc
(a) Costes de venta.
(b) Costes de producción.
(c) Costes de comercialización.
(d) Gastos de relaciones públicas.
(e) Costes de publicidad. 25-19

La expresión «malgasto de la competencia monopolística» se refiere a la tendencia de las empresas en condiciones de competencia monopolística a:
(a) Obtener únicamente beneficios normales.
(b) Obtener beneficios económicos inadecuados.
(c) Sufrir crónicamente de exceso de capacidad, exceso de número e ineficiencia.
(d) Malgastar su dinero en publicidad.
(e) Malgastar sus plantas productivas al no utilizarlas plenamente. 25-20

La industria del aluminio constituye un ejemplo de:
(a) Competencia perfecta.
(b) Oligopolio perfecto.
(c) Oligopolio imperfecto.
(d) Monopolio.
(e) Competencia monopolística. 25-21

La industria del acero constituye un ejemplo de:
(a) Monopolio.
(b) Competencia monopolística.
(c) Competencia perfecta.
(d) Oligopolio imperfecto.
(e) Oligopolio perfecto. 25-22

Una industria que pueda ser señalada como ejemplo óptimo de oligopolio imperfecto es:
(a) Los supermercados.
(b) El cobre.
(c) Los jabones y detergentes.
(d) El cemento.
(e) El cinc. 25-23

El mejor ejemplo de oligopolio imperfecto es:
(a) La industria de venta al detalle.
(b) La industria del automóvil.
(c) La industria del acero.
(d) La industria del cobre.
(e) La industria del cemento. 25-24

Los «tres grandes» o los «cuatro grandes» productores dentro de una industria representan una característica común de:
(a) Industrias en condiciones de competencia perfecta.
(b) Oligopolios perfectos.
(c) Oligopolios imperfectos.
(d) Industrias oligopolísticas.
(e) Industrias en condiciones de competencia monopolística. 25-25

Una característica común de los oligopolios es:
(a) La mutua dependencia en las decisiones relativas a la fijación de los precios.
(b) La flexibilidad de los precios.
(c) La competencia en los precios.
(d) La no existencia o la escasez de economías de escala.
(e) Ninguna de las anteriores. 25-26

Una característica típica de los oligopolios es:
(a) Una tendencia hacia la competencia destructiva.
(b) Una actitud de «vivir y dejar vivir»
(c) La frecuente reducción de precios.
(d) Una notable falta de competencia en materias distintas de los precios.
(e) Una asignación socialmente óptima de los recursos. 25-27

Como una consecuencia de una curva de demanda «apuntada»:
(a) El precio tiende a bajar por debajo del apuntamiento.
(b) El precio tiende a subir por encima del apuntamiento.
(c) El precio tiende a establecerse precisamente en el apuntamiento.
(d) El precio tiende a fluctuar.
(e) Ninguna de las anteriores. 25-28

Una curva de demanda «apuntada» refleja una tendencia por parte de los competidores a:
(a) Seguir las reducciones de precios y no los aumentos de precios.
(b) Seguir los aumentos de precios y no las reducciones de precios.
(c) No preocuparse del comportamiento de los rivales.
(d) Asignar sus recursos de una manera socialmente óptima.
(e) Estimular la flexibilidad de los precios. 25-29

El apuntamiento de una curva de demanda «apuntada» será mucho más agudo cuando los bienes de los competidores sean:
(a) Relativamente baratos.
(b) Relativamente caros.
(c) Heterogéneos.
(d) Homogéneos.
(e) Ninguno de los anteriores. 25-30

Una situación en la que las empresas que integran una industria oligopolística se adhieren, a menudo tácitamente y sin mediar acuerdo formal, a la política de fijación de precios de uno de sus miembros, recibe el nombre de:
(a) Fijación de precios según el coste marginal.
(b) Fijación de precios según el coste total.
(c) Fijación de precio de monopolio.
(d) Colusión.
(e) Liderato de precios. 25-31

La tendencia creciente hacia la formación de sindicatos obreros poderosos para enfrentarse a las grandes empresas oligopolísticas en la mesa de las negociaciones constituye un ejemplo de la existencia de:

(a) Monopolio de la mano de obra.
(b) Monopolio sindical.
(c) Explotación de la mano de obra.
(d) Colusión.
(e) Poder de contrapeso. 25-32

¿Cuál de las que se exponen a continuación es una crítica importante con relación a los oligopolios?

(a) Asignan deficientemente los recursos.
(b) Estimulan la competencia en materias distintas de los precios y no la competencia en los precios.
(c) No son suficientemente progresivos en la investigación y en el desarrollo.
(d) Todas las anteriores.
(e) Ninguna de las anteriores. 25-33

Un economista que hizo contribuciones que abrieron nuevos caminos en la teoría de la competencia monopolística fue:

(a) Alfred Marshall.
(b) Thorstein Veblen.
(c) Edward H. Chamberlin.
(d) John Maynard Keynes.
(e) Ninguno de los anteriores. 25-34

En la teoría microeconómica se supone que el objetivo de una empresa consiste en:

(a) Maximizar sus ventas.
(b) Maximizar sus beneficios.
(c) Maximizar su volumen de producción.
(d) Minimizar sus costes.
(e) Todos los anteriores. 25-35

Diversos estudios realizados por los economistas han llegado a la conclusión de que en la realidad las empresas determinan normalmente los precios:

(a) Igualando el *Cm* y el *CMT*.
(b) Según el principio de la igualdad $Cm = Im$.
(c) Igualando el *Cm* y el *IM*.
(d) Según la experiencia, la costumbre de la industria y por procedimientos de experimentación y corrección posterior.
(e) Cargando el precio más elevado que pueden conseguir. 25-36

Diga cuál es, de entre los que exponemos a continuación, el objetivo menos directo e inmediato que persiguen las empresas en la realidad a la hora de determinar sus precios.

(a) Maximizar sus beneficios.
(b) Conseguir un rendimiento determinado de la inversión.
(c) Estabilizar los precios y los volúmenes de producción a lo largo del ciclo económico.
(d) Conseguir una determinada participación porcentual del mercado.
(e) Poner los mismo precios que los competidores. 25-37

En la realidad las empresas tratarán a menudo de evitar el hacer máximos sus beneficios con objeto de:
(a) Desanimar la entrada de competidores en ese campo.
(b) Desanimar las investigaciones antimonopolio por parte del gobierno.
(c) Frenar las presiones de los sindicatos en busca de incrementos en los salarios.
(d) Mantener el fondo de clientes.
(e) Todos los anteriores. 25-38

El término «satisfecho» se refiere a los esfuerzos de las empresas por:
(a) Conseguir unos objetivos de realizaciones satisfactorias.
(b) Maximizar sus beneficios.
(c) Minimizar sus costes.
(d) Satisfacer a los accionistas y al público en general.
(e) Satisfacer a sus obreros. 25-39

En la teoría microeconómica se juzga la efectividad de la empresa en cuanto «asignadora de recursos» según la medida en que consigue:
(a) El nivel de «satisfacción».
(b) Lograr una tasa determinada de rendimiento de la inversión.
(c) Maximizar su beneficio.
(d) Mantener el fondo de clientes.
(e) Maximizar el ingreso total y minimizar el coste total. 25-40

La mejor ilustración del concepto de demanda derivada es la afirmación siguiente:
(a) Un incremento del precio de la mantequilla se traduce en un incremento de la demanda de margarina.
(b) Cuanto mayor sea la demanda de automóviles tanto mayor será la demanda de gasolina.
(c) La demanda de Pepsi varía directamente en relación al precio de la Coca.
(d) La demanda de alimentos depende de la renta de los compradores.
(e) La demanda de un bien varía inversamente con relación a su precio. 26-1

No se producirá una variación en la demanda del factor *A* si:
(a) El precio de *A* disminuye.
(b) La productividad de *A* aumenta.
(c) La productividad de *A* disminuye.
(d) Se produce una mejora en el producto en que interviene el factor *A*.
(e) Se produce una disminución en el precio de un factor *B* substitutivo de *A*. 26-2

Se producirá una variación en la cantidad demandada del factor *Z* si:
(a) Disminuye la productividad de *Z*.
(b) Aumenta la productividad de *Z*.
(c) Se produce una mejora en el bien en cuya producción interviene el factor *Z*.
(d) Se produce una disminución en el precio de un factor *Y* substitutivo de *Z*.
(e) Aumenta el precio de *Z*. 26-3

Si una empresa se encuentra en condiciones de competencia perfecta en el mercado de factores el coste marginal de un factor es:
(a) Mayor que su precio.
(b) Menor que su precio.
(c) Igual a su precio.
(d) No relacionado con su precio.
(e) Ninguno de los anteriores. 26-4

Para una empresa en condiciones de competencia perfecta en el mercado de factores, el precio de un recurso es:
(a) Menor que su coste marginal.
(b) Igual a su coste marginal.
(c) Mayor que su coste marginal.
(d) No relacionado con su coste marginal.
(e) Ninguno de los anteriores. 26-5

La curva de demanda de una empresa con relación a un recurso está representada por:
(a) Toda su curva de producto medio monetario.
(b) La parte descendente de su curva de producto medio monetario.
(c) Toda su curva de producto marginal monetario.
(d) La parte descendente de su curva de producto marginal monetario.
(e) La parte descendente de su curva de producto marginal, pero únicamente en el tramo que queda por debajo de la curva de producto medio monetario. 26-6

Si el punto más elevado de la curva de producto marginal monetario de una empresa es 80$ y el punto más elevado de su curva de producto medio monetario es 60$, estará dispuesta a pagar:
(a) Más de 80$ por unidad de recurso.
(b) Hasta 80$ por unidad de recurso.
(c) Entre 60$ y 80$ por unidad de recurso.
(d) Hasta 60$ por unidad de recurso.
(e) Un promedio de 70$ por unidad de recurso. 26-7

Una empresa se encuentra en equilibrio cuando el coste marginal del factor que ella contrata es:
(a) Mayor que el precio del factor.
(b) Menor que el precio del factor.
(c) Mayor que el producto medio monetario.
(d) Igual al producto medio monetario.
(e) Ninguno de los anteriores. 26-8

¿Qué sucede con la cantidad demandada del factor a medida que disminuye el coste marginal de dicho factor a niveles inferiores a su producto medio monetario?:
(a) Aumenta siguiendo la curva de producto medio monetario.
(b) Aumenta disminuyendo la curva de producto marginal monetario.
(c) Disminuye siguiendo la curva de producto medio monetario.
(d) Disminuye siguiendo la curva de producto marginal monetario.
(e) Permanece constante. 26-9

¿Qué sucede con la cantidad demandada del factor a medida que el precio de un factor específico aumenta hacia su máximo producto medio monetario?:

(a) Permanece constante.
(b) Disminuye siguiendo la curva de producto marginal monetario.
(c) Disminuye siguiendo la curva de producto medio monetario.
(d) Aumenta siguiendo la curva de producto marginal monetario.
(e) Aumenta siguiendo la curva de producto medio monetario. 26-10

Una empresa que se encuentre en condiciones de competencia perfecta en el mercado de factores encontrará que la curva de oferta de un recurso medio determinado es:

(a) Vertical.
(b) Horizontal.
(c) Con pendiente positiva.
(d) Con pendiente negativa.
(e) No existente. 26-11

En un mercado de recursos en condiciones de competencia perfecta, la oferta de un recurso determinado a una empresa es:

(a) Perfectamente elástica.
(b) Relativamente elástica.
(c) De elasticidad igual a la unidad.
(d) Relativamente inelástica.
(e) Perfectamente inelástica. 26-12

En un mercado de recursos en condiciones de competencia perfecta, la curva de oferta de un recurso coincide con su:

(a) Precio de mercado.
(b) Coste marginal para la empresa.
(c) Con ambos conceptos anteriores.
(d) Curva de producto marginal monetario.
(e) Todos los anteriores. 26-13

Un principio válido para el mercado de factores que es precisamente análogo al principio de la igualdad $Cm=Im$ del mercado de productos es:

(a) $CMF=PMM$.
(b) $CmF=PMM$.
(c) $CMF=PmM$.
(d) $CmF=PmM$.
(e) Ninguno de los anteriores. 26-14

Compare la curva de ingreso total de una empresa en condiciones de competencia perfecta con la curva de ingreso total de una empresa similar en condiciones de competencia imperfecta:

(a) La curva de IT de la empresa en condiciones de competencia perfecta es menor.
(b) Las curvas de IT de ambas empresas son iguales.
(c) La curva de IT de la empresa en condiciones de competencia perfecta es mayor.
(d) Las curvas de IT de ambas empresas se cortan en varios puntos.
(e) Ninguna de las anteriores. 26-15

Compare la curva de producto medio monetario de una empresa en condiciones de competencia imperfecta con la de una empresa similar en condiciones de competencia perfecta:

(a) Las curvas de *PMM* son iguales para ambas empresas.
(b) La curva de *PMM* de la empresa en condiciones de competencia imperfecta es menor.
(c) La curva de *PMM* de la empresa en condiciones de competencia imperfecta es mayor.
(d) Las curvas de *PMM* de ambas empresas se cortan en diversos puntos.
(e) Ninguna de las anteriores. 26-16

Para un precio dado de un factor determinado, una empresa en condiciones de competencia imperfecta, comparada con otra empresa similar en condiciones de competencia perfecta, comprará:

(a) Un menor número de unidades del factor.
(b) El mismo número de unidades del factor
(c) Un mayor número de unidades del factor.
(d) La mitad de unidades de factor.
(e) El doble de las unidades de factor. 26-17

El volumen de factores de equilibrio para una empresa viene determinado por el punto en que:

(a) $PmM = PMM$.
(b) $CmF = P_F$.
(c) $CmF = PMM$.
(d) $P_F = PMM$.
(e) Ninguno de los anteriores. 26-18

Para cualquier empresa el volumen de factores que corresponde a su nivel de producción que hace máximo el beneficio viene determinado por el punto en que:

(a) $CmF = PMM$.
(b) $PMM = PmM$.
(c) $P_F = PMM$.
(d) $CmF = P_F$.
(e) Ninguno de los anteriores. 26-19

Podemos obtener la demanda del mercado para un factor de producción por parte de todas las empresas de ese mercado:

(a) Sumando sus curvas de *PMM*.
•(b) Sumando sus curvas de *PmM*.
(c) Restando sus curvas de *PmM* de sus curvas de *PMM*.
(d) Combinando sus curvas de *CmF* y sus curvas de *PmM*.
(e) Combinando sus curvas de *PmM* y sus curvas de *PMM*. 26-20

La elasticidad de la demanda de un factor de producción será mayor:

(a) Cuanto más rápidamente disminuya la productividad marginal física.
(b) Cuanto más inelástica sea la demanda del producto final.
(c) Cuanto mayor sea la oportunidad de la substitución del factor.
(d) Cuanto menor sea el coste del factor en relación con el coste total del producto.
(e) Ninguno de los anteriores. 26-21

La elasticidad de la demanda de un recurso será menor:
(a) Cuanto más elástica sea la demanda del producto final.
(b) Cuanto mayor sea el coste del factor en relación con el coste total del producto.
(c) Cuanto mayor sea la lentitud con que disminuye la productividad marginal física.
(d) Cuanto menor sea la oportunidad de substitución del factor.
(e) Ninguna de las anteriores. 26-22

¿Cuál de las siguientes combinaciones de mano de obra y de capital como factores hará máximo el beneficio de una empresa en condiciones de competencia perfecta?:
(a) $PmM_L=10$, $P_L=5$; $PmM_C=18$, $P_C=9$.
(b) $PmM_L=5$, $P_L=1$; $PmM_C=2$, $P_C=1$.
(c) $PmM_L=30$, $P_L=10$; $PmM_C=20$, $P_C=5$.
(d) $PmM_L=1$, $P_L=0$; $PmM_C=8$, $P_C=4$.
(e) $PmM_L=0$, $P_L=1$; $PmM_C=1$, $P_C=0$. 26-23

¿Cuál de las siguientes combinaciones de factores mano de obra y capital hará máximo el beneficio de una empresa en condiciones de competencia perfecta?:
(a) $PmM_C=8$. $P_C=1$; $PmM_L=5$, $P_L=1$.
(b) $PmM_C=0$, $P_C=2$; $PmM_L=2$, $P_L=2$.
(c) $PmM_C=6$, $P_C=2$; $PmM_L=9$, $P_L=3$.
(d) $PmM_C=10$, $P_C=5$; $PmM_L=12$, $P_L=2$.
(e) $PmM_C=0$, $P_C=1$; $PmM_L=1$, $P_L=0$. 26-24

Si una empresa se encuentra con que cuando su volumen de empleo y de capital están en equilibrio su producto marginal monetario de la mano de obra en relación con el precio de la mano de obra es mayor que la relación existente entre su producto marginal monetario del capital y el precio del capital, debería:
(a) Emplear menos mano de obra.
(b) Emplear más capital.
(c) Emplear menos mano de obra y más capital.
(d) Emplear más mano de obra.
(e) No hacer nada. 26-25

Si una empresa se encuentra con que cuando su nivel de empleo de mano de obra está en equilibrio la relación existente entre el productc marginal monetario del capital y el precio de este capital es menor que la relación existente entre el producto marginal monetario de la mano de obra y el precio de la misma, debería:
(a) Emplear menos mano de obra.
(b) Emplear menos capital.
(c) Emplear más mano de obra y más capital.
(d) Emplear más capital.
(e) No hacer nada. 26-26

El nivel de factores que hace máximo el beneficio de una empresa es aquel en que:
(a) Los productos marginales físicos de los factores son iguales.
(b) Los productos marginales monetarios de los factores son iguales.
(c) Los precios de los factores son iguales.
(d) Las productividades de los factores son iguales.
(e) Ninguno de los anteriores. 26-27

La teoría de la distribución de la renta según la productividad marginal afirma que:
(a) El obrero marginal obtiene la renta mínima.
(b) El producto marginal físico se deriva del producto total físico.
(c) El producto marginal monetario se deriva del ingreso total.
(d) En condiciones de competencia perfecta el producto marginal físico es igual al producto marginal monetario.
(e) En una economía en condiciones de competencia perfecta, el precio pagado a un factor de producción será igual a su productividad marginal. 26-28

La doctrina que afirma que las participaciones en el producto nacional son distribuidas a los factores de producción según los valores que cada uno crea, recibe el nombre de:
(a) Ley de la explotación capitalista.
(b) Teoría de la distribución de la renta según la productividad marginal.
(c) Teoría del intercambio.
(d) Ley de las proporciones variables.
(e) Principio de la justicia o equidad económica. 26-29

¿Cuál de las siguientes es una crítica correcta del principio de la productividad marginal?:
(a) Las imperfecciones del mercado impiden que éste funcione con suavidad y perfección.
(b) Los procesos de producción son normalmente mucho más complejos que lo que la teoría supone.
(c) Proporciona una base más normativa que positiva para la distribución de la renta.
(d) Todas las anteriores.
(e) Ninguna de las anteriores. 26-30

¿Qué economista fue el más estrechamente vinculado con el desarrollo de la teoría de la productividad marginal?:
(a) William Stanley Jevons.
(b) Alfred Marshall.
(c) John Bates Clark.
(d) Edward Chamberlin.
(e) Ninguno de los anteriores. 26-31

John Bates Clark es famoso por su investigación sobre:
(a) La teoría de la productividad marginal.
(b) Teoría del beneficio.
(c) Teoría de la renta.
(d) Teoría del interés.
(e) Ninguna de las anteriores. 26-32

Considerándolos a largo plazo, los salarios *reales* de los Estados Unidos:
(a) Han aumentado con mayor lentitud que el volumen de producto por obrero.
(b) Han aumentado aproximadamente al mismo ritmo que el volumen de producto por obrero.
(c) Han aumentado con mayor rapidez que el volumen de producto por obrero.
(d) Han permanecido bastante constantes.
(e) Han disminuido. 27-1

A partir de comienzos de la década de 1960 la tendencia de los salarios *monetarios* en los Estados Unidos:
(a) Ha permanecido bastante constante.
(b) Ha disminuido.
(c) Ha venido creciendo con mayor rapidez que la tendencia de la productividad de la mano de obra.
(d) Ha venido aumentando con menor rapidez que la tendencia de la productividad de la mano de obra.
(e) Ha tendido a ser paralela a la tendencia de la productividad de la mano de obra. 27-2

En un mercado de mano de obra en condiciones de competencia perfecta, la curva de oferta agregada de mano de obra es:
(a) Perfectamente inelástica.
(b) Perfectamente elástica.
(c) Intermedia entre perfectamente elástica y perfectamente inelástica.
(d) Con pendiente negativa.
(e) No existente. 27-3

En un mercado de mano de obra en condiciones de competencia perfecta, el nivel de salario de equilibrio viene determinado por:
(a) La oferta y la demanda.
(b) Las grandes empresas.
(c) Los grandes sindicatos.
(d) Tanto por las grandes empresas como por los grandes sindicatos.
(e) La interacción de todas las empresas y de todos los sindicatos. 27-4

En un mercado de mano de obra en condiciones de competencia perfecta la cantidad de mano de obra correspondiente al equilibrio viene determinada por:
(a) Los contratos colectivos entre los sindicatos y las empresas.
(b) Los grandes sindicatos.
(c) La actuación conjunta de todos los sindicatos.
(d) La interacción de los grandes sindicatos y de las grandes empresas.
(e) La oferta y la demanda. 27-5

En un mercado de mano de obra en condiciones de competencia perfecta la curva de oferta de mano de obra para cada empresa individual es:
(a) Perfectamente inelástica.
(b) Relativamente inelástica.
(c) De elasticidad igual a la unidad.
(d) Relativamente elástica.
(e) Ninguna de las anteriores. 27-6

En un mercado de mano de obra en condiciones de competencia perfecta cada una de las empresas puede contratar:

(a) Solamente una cantidad fija de mano de obra al salario corriente.
(b) Toda la mano de obra que desee, pero únicamente si se la arrebata a sus competidores ofreciendo mayores salarios.
(c) Cantidades mayores de mano de obra a costa de un aumento de los costes por obrero en concepto de salario.
(d) Cantidades mayores de mano de obra a un coste salarial decreciente por obrero.
(e) Ninguno de los anteriores. 27-7

Una empresa que sea la única oferente de empleos en una zona geográfica densamente poblada y carente de sindicatos obreros recibe el nombre de:

(a) Monopolista.
(b) Monopsonista.
(c) Oligopsonista.
(d) Duopsonista.
(e) Competidor monopsonista. 27-8

En un modelo de monopsonio el coste marginal de un factor es:

(a) Con pendiente positiva.
(b) Vertical.
(c) Horizontal.
(d) Con pendiente negativa.
(e) Idéntico a su coste medio. 27-9

En un modelo de monopsonio para el mercado de mano de obra la empresa se encuentra con que a medida que contrata un mayor número de obreros:

(a) El coste en salarios por obrero permanece constante.
(b) El coste en salarios por obreros disminuye.
(c) El coste en salarios por obrero permanece idéntico al coste marginal por obrero.
(d) El coste en salarios por obrero aumenta.
(e) Ninguna de las anteriores. 27-10

Si todas las restantes cosas permanecen constantes una empresa en condiciones de monopsonio, comparada con una empresa en condiciones de competencia perfecta:

(a) Paga un salario mayor y contrata más mano de obra.
(b) Paga un salario mayor y contrata menos mano de obra.
(c) Paga un salario menor y contrata menos mano deobra.
(d) Paga un salario menor y contrata más mano de obra.
(e) Paga el mismo salario y contrata la misma cantidad de mano de obra. 27-11

Una estructura de mercado que se caracteriza por la existencia de un único comprador y un único vendedor se clasifica como:

(a) Monopolio bilateral.
(b) Monopolio.
(c) Oligopsonio.
(d) Competencia monopsonística.
(e) Ninguno de los anteriores. 27-12

Cuadro explicativo 27-1

MODELO DE SALARIOS Y EMPLEO

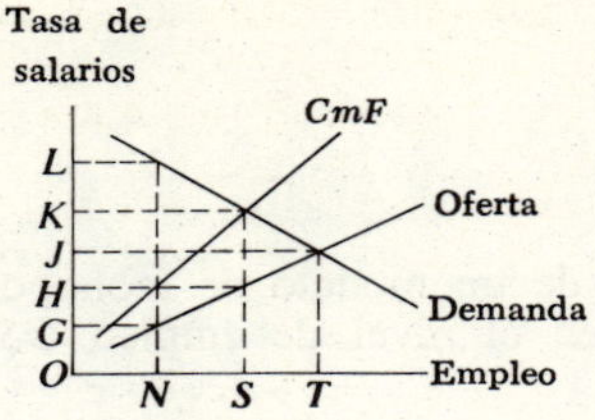

En el cuadro explicativo 27-1, si se tratase de un mercado en condiciones de competencia perfecta, la tasa de salarios correspondiente al equilibrio sería:
(a) *OH*.
(b) *OJ*.
(c) *OK*.
(d) *OL*.
(e) Imposible de determinar. 27-13

En el cuadro explicativo 27-1 si se tratase de un mercado en condiciones de competencia perfecta el nivel de empleo correspondiente al equilibrio sería:
(a) Entre *ON* y *OT*.
(b) *ON*.
(c) *OS*.
(d) *OT*.
(e) Imposible de determinar. 27-14

En el cuadro explicativo 27-1, si se tratase de un modelo de monopsonio la tasa de salario correspondiente al equilibrio sería:
(a) *OH*.
(b) *OG*.
(c) *OJ*.
(d) *OK*.
(e) Ninguna de las anteriores. 27-15

En el cuadro explicativo 27-1, si se tratase de un modelo de monopsonio el nivel de empleo correspondiente al equilibrio sería:
(a) *ON*.
(b) *OS*.
(c) *OT*.
(d) Lógicamente indeterminado.
(e) Ninguno de los anteriores. 27-16

En el cuadro explicativo 27-1, si se tratase de un modelo de monopolio bilateral, la tasa de salarios correspondiente al equilibrio sería:
(a) *OL*.
(b) *OK*.
(c) Lógicamente indeterminada.
(d) *OJ*.
(e) *OH*. 27-17

En el cuadro explicativo 27-1, si se tratase de un modelo de monopolio bilateral en el que las partes se pusiesen de acuerdo en el nivel de empleo *OS*, el salario de equilibrio sería:
(a) *OH*.
(b) *OJ*.
(c) *OK*.
(d) Lógicamente indeterminado.
(e) Ninguno de los anteriores. 27-18

En el cuadro explicativo 27-1, si se tratase de un modelo de monopolio bilateral en el que las partes se pusiesen de acuerdo en el nivel de empleo *ON* el salario de equilibrio sería:
(a) Lógicamente indeterminado.
(b) *OL*.
(c) *OJ*.
(d) *OH*.
(e) *OG*. 27-19

En el cuadro explicativo 27-1, si se tratase de un modelo de monopolio bilateral, la tasa de salarios preferida por el vendedor a nivel de empleo *OS* sería:
(a) Lógicamente indeterminada.
(b) *OJ*.
(c) *OH*.
(d) *OG*.
(e) Ninguna de las anteriores. 27-20

En el cuadro explicativo 27-1, si se tratase de un modelo de monopolio bilateral, la tasa de salarios preferida por los compradores para el nivel de empleo *OS* sería:
(a) *OL*.
(b) *OK*.
(c) *OJ*.
(d) Lógicamente indeterminada.
(e) Ninguna de las anteriores. 27-21

La teoría de la renta económica:
(a) Apareció a comienzos del siglo diecinueve.
(b) Fue desarrollado por David Ricardo.
(c) Surgió como fruto de una controversia sobre el elevado precio del «grano».
(d) Todas las anteriores.
(e) Ninguna de las anteriores. 27-22

Si la oferta de un recurso es perfectamente inelástica al nivel de 5 unidades y su precio de mercado es 10$ por unidad ,la renta económica total es:
(a) 10$.
(b) 50$.
(c) 0$.
(d) Menos que 10$.
(e) Ninguna de las anteriores. 27-23

Si un vendedor está dispuesto a aceptar, y puede ofrecer únicamente 8 unidades de una mercancía a cualquier precio, y si el precio de mercado para ese bien es de 3$ por unidad, la renta económica total es:
(a) 0$.
(b) 3$.
(c) Menos de 3$.
(d) 24$.
(e) Ninguna de las anteriores. 27-24

La renta económica es cero cuando la oferta es:
(a) Perfectamente elástica.
(b) Relativamente elástica.
(c) De elasticidad igual a la unidad.
(d) Relativamente inelástica.
(e) Perfectamente inelástica. 27-25

Si la demanda permanece constante la renta económica es máxima cuando la oferta es:
(a) Perfectamente elástica.
(b) Relativamente elástica.
(c) De elasticidad igual a la unidad.
(d) Relativamente inelástica.
(e) Perfectamente inelástica. 27-26

¿Cuál de los siguientes conceptos no es sinónimo de los cuatro restantes?:
(a) Renta económica.
(b) Coste.
(c) Excedente.
(d) Ingreso neto.
(e) Rendimiento puro. 27-27

El «impuesto único» se refiere a un impuesto sobre:
(a) La renta.
(b) La riqueza.
(c) Los edificios.
(d) El equipo capital.
(e) Ninguno de los anteriores. 27-28

El «impuesto único» aparece normalmente asociado con el nombre de:
(a) William S. Jevons
(b) Alfred Marshall.
(c) John Bates Clark.
(d) Henry George.
(e) John Maynard Keynes. 27-29

¿Cuál de los siguientes es un inconveniente importante del «impuesto único»?:
(a) No proporcionaría ingresos suficientes para hacer frente a todas las necesidades del gobierno.
(b) Olvida los excedentes obtenidos por los oferentes monopolísticos de otros tipos de recursos o productos.
(c) No distingue entre la proporción de renta como excedente y la proporción de renta resultante de las mejoras.
(d) Todos los anteriores.
(e) Ninguno de los anteriores. 27-30

La mejor definición del interés es:
(a) El dinero ganado por una cuenta de ahorro.
(b) El precio pagado por la utilización del dinero durante un período de tiempo.
(c) El dinero obtenido por una obligación.
(d) El rendimiento porcentual de una inversión.
(e) La carga financiera de un crédito. 27-31

El tipo de interés «puro» es la tasa de rendimiento de:
(a) Un crédito carente de riesgo a largo plazo.
(b) Una participación en forma de acción.
(c) Una obligación de una sociedad.
(d) Un depósito de ahorro.
(e) Una inversión arriesgada. 27-32

La mejor aproximación al tipo de interés «puro» es la que nos da el rendimiento de
(a) Una obligación de AT&T.
(b) Una obligación de la General Motors.
(c) Una obligación a largo plazo del gobierno de los Estados Unidos.
(d) Un depósito de ahorro.
(e) Una inversión arriesgada. 27-33

Las fuentes de demanda de fondos prestables son:
(a) Las empresas, las familias y el gobierno.
(b) Los bancos y las compañías de seguruos.
(c) Los gobiernos federal, estatal y local.
(d) Los bancos comerciales y las compañías concesionarias de préstamos con garantía de hipoteca.
(e) Las instituciones financieras. 27-34

Con relación al tipo de interés la demanda de fondos prestables es normalmente:
(a) Perfectamente inelástica.
(b) Relativamente inelástica.
(c) De elasticidad igual a la unidad.
(d) Relativamente elástica.
(e) Perfectamente elástica. 27-35

¿Qué motivo es el más afectado por el tipo de interés?
(a) El motivo de transacción.
(b) El motivo de precaución.
(c) El motivo de especulación.
(d) Todos los anteriores por un igual.
(e) Ninguno de los anteriores. 27-36

El deseo de ahorrar por parte de las personas con objeto de hacer frente a las necesidades corrientes está comprendido en:
(a) El motivo de transacción.
(b) El motivo de precaución.
(c) El motivo de especulación.
(d) La preferencia de liquidez.
(e) Ninguna de las anteriores. 27-37

La tendencia de las familias y empresas a ahorrar con objeto de hacer frente a contingencias imprevistas queda comprendido en:
(a) La preferencia de liquidez.
(b) El motivo de precaución.
(c) El motivo de transacción.
(d) El motivo de especulación.
(e) Ninguno de los anteriores. 27-38

La oferta de fondos prestables proviene de:
(a) El sistema de la Reserva Federal (banco central)
(b) Los ahorros de las familias.
(c) Los ahorros de las empresas.
(d) Todos los anteriores.
(e) Ninguno de los anteriores. 27-39

El tipo de interés en la economía es:
(a) Determinado por las fuerzas de la oferta y la demanda.
(b) Más estable que los precios de las mercancías en los mercados en competencia.
(c) Explicado en el texto en términos de la preferencia de liquidez y de la teoría de los fondos prestables.
(d) Todos los anteriores.
(e) Ninguno de los anteriores. 27-40

En la teoría del beneficio, un factor importante por su contribución a la existencia del beneficio económico en el mundo real es:
(a) Que las empresas no guardan una relación adecuada de los sucesos.
(b) La falta de innovaciones.
(c) La existencia de rigideces y obstáculos a la movilidad de los recursos.
(d) La diferencia entre las definiciones contable y económica del beneficio.
(e) Ninguna de las anteriores. 27-41

Con relación a una empresa particular, un ejemplo de riesgo sería la pérdida resultante de:
(a) Un incendio.
(b) Una inundación.
(c) El absentismo de los obreros.
(d) Todos los anteriores.
(e) Ninguno de los anteriores. 27-42

Para una empresa de automóviles, los beneficios y las pérdidas resultantes de las ventas del año próximo son:
(a) Una incertidumbre.
(b) Un riesgo.
(c) Una cosa cierta.
(d) Tanto un riesgo como una incertidumbre.
(e) Ni un riesgo ni una incertidumbre. 27-43

Una característica distintiva del riesgo y de la incertidumbre es:
(a) Que ambos son predecibles.
(b) Que ninguno de los dos es previsible.
(c) Que los riesgos son subjetivos e imprevisibles.
(d) Que las incertidumbres son objetivas y predecibles.
(e) Ninguna de las anteriores. 27-44

En la teoría del riesgo y de la incertidumbre:
(a) Los beneficios constituyen la recompensa por aceptar el riesgo.
(b) Las pérdidas son las penalizaciones derivadas de aceptar el riesgo.
(c) Los beneficios y las pérdidas son consecuencia de los riesgos.
(d) Los beneficios y las pérdidas son consecuencia de las certezas y no de las incertidumbres.
(e) Ninguna de las anteriores. 27-45

La teoría de la innovación atribuye los beneficios económicos a:
(a) Las fricciones en la economía.
(b) La inmovilidad de los recursos.
(c) Las nuevas invenciones y descubrimientos.
(d) La adopción de nuevos métodos, ideas, etc.
(e) El riesgo y la incertidumbre de las innovaciones. 27-46

El economista cuyo nombre viene asociado con la teoría de la innovación es:
(a) Thorstein Veblen.
(b) Joseph Schumpeter.
(c) Alfred Marshall.
(d) Henry George.
(e) John Maynard Keynes. 27-47

La función económica de los beneficios en una economía capitalista consiste en:
(a) Estimular las innovaciones.
(b) Estimular el progreso económico.
(c) Inducir a las empresas hacia la eficiencia —en la medida en que los mercados son competitivos.
(d) Todas las anteriores.
(e) Ninguna de las anteriores. 27-48

El primer gran movimiento de fusión de empresas en la historia americana se produjo:
(a) Hacia finales de siglo.
(b) Durante la primera guerra mundial.
(c) Durante los años prósperos de la década de 1920.
(d) Durante la segunda guerra mundial.
(e) En los años posteriores a la segunda guerra mundial. 28-1

La primera ley federal antimonopolio fue:
(a) Interstate Commerce Act.
(b) Clayton Antitrust Act.
(c) Sherman Antitrust Act.
(d) Federal Trade Commission Act.
(e) Celler Antimerger Act. 28-2

La ley que prohibió expresamente cualquier contrato, combinación o conspiración para restringir el comercio fue:
(a) Celler Antimerger Act.
(b) Federal Trade Commission Act.
(c) Interstate Commerce Act.
(d) Wheeler-Lea Act.
(e) Sherman Antitrust Act. 28-3

Cuando dos o más empresas se combinan o conspiran con la finalidad de monopolizar el comercio, violan directamente la ley:
(a) Clayton Antitrust Act.
(b) Sherman Antitrust Act.
(c) Federal Trade Commission Act.
(d) Wheeler-Lea Act.
(e) Celler Antimerger Act. 28-4

Si una empresa adquiere las acciones o activos de una empresa competidora, provocando con ello una disminución notable de la competencia, estará con toda probabilidad violando directamente la ley:
(a) Clayton Antitrust Act.
(b) Robinson-Patman Act.
(c) Sherman Antitrust Act.
(d) Wheeler-Lea Act.
(e) Securities and Exchange Commission Act. 28-5

Desde el punto de vista de las leyes antimonopolio, un acuerdo restrictivo entre empresas puede estar constituido por cualquier forma directa o indirecta de:
(a) Fijación de precios.
(b) Control del volumen de producción.
(c) División del mercado.
(d) Coerción.
(e) Todas las anteriores. 28-6

Una situación de comportamiento idéntico entre competidores en cuanto a los precios, con o sin acuerdo formal, recibe el nombre de:
(a) Discriminación de precios.
(b) Fijación de precios según el coste marginal.
(c) Acción consciente paralela.
(d) Fijación de precios según el coste medio.
(e) Ninguno de los anteriores. 28-7

El caso del equipo de material eléctrico constituye un ejemplo de aplicación de las leyes antimonopolio a:
(a) Las fusiones de conglomerados.
(b) Las fusiones verticales.
(c) Las fusiones horizontales.
(d) La discriminación de precios.
(e) Ninguna de las anteriores. 28-8

La «regla de razón» se refiere a:
(a) Formas no razonables de discriminación de precios.
(b) La necesidad corrientemente sentida de una exigencia más razonable de las leyes antimonopolio.
(c) La actitud de los tribunales con relación al monopolio a partir del final de la segunda guerra mundial.
(d) La racionalidad de los conglomerados, por oposición a los restantes tipos de fusiones.
(e) Ninguna de las anteriores. 28-9

El caso de la Aluminum Company (1945) es importante porque:
(a) Atemperó enormemente la «regla de razón».
(b) No hizo distinción entre monopolios «buenos» y «malos».
(c) Condenó el monopolio per se.
(d) Todos los anteriores.
(e) Ninguna de las anteriores. 28-10

Cuando plantas productivas distintas dedicadas a diversas etapas de la producción desde las materias primas hasta los productos acabados se unen bajo un misma propiedad, la combinación recibe el nombre de:
(a) Integración horizontal.
(b) Integración de conglomerados.
(c) Integración vertical.
(d) Integración diagonal.
(e) Integración circular. 28-11

Cuando plantas productivas semejantes dedicadas a la producción de bienes también semejantes se unen bajo una misma propiedad, la combinación recibe el nombre de:
(a) Integración vertical.
(b) Integración horizontal.
(c) Integración diagonal.
(d) Integración circular.
(e) Integración de conglomerados. 28-12

La unión de un fabricante de automóviles y de un fabricante de acero bajo una misma propiedad constituiría un ejemplo de:
(a) Integración vertical.
(b) Integración horizontal.
(c) Integración circular.
(d) Integración diagonal.
(e) Integración de conglomerados. 28-13

La unión de una empresa fabricante de botes de lata y de otra empresa fabricante de jarras de cristal bajo una misma propiedad constituye un ejemplo de:
(a) Integración de conglomerados.
(b) Integración circular.
(c) Integración horizontal.
(d) Integración triangular.
(e) Integración vertical. 28-14

Si un fabricante de calzado se une con una cadena de supermercados, esto constituye un ejemplo de:
(a) Integración triangular.
(b) Integración diagonal.
(c) Integración vertical.
(d) Integración horizontal.
(e) Integración de conglomerados. 28-15

La política del gobierno con relación a las integraciones es:
(a) Declarar ilegales todas las integraciones.
(b) Declarar ilegales únicamente las integraciones verticales.
(c) Declarar ilegales únicamente las integraciones horizontales.
(d) Declarar ilegales únicamente las integraciones de conglomerados.
(e) Ninguna de las anteriores. 28-16

Es mucho más probable que el gobierno ataque a una integración que:
(a) Es de tipo horizontal.
(b) Es de tipo vertical.
(c) Es de tipo de conglomerado.
(d) Se traduce en una notable reducción de la competencia, prescindiendo de cuál sea su tipo.
(e) Ninguna de las anteriores. 28-17

Los métodos engañosos, deshonestos e injuriosos de competencia reciben normalmente el nombre de:
(a) Competencia desleal.
(b) Discriminación de precios.
(c) Contratación exclusiva.
(d) Colusión y conspiración.
(e) Ninguno de los anteriores. 28-18

La ley antimonopolio que trata expresamente de los problemas de la discriminación de precios es la ley:
(a) Wheeler-Lea Act.
(b) Sherman Act.
(c) Robinson-Patman Act.
(d) Interstate Commerce Act.
(e) Unfair Pricing Act. 28-19

La ley antimonopolio que fue aprobada para proteger a los minoristas y a los mayoristas independientes de las «discriminaciones desleales» por parte de los grandes vendedores es la ley:
(a) Small Business Administration Act.
(b) Robinson-Patman Act.
(c) Wheeler-Lea Act.
(d) Celler Act.
(e) Sherman Act. 28-20

La ley antimonopolio que fue aprobada con la finalidad de proteger a los consumidores de las prácticas desleales de las empresas es la ley:
(a) Robinson-Patman Act.
(b) Federal Trade Commission Act.
(c) Clayton Act.
(d) Sherman Act.
(e) Wheeler-Lea Act. 28-21

En un caso antimonopolio, la decisión de un tribunal es aplicable a:
(a) El acusado y su industria.
(b) El acusado y todas las empresas similares.
(c) El acusado, su industria y todas las industrias similares.
(d) Únicamente al acusado.
(e) El acusado y sus competidores más próximos. 28-22

Con relación a los contratos con atadura, la tendencia de los tribunales ha sido:
(a) Desconocerlos.
(b) Aprobarlos.
(c) Desautorizarlos cuando perjudican la competencia.
(d) Desautorizarlos en todas las circunstancias.
(e) Reprender a las partes implicadas pero no penalizarlas. 28-23

Un titular de una patente que permite que su producto patentado sea utilizado o vendido por otras en determinadas condiciones está utilizando un procedimiento conocido con el nombre de:
(a) Licencia restrictiva.
(b) Contrato con atadura.
(c) Licencia cruzada.
(d) Decreto de consentimiento.
(e) Fondo de patentes. 28-24

Una asociación internacional de empresas dentro de la misma industria establecida con la finalidad de distribuirse los mercados mundiales y regular los precios en estos mercados recibe el nombre de:
(a) Sindicato.
(b) Asociación de comercio internacional.
(c) Oligopolio internacional.
(d) Grupo de inversión.
(e) Cartel. 28-25

Un fabricante o distribuidor de un producto con marca a quien se autoriza determinar su precio mínimo de venta se dice que está practicando:
(a) Un mantenimiento del precio de reventa.
(b) «Comercio leal».
(c) Ambos casos anteriores.
(d) Competencia leal.
(e) Fijación de precios según el coste medio. 28-26

Una relación de concentración mide:
(a) La relación entre los gastos de inversión y las ventas de una industria.
(b) El porcentaje de los sueldos y salarios postales pagados por una empresa a sus ejecutivos de más alto nivel.
(c) La relación entre las existencias de almacén y las ventas de una industria.
(d) El grado de poder de monopolio dentro de una economía.
(e) Ninguno de los anteriores. 28-27

Para el *conjunto de la economía* la tendencia de la concentración a partir de la segunda guerra mundial ha sido:
(a) Notablemente creciente.
(b) Moderadamente creciente.
(c) Ha permanecido aproximadamente estable.
(d) Imposible de determinar.
(e) Ninguna de las anteriores. 28-28

Para el *conjunto de la economía* la tendencia de la concentración a partir de la segunda guerra mundial:
(a) Ha sido imposible de determinar.
(b) Ha ido disminuyendo rápidamente.
(c) Ha ido disminuyendo moderadamente.
(d) Ha permanecido aproximadamente estable.
(e) Ninguna de las anteriores. 28-29

El concepto de una competencia «que funcione» se refiere a la idea de que:
(a) La competencia perfecta es «teórica pero no práctica».
(b) Las empresas pueden competir de muchas maneras distintas de los precios: en el servicio, en la conveniencia, calidad, estilo, etc.
(c) Se puede hacer que la competencia perfecta funcione mediante una legislación adecuada.
(d) Se puede hacer que la competencia perfecta funcione mediante una exigencia rigurosa de las leyes antimonopolio.
(e) Se puede hacer que la competencia en los precios funcione, pero no la competencia en materias distintas de los precios. 28-30

Los sindicatos obreros en América tuvieron sus comienzos:
(a) A finales del siglo dieciocho.
(b) A comienzos del siglo diecinueve.
(c) A finales del siglo diecinueve.
(d) En la década anterior a la primera guerra mundial.
(e) En los años posteriores a la primera guerra mundial. 29-1

Los primeros sindicatos en América fueron:
(a) Los sindicatos de empresa.
(b) Los sindicatos industriales.
(c) Los sindicatos de actividades gremiales.
(d) Los sindicatos «verticales».
(e) Ninguno de los anteriores. 29-2

El caso de *Commonwealth contra Hunt*:
(a) Declaró ilegales los sindicatos de actividades gremiales.
(b) Reconoció a los sindicatos como organizaciones legales.
(c) Prohibió que un sindicato buscase mejoras salariales para sus miembros.
(d) Declaró que un sindicato de empresa era ilegal.
(e) Ninguna de las anteriores. 29-3

El primer caso judicial en que se reconoció a un sindicato como un agente legal para la contratación colectiva en nombre de sus miembros fue el:
(a) Caso de la Standard Oil.
(b) Caso de la Aluminum Company of America.
(c) Caso de la American Tobacco.
(d) Caso de Commonwealth-Hunt.
(e) Caso de United States Steel. 29-4

El primer sindicato nacional que organizó a los obreros prescindiendo de su actividad, sexo, nacionalidad, raza o creencias fue:
(a) La Federación Americana del Trabajo (AFL).
(b) El Congreso de Organizaciones Industriales (CIO).
(c) AFL-CIO.
(d) Los Caballeros del Trabajo.
(e) El sindicato de obreros del autoumóvil. 29-5

La organización que dominó el movimiento obrero durante mucho tiempo después del declive de los Caballeros del Trabajo fue:
(a) La Federación Americana del Trabajo (AFL).
(b) El Congreso de Organizaciones Industriales (CIO).
(c) AFL-CIO.
(d) El Sindicato de Fundidores de Hierro de América del Norte.
(e) El Sindicato de Mineros. 29-6

Un sindicato que en sus primeros años trató de derrocar el capitalismo y reemplazarlo con el socialismo fue:
(a) La Federación Americana del Trabajo (AFL).
(b) El Congreso de Organizaciones Industriales (CIO).
(c) AFL-CIO.
(d) Los Caballeros del Trabajo.
(e) Ninguno de los anteriores. 29-7

El Sindicato de Obreros Industriales del mundo fue en sus primeros años:
(a) Un sindicato de actividades gremiales.
(b) Un sindicato de empresa.
(c) Un sindicato radical integrado por diversos extremistas del ala izquierda.
(d) Un sindicato industrial.
(e) Un sindicato que pretendía mejoras graduales para sus obreros mediante métodos pacíficos. 29-8

La ley que reconoció a los obreros el derecho a negociar colectivamente sus contratos de trabajo mediante representantes elegidos por ellos mismos fue:
(a) La Ley Nacional de Relaciones Laborales (Wagner).
(b) La Ley Norris-LaGuardia.
(c) La Ley de Relaciones Laborales.
(d) La Ley de Recuperación Nacional.
(e) Ninguna de las anteriores. 29-9

La Junta Nacional de Relaciones Laborales:
(a) Vigila el cumplimiento de la Ley Wagner.
(b) Supervisa las elecciones libres entre los empleados de una empresa para determinar los representantes sindicales.
(c) Prohíbe las «prácticas laborales desleales» por parte de los empresarios.
(d) Todas las anteriores.
(e) Ninguna de las anteriores. 29-10

¿Qué porcentaje medio aproximado de la fuerza laboral civil ha sido miembro de los sindicatos, contando a partir de la década de 1950?:
(a) Menos que 10 por ciento.
(b) Entre 10 y 20 por ciento.
(c) Entre 20 y 30 por ciento.
(d) Entre 30 y 50 por ciento.
(e) Más de 50 por ciento. 29-11

Un desacuerdo entre dos o más sindicatos sobre quién deba realizar una determinada tarea recibe el nombre de:
(a) Boicot primario.
(b) Boicot secundario.
(c) Edredón.
(d) Huelga jurisdiccional.
(e) Contrato leonino. 29-12

Cuando un sindicato, mediante huelgas, piquetes, etc., intenta impedir que un empresario entre en relaciones comerciales con otro empresario, se dice que está practicando:
(a) Boicot secundario.
(b) Edredón.
(c) Huelga jurisdiccional.
(d) Una huelga.
(e) Ninguna de las anteriores. 29-13

La Ley de Relaciones Laborales (Taft-Hartley) de 1947:
(a) Declaró ilegales las prácticas de fábrica cerrada pero autorizó el sindicato de fábrica.
(b) Declaró ilegal el sindicatos de fábrica pero autorizó la práctica de fábrica cerrada.
(c) Declaró ilegales tanto el sindicato de fábrica como la práctica de fábrica cerrada.
(d) Declaró legales tanto el sindicato de fábrica como la práctica de fábrica cerrada.
(e) No tuvo nada que decir sobre el sindicato de fábrica o la práctica de fábrica cerrada. 29-14

La Ley de Relaciones Laborales (Taft-Hartley) de 1947 se refirió en términos generales a los temas de:
(a) Mejorar los salarios de los obreros.
(b) Mejorar los salarios, los horarios y las condiciones de trabajo.
(c) Ligar los salarios a la productividad de la mano de obra.
(d) Impedir el control de los sindicatos por parte de chantajistas.
(e) Ninguno de los anteriores. 29-15

La Ley de Relaciones Laborales (Taft-Hartley) de 1947 pretendió, en términos generales:
(a) Reforzar la posición negociadora de los sindicatos.
(b) Proteger al público en general mediante una mayor regulación de las relaciones laborales.
(c) Legalizar todas las formas de huelgas.
(d) Modernizar las funciones de la Junta nacional de relaciones laborales.
(e) Ninguna de las anteriores. 29-16

Una empresa que exige sindicación previa y continuada como condición para conceder un puesto de trabajo se clasifica como:
(a) Fábrica sindical.
(b) Sindicato de empresa.
(c) Fábrica cerrada.
(d) Fábrica abierta.
(e) Ninguna de las anteriores. 29-17

Una empresa que permite que una persona no miembro del sindicato consiga un puesto de trabajo a condición de que se afilie a ese sindicato después de conseguir el empleo se clasifica como:
(a) Fábrica sindical.
(b) Fábrica abierta.
(c) Fábrica cerrada.
(d) Sindicato de empresa.
(e) Ninguna de las anteriores. 29-18

Las leyes de derecho al trabajo son:
(a) Leyes federales que prohíben la discriminación en la contratación de obreros.
(b) Leyes estatales que prohíben la discriminación en la contratación de obreros.
(c) Leyes federales que exigen la afiliación a un sindicato como condición previa para la obtención de un puesto de trabajo.
(d) Leyes estatales que exigen la afiliación a un sindicato como condición para la obtención de un puesto de trabajo.
(e) Leyes estatales que prohíben la afiliación a un sindicato como condición impuesta para la obtención de un puesto de trabajo. 29-19

Un sindicato independiente:
(a) Puede ser nacional.
(b) Puede ser internacional.
(c) No está afiliado con ninguna federación de organizaciones laborales.
(d) No se limita a los obreros de una empresa determinada.
(e) Todos los anteriores. 29-20

¿Qué pieza legislativa tuvo como finalidad el disciplinar las organizaciones laborales con objeto de protegerlas de la corrupción de algunos de sus líderes?:
(a) La Ley de Relaciones Laborales (Wagner).
(b) La Ley Norris-LaGuardia.
(c) La Ley de Relaciones Laborales (Taft-Hartley).
(d) La Ley de Informes Laborales (Landrum-Griffin).
(e) Las leyes de derecho al trabajo. 29-21

¿Qué porcentaje aproximado de los acuerdos adoptados mediante negociación colectiva son negociados sin que se produzcan huelgas o paros en el trabajo?:
(a) Entre 90 y 100%.
(b) Entre 75 y 89%.
(c) Entre 50 y 74%.
(d) Entre 10 y 49%.
(e) Menos que 10%. 29-22

¿En qué tipo de industria es más probable que exista un sistema de salarios basado en el tiempo trabajado, en lugar de basarse en un sistema de incentivos?:
(a) En trabajos de carpintería.
(b) En cerámica.
(c) Acero.
(d) Textiles.
(e) Tejidos. 29-23

¿En qué tipo de industria es más probable que exista un sistema de salarios basado en pagos por incentivos, en lugar de basarse en el tiempo trabajado?:
(a) Textiles.
(b) Automóviles.
(c) Acero.
(d) Máquinas herramientas.
(e) Cemento. 29-24

Si todas las restantes cosas permanecen iguales, un sistema de participaciones en beneficios existirá con mayor probabilidad en empresas o industrias caracterizadas por:
(a) La presencia de sindicatos fuertes.
(b) Beneficios consistentes y relativamente abundantes.
(c) Fuerza de trabajo estacionalmente inestable.
(d) Bajos costes de reemplazamiento del personal clave.
(e) Todos los anteriores. 29-25

Con relación a la participación en beneficios:
(a) Los sindicatos normalmente la han favorecido.
(b) Los sindicatos normalmente se han opuesto a ella.
(c) Los sindicatos normalmente se han manifestado indiferentes.
(d) Los empresarios han luchado por declararla ilegal.
(e) Los tribunales la han declarado ilegal en repetidas ocasiones. 29-26

Una empresa en la que el empresario es libre para contratar miembros del sindicato o personas no pertenecientes al mismo, según lo desee, se clasifica como:
(a) Fábrica cerrada.
(b) Fábrica sindical.
(c) Fábrica cerrada no sindical.
(d) Fábrica abierta.
(e) Ninguna de las anteriores. 29-27

Cuando una empresa que tiene numerosas plantas productivas, tal como la General Motors, contrata con un único sindicato, tal como el Sindicato de Obreros del Automóvil, las negociaciones reciben el nombre de:
(a) Coalición para la contratación.
(b) Contratación al alcance de la mano.
(c) Contratación horizontal.
(d) Contratación vertical.
(e) Negociación multilateral. 29-28

La resolución de las diferencias entre dos partes mediante el recurso a una tercera parte imparcial que sea aceptable para ambos bandos y cuya decisión sea legalmente exigible, reciben el nombre de:
(a) Negociación multilateral.
(b) Coalición para la negociación.
(c) Arbitraje.
(d) Mediación.
(e) Conciliación. 29-29

Un método para resolver las diferencias entre dos partes mediante el recurso a una tercera parte imparcial que sea aceptable para ambas partes pero cuyas decisiones no sean legalmente exigibles recibe el nombre de:
(a) Arbitraje.
(b) Mediación.
(c) Negociación colectiva.
(d) Coalición para la negociación.
(e) Negociación multilateral. 29-30

Un efecto económico de la práctica del «edredón» es:
(a) Incrementar la demanda de mano de obra.
(b) Incrementar la cantidad demandada de mano de obra.
(c) Disminuir la demanda de mano de obra.
(d) Disminuir la cantidad demandada de mano de obra.
(e) Disminuir los salarios de la mano de obra. 29-31

En un mercado competitivo para la mano de obra, un sindicato de actividades gremiales que tuviese éxito tendería a:
(a) Reducir tanto los salarios como la cantidad de mano de obra de equilibrio.
(b) Aumentar tanto el salario como la cantidad de mano de obra de equilibrio.
(c) Reducir el salario de equilibrio y aumentar la cantidad de mano de obra de equilibrio.
(d) Aumentar el salario de equilibrio y reducir la cantidad de manò de obra de equilibrio.
(e) No tener ningún efecto sobre los salarios o sobre la cantidad de mano de obra de equilibrio. 29-32

En un mercado competitivo para la mano de obra una unión industrial cubriendo una industria entera que tuviese éxito tendería a:
(a) Aumentar tanto el salario como la cantidad de mano de obra de equilibrio.
(b) Reducir tanto los salarios como la cantidad de mano de obra de equilibrio.
(c) Aumentar el salario de equilibrio y reducir la cantidad de mano de obra de equilibrio.
(d) Reducir el salario de equilibrio y aumentar la cantidad de mano de obra de equilibrio.
(e) No tener ningún efecto sobre los salarios o sobre la cantidad de mano de obra de equilibrio. 29-33

¿Cuál de las siguientes críticas comparten los sindicatos con los monopolios?:
(a) Se dedican a prácticas restrictivas.
(b) Pretenden elevar los salarios por encima de los niveles de equilibrio correspondientes a un mercado libre (en competencia perfecta).
(c) Provocan una deficiente asignación de los recursos.
(d) Todas las anteriores.
(e) Ninguna de las anteriores. 29-34

Muchos críticos de los sindicatos obreros sugieren que los sindicatos deberían:
(a) Estar sometidos a las leyes antimonopolio.
(b) Ser prohibida su práctica de negociación multilateral.
(c) Ser disueltos en cuerpos locales.
(d) Verse impedidos de exigir la constitución de fábrica sindical.
(e) Todos los anteriores. 29-35

Nuestra «seguridad social» o programa OASDHI se financia completamente:
(a) Por los empresarios.
(b) Por los empleados.
(c) Por el gobierno federal.
(d) Por el gobierno estatal.
(e) Ninguno de los anteriores. 30-1

La proporción de personas empleadas que tienen derecho a la «seguridad social» o prestaciones OASDHI es:
(a) Más de 90%.
(b) Entre 75 y 90%.
(c) Entre 50 y 74%.
(d) Entre 25 y 49%.
(e) Menos de 25%. 30-2

¿Qué afirmación general sobre el conjunto de nuestro sistema de seguridad social es más exacta?:
(a) Las prestaciones han sido razonablemente adecuadas.
(b) Las prestaciones se han mantenido elevándose de acuerdo con la inflación.
(c) Las prestaciones son inadecuadas y no han seguido el ritmo de la inflación.
(d) El conjunto de los estados ha proporcionado una cobertura de seguro mejor que la proporcionada por el gobierno federal.
(e) El gobierno federal, y no los estados, han suministrado la cobertura del seguro. 30-3

La parte más debatida de nuestro programa general de seguridad social ha sido:
(a) El seguro de desempleo.
(b) El seguro de ancianidad.
(c) El seguro de incapacidad.
(d) Los programas de donaciones y bienestar.
(e) Todos los anteriores, aproximadamente por un igual. 30-4

A partir de comienzos de la década de los años 1960, la ayuda a las familias con niños a su cargo (AFDC):
(a) Ha permanecido bastante estable.
(b) Ha ido aumentando con relativa rapidez.
(c) Ha ido aumentando con relativa lentitud.
(d) Ha ido disminuyendo con relativa lentitud.
(e) Ha fluctuado enormemente. 30-5

Según las estimaciones publicadas, la proporción de la población que vive corrientemente en la pobreza es:
(a) 15% o menos.
(b) Entre 20 y 40%.
(c) Entre 25 y 29%.
(d) Entre 30 y 35%.
(e) Más de 35%. 30-6

Una medida exacta de la pobreza debería basarse en:
(a) La renta de una familia.
(b) El tamaño de una familia.
(c) La composición de edad de una familia.
(d) La situación geográfica de una familia.
(e) Todas las anteriores. 30-7

La ley de Oportunidades Económicas de 1964 atacó el problema de la pobreza mediante la puesta en práctica de:
(a) Política monetaria.
(b) Política fiscal.
(c) Política monetaria y fiscal.
(d) Un impuesto negativo sobre la renta.
(e) Ninguno de los anteriores. 30-8

En un sistema de impuesto negativo sobre la renta, los pagos realizados por el gobierno a una familia:
(a) Son cero a todos los niveles de renta de la familia.
(b) Permanecen constantes a todos los niveles de renta de la familia.
(c) Aumenta a medida que aumenta la renta de la familia.
(d) Disminuyen hasta cero a medida que aumenta la renta de la familia.
(e) Pueden superar la renta de la familia más allá del punto de igualdad exacta entre ingresos y gastos. 30-9

En un sistema de impuesto negativo sobre la renta, ¿qué relación guarda la renta disponible de una familia con los pagos que recibe del gobierno?:
(a) No están relacionados.
(b) Están inversamente relacionados en los niveles bajos de renta.
(c) Ambos aumentan en los niveles bajos de renta.
(d) Ambos disminuyen en los niveles bajos de renta.
(e) Ambos son iguales en el punto de igualdad exacta entre ingresos y gastos. 30-10

Una ventaja importante atribuida al impuesto negativo sobre la renta es que:
(a) El criterio fundamental de elegibilidad sería la renta de una familia.
(b) El criterio fundamental de elegibilidad sería el tamaño de una familia.
(c) Se vería favorecido por los grupos de renta media.
(d) Reduciría el número de familias con derecho a subsidio.
(e) Eliminaría un «nivel mínimo» de renta para las personas pobres. 30-11

¿Cuál de los siguientes factores no es probable que encontremos en un plan de mantenimiento de la renta?:
(a) Un nivel mínimo de renta a poner a disposición de cada persona.
(b) Una provisión para reducir las prestaciones del gobierno como incrementos de renta.
(c) Un criterio de elegibilidad basado en la ocupación del cabeza de familia.
(d) Un nivel de renta familiar en que los pagos por parte del gobierno sean cero.
(e) Un nivel de renta familiar en que los pagos del gobierno sean 100 por ciento de esa renta familiar. 30-12

El mejor ejemplo de demanda derivada para los productos agrícolas es la demanda de:
(a) Carne de vacuno.
(b) Leche.
(c) Pan.
(d) Filetes.
(e) Naranjas. 31-1

El mejor ejemplo de demanda derivada para productos agrícolas es la demanda de:
(a) Manzanas.
(b) Mantequilla.
(c) Leche.
(d) Simiente.
(e) Tejidos de algodón. 31-2

Para la mayor parte de los productos agrícolas la elasticidad de la demanda con relación al precio es:
(a) Aproximadamente cero.
(b) Entre cero y 1.
(c) Aproximadamente 1.
(d) Mayor que 1.
(e) Infinita. 31-3

¿En qué porcentaje disminuirá probablemente la cantidad demandada de la mayor parte de los productos agrícolas ante un aumento de 10 por ciento en el precio?:
(a) Cero por ciento.
(b) Menos que 1%.
(c) Aproximadamente 10%.
(d) Menos que 10%.
(e) Más de 10%. 31-4

En un año dado o período de cosecha la oferta de productos agrícolas es:
(a) Infinitamente elástica.
(b) Relativamente elástica.
(c) De elasticidad igual a la unidad.
(d) Relativamente inelástica.
(e) Perfectamente inelástica. 31-5

En un año determinado o período de cosecha, un incremento de 10 por ciento en el precio de los productos agrícolas se traducirá probablemente en:
(a) Un incremento de 10% en la cantidad ofrecida.
(b) Una variación de cero por ciento en la cantidad ofrecida.
(c) Un incremento menor que 10% en la cantidad ofrecida.
(d) Un incremento mayor que 10% en la cantidad ofrecida.
(e) Una variación porcentual infinita en la cantidad ofrecida. 31-6

Para la mayor parte de los productos agrícolas, la elasticidad de la demanda con relación a la renta es:
(a) Infinita.
(b) Mayor que 1.
(c) Aproximadamente 1.
(d) Menor que 1.
(e) Cero. 31-7

Si la renta disponible real per capita aumenta en 10 por ciento, es probable que la demanda total de productos agrícolas aumente en:
(a) Menos que 1%.
(b) Entre 1 y 2%.
(c) 10%.
(d) 20%.
(e) Más de 20%. 31-8

¿Qué afirmación constituye la mejor descripción de una característica importante de la agricultura americana?:
(a) Pequeñas fluctuaciones en la producción agraria provocan grandes fluctuaciones en los precios.
(b) Pequeñas fluctuaciones en la producción agraria provocan pequeñas fluctuaciones en los precios.
(c) A medida que la renta disponible aumenta también aumenta la proporción de cualquier incremento de renta gastada en alimentos.
(d) El crecimiento de la demanda total de productos agrarios está relativamente más influido por la renta disponible y por los precios de los productos del campo que por el crecimiento de la población.
(e) Todas las anteriores. 31-9

A partir de 1950 la tendencia a largo plazo de la relación de paridad ha sido:
(a) Notablemente creciente.
(b) Moderadamente creciente.
(c) Muy estable (es decir, horizontal).
(d) Muy fluctuante.
(e) Decreciente. 31-10

La relación de paridad en la agricultura compara:
(a) Los precios de los alimentos con los precios de las materias primas.
(b) Los precios de los alimentos con las rentas pagadas por la explotación del suelo agrícola.
(c) Los precios de la carne con los precios de los productos no cárnicos.
(d) Los precios de los alimentos producidos por los agricultores y los precios de los alimentos que ellos compran.
(e) Ninguno de los anteriores. 31-11

La relación de paridad en la agricultura es una relación de:
- (a) Un índice entre las rentas pagadas en las zonas campesinas y las rentas pagadas en las zonas urbanas.
- (b) Un índice de los precios de los alimentos y un índice de los precios de los vestidos.
- (c) Un índice de los precios del ganado vacuno y un índice de los precios de los alimentos.
- (d) Un índice de los precios de los cerdos y un índice de los precios del maíz.
- (e) Ninguno de los anteriores. 31-12

Durante las últimas décadas la agricultura americana ha experimentado:
- (a) Una disminución en el número de explotaciones agrarias y un incremento de su tamaño medio.
- (b) Un incremento del número de explotaciones agrarias y una disminución de su tamaño medio.
- (c) Una disminución tanto en el número de explotaciones agrarias como en su dimensión media.
- (d) Un incremento tanto en el número de explotaciones agrarias como en su dimensión media.
- (e) Ninguna de las anteriores. 31-13

Durante las últimas décadas la agricultura americana ha experimentado:
- (a) Disminuciones tanto en la mano de obra empleada como en la productividad.
- (b) Incrementos tanto en la mano de obra empleada como en la productividad.
- (c) Disminuciones en la mano de obra empleada e incremento en la productividad.
- (d) Incrementos en la mano de obra empleada y disminuciones en la productividad.
- (e) Ninguna de las anteriores. 31-14

¿Qué porcentaje de la población total actual vive en las explotaciones agrarias?:
- (a) Menos del 5%.
- (b) Entre 5 y 10%.
- (c) Entre 11 y 15%.
- (d) Entre 16 y 20%.
- (e) Más del 20%. 31-15

A medida que un país realiza su crecimiento económico, la proporción total de recursos empleados en la agricultura:
- (a) Aumenta.
- (b) Disminuye.
- (c) Permanece aproximadamente constante.
- (d) Tiende a ir paralela al crecimiento de su población.
- (e) Tiende a ir paralela al crecimiento de su PNB. 31-16

La Agricultural Adjustment Act de 1938 contenía, para determinados productos agrícolas:
- (a) Precios de soporte.
- (b) Controles de producción mediante asignación de cuotas de áreas cultivables.
- (c) Acuerdos de comercialización y cuotas.
- (d) Pagos de paridad a los agricultores.
- (e) Todos los anteriores. 31-17

Supongamos que el precio medio de una mercancía X en el período base fue 90 centavos. Si el índice corriente de precios pagado por los agricultores es 270, el precio de paridad corriente para X será:
(a) 0,90$.
(b) 2,70$.
(c) 3,00$.
(d) 2,43$.
(e) Ninguno de los anteriores. 31-18

Supongamos que el precio medio de una mercancía Y en el período base es 70 centavos. Si el índice corriente de precios pagado por los agricultores es 280, el precio de paridad corriente para Y será:
(a) 0,70$.
(b) 1,96$.
(c) 2,80$.
(d) 4,00$.
(e) Ninguno de los anteriores. 31-19

Los precios de paridad calculados para los productos agrícolas pueden ser alterados:
(a) Mediante cambio del período base.
(b) Ampliando el índice de precios de modo que incluya más bienes.
(c) Variando las «ponderaciones» concedidas o la importancia relativa de cada bien en el índice.
(d) Variando los componentes de la fórmula.
(e) Todos los anteriores. 31-20

En resumen, la política agrícola americana ha sido:
(a) Orientada hacia la demanda, centrándose en mejorar la calidad y variedad de los productos agrícolas.
(b) Orientada hacia la oferta, centrándose en el incremento de la producción agraria.
(c) Orientada hacia el precio, centrándose en el concepto de paridad.
(d) Orientada hacia la eficiencia, centrándose en la mejora de la productividad en el campo.
(e) Orientada hacia la tecnología, centrándose en la mecanización de la agricultura. 31-21

Los que más se han beneficiado de nuestra política agraria han sido:
(a) Los agricultores de rentas media y elevada.
(b) Los agricultores pobres.
(c) Los terratenientes.
(d) Los aparceros.
(e) Los agricultores de rentas media y baja. 31-22

Una vuelta a la libertad de mercados en los productos agrícolas, produciría el efecto siguiente en el sector agrario:
(a) Estimularía una entrada de recursos humanos.
(b) Estimularía una entrada de capital.
(c) Desanimaría la salida de recursos humanos.
(d) Desanimaría la salida de capital.
(e) Ninguno de los anteriores. 31-23

En un plan de precios de soporte para la agricultura:
- (a) Los consumidores pagan menos que el precio de equilibrio.
- (b) Los consumidores pagan más que el precio de equilibrio.
- (c) Los productores reciben menos que el precio de equilibrio.
- (d) No existe excedente mercancías.
- (e) Ninguna de las anteriores. 31-24

En un plan agrícola de restricción de las cosechas:
- (a) El precio y la producción correspondientes al equilibrio son mayores que en un mercado libre.
- (b) El precio y la producción correspondientes al equilibrio son menores que en un mercado libre.
- (c) Los consumidores pagan menos pero obtienen más bienes que en un mercado libre.
- (d) Los consumidores pagan más y los productores reciben más, pero la producción y el consumo son menores que en un mercado libre.
- (e) Ninguna de las anteriores. 31-25

En un plan de pagos directos para la agricultura:
- (a) Los consumidores pagan el precio de equilibrio pero los productores reciben el precio de soporte.
- (b) Los consumidores pagan y los productores reciben el precio de soporte.
- (c) El precio de soporte de los productores es igual al precio de equilibrio.
- (d) El precio de soporte de los productores puede ser menor que el precio de equilibrio.
- (e) Ninguna de las anteriores. 31-26

Uno de los efectos de los precios de paridad en la agricultura es que:
- (a) Estimulan el éxodo de recursos humanos de la agricultura.
- (b) Desaniman los ajustes económicos óptimos dentro del sector agrario.
- (c) Estimulan el éxodo de recursos no humanos de la agricultura.
- (d) Estimulan un crecimiento agrícola eficiente.
- (e) Aseguran un trato equitativo a todos los agricultores. 31-27

Compare un sistema de precios de futuro para la agricultura con un sistema de precios de soporte:
- (a) Los precios de futuro coincidirían con los precios de soporte.
- (b) Los precios de futuro están por encima de los niveles de equilibrio, mientras que los precios de soporte están en los niveles de equilibrio.
- (c) Se espera que los precios de futuro igualen la oferta y la demanda en el mercado, mientras que los precios de soporte están por encima de los niveles que igualan la oferta y la demanda.
- (d) Los precios de futuro tratan de producir excedentes, mientras que los precios de soporte pretenden producir escasez.
- (e) Los precios de futuro pretenden producir escasez, mientras que los precios de soporte tratan de producir excedentes. 31-28

Un sistema de precios de futuro en la agricultura:
(a) Estaría relacionado con un período base pasado.
(b) Trataría de elevar las rentas de los agricultores.
(c) Aumentaría la incertidumbre de los agricultores con relación a los precios.
(d) Reduciría la incertidumbre de los agricultores con relación a los precios.
(e) Ninguna de las anteriores. 31-29

Una de las ventajas reclamadas para sí por el mercado libre en materia de educación es que:
(a) Tipificaría la calidad de las escuelas públicas.
(b) Tipificaría la calidad de las escuelas no públicas.
(c) Mejoraría la calidad y diversidad de las escuelas públicas.
(d) Reduciría la necesidad de enormes y costosos edificios escolares.
(e) Aumentaría el campo de acción y los poderes de las juntas de educación existentes en las ciudades. 32-1

Según el autor de su texto, la descentralización de grandes distritos escolares:
(a) Fragmentaría los sistemas escolares y reduciría su eficiencia.
(b) Estimularía las diferencias y prebendas locales respecto de la educación de los niños.
(c) Desanimaría a los maestros e impediría la reforma pedagógica.
(d) Todos los anteriores.
(e) Ninguna de las anteriores. 32-2

¿Qué afirmación resume mejor las consecuencias de proveer ayuda financiera pública a las escuelas no públicas?:
(a) Evita los efectos adversos de la descentralización.
(b) Estimula la descentralización basada en la raza y religión, en lugar de la situación geográfica.
(c) Desanima y reduce la segregación.
(d) Mejora la calidad en la educación.
(e) Estimula la integración racial y religiosa. 32-3

.Qué afirmación resume mejor el inconveniente principal de suministrar «educación mediante contrato» —es decir, la contratación según rendimientos con una empresa privada?:
(a) Los efectos de una gran parte del proceso educativo formal no pueden ser medidos a efectos contractuales.
(b) Desanima la competencia entre los productores de máquinas con fines pedagógicos, medios de estudio, etc.
(c) Se traduce en mayor ineficiencia y mayores costes de la educación pública.
(d) Su puesta en práctica es prácticamente imposible.
(e) Tiene una gran aplicabilidad a casi todos los tipos de educación. 32-4

El procedimiento del sistema de «fianzas» para la reforma educativa tendería a:
(a) Reducir la competencia entre las escuelas públicas y no públicas.
(b) Reducir el ámbito de elección en la educación disponible a las familias de renta más reducida.
(c) Proporcionar un beneficio relativamente mayor a las familias de renta elevada, por oposición a las familias de renta baja.
(d) Reducir tanto el apoyo directo como indirecto por parte del gobierno a las escuelas parroquiales.
(e) Ninguno de los anteriores. 32-5

¿Qué afirmación resume mejor el papel del gobierno respecto de las políticas sobre vivienda?:
(a) El gobierno no se ha preocupado normalmente de resolver temas importantes referentes a la vivienda.
(b) El gobierno ha fracasado en promover la construcción de viviendas privadas.
(c) El gobierno no se ha dedicado a ejercer la propiedad y el funcionamiento de las viviendas.
(d) El gobierno no ha concedido subsidios a los programas de viviendas y de renovación de las ciudades.
(e) Ninguna de las anteriores. 32-6

La experiencia indica que el efecto a largo plazo del control de la renta es:
(a) Provocar una deficiente asignación del espacio habitable.
(b) Desanimar la movilidad de los arrendatarios.
(c) Limitar los rendimientos de los propietarios de las casas, en comparación con los de otras oportunidades alternativas de inversión.
(d) Reducir la oferta de casas para arriendo.
(e) Todos los anteriores. 32-7

¿Qué afirmación describe correctamente la situación de las ciudades respecto de las viviendas?:
(a) Los programas del gobierno para corregir las dificultades respecto de las viviendas han estado bien concebidos y adecuadamente respaldados con fondos.
(b) El problema económico más fundamental es cerrar el bache existente entre los costes de la vivienda y lo que las familias de renta baja pueden pagar.
(c) La rehabilitación de las viviendas de los barrios pobres constituye un medio útil para incrementar la oferta total de viviendas.
(d) La rehabilitación de las viviendas de los barrios pobres es generalmente más barata que la oferta de viviendas nuevas.
(e) Ninguna de las anteriores. 32-8

Con objeto de mejorar la situación en cuanto a viviendas en las ciudades el gobierno debería:
(a) Exigir una mayor diversidad en los códigos urbanos.
(b) Prohibir la especificación de normas de comportamiento en los códigos de urbanismo.
(c) Hacer un mayor uso de los suplementos de rentas.
(d) Eliminar el uso de los subsidios de intereses.
(e) Eliminar todas las formas de subsidios. 32-9

Un medio económico para ayudar a resolver el problema de la congestión del tráfico en las ciudades es:
(a) Reducir las tarifas de las líneas de autobuses y trenes en el interior de las ciudades.
(b) Permitir que la gente que acuda al trabajo con su propio coche deduzca el coste a la hora de pagar el impuesto sobre la renta.
(c) Conceder subsidios gubernamentales para construir mayor número de carreteras entre las ciudades y las zonas residenciales.
(d) Imponer un sistema de tarifas variables que cargue unos precios diferenciales basados en el tiempo, la distancia y la dirección del viaje.
(e) Otorgar subsidios a los propietarios de servicios de aparcamiento en el interior de las ciudades de modo que ellos puedan cobrar unas tarifas inferiores. 32-10

Una tarifa variable o una estructura de tasas diferenciadas debidamente controladas y basadas en el tiempo, la distancia y la dirección del viaje, por lo que se refiere a los sistemas de transporte urbano:
(a) Ayudaría a corregir el desequilibrio entre los automóviles y otras formas de transporte.
(b) Ayudaría a asignar las vías públicas, que son escasas, de acuerdo con el principio del beneficio.
(c) Reduciría la congestión del tráfico durante las horas punta.
(d) Reduciría la escasez de espacios para aparcamientos durante las horas de trabajo.
(e) Todos los anteriores. 32-11

Las dificultades fiscales a que se enfrentan en la actualidad la mayor parte de las ciudades se deben a:
(a) El aumento del coste de los bienes públicos.
(b) El éxodo neto de las empresas y actividades comerciales de las ciudades hacia las zonas residenciales.
(c) El éxodo neto de los grupos de población de renta media desde las ciudades hacia las zonas residenciales.
(d) El incremento en la proporción de pobres existentes en las ciudades.
(e) Todos los anteriores. 32-12

Si el gobierno federal revierte *automáticamente* una parte de sus ingresos fiscales a los gobiernos estatales y locales cada año, se dice que:
(a) Practica la participación en los ingresos.
(b) Está otorgando una rebaja impositiva.
(c) Está devolviendo fondos.
(d) Distribuye pagos en concepto de transferencia.
(e) Ninguna de las anteriores. 32-13

Si el PNB aumenta en 1 por ciento los ingresos por impuestos del gobierno federal aumentan en:
(a) 0%.
(b) Menos que 1%.
(c) Aproximadamente 1%.
(d) Aproximadamente 1,5%.
(e) Más de 3%. 32-14

Si el PNB aumenta en 1 por ciento, los ingresos fiscales de los gobiernos estatales y locales aumentan en:
(a) 0%.
(b) Aproximadamente en 1%.
(c) Aproximadamente en 2%.
(d) Aproximadamente en 3%.
(e) Más de 3%. 32-15

A partir de la década de los años 1950 el gasto de los gobiernos estatales y locales:
(a) Ha permanecido bastante constante.
(b) Ha disminuido con relación al PNB.
(c) Ha aumentado con mayor rapidez que el PNB.
(d) Ha aumentado con mayor lentitud que el PNB.
(e) Ha aumentado aproximadamente al mismo ritmo que el PNB. 32-16

¿Cuál de las siguientes afirmaciones explica por qué las ciudades deberían imponer cargas a los usuarios por razón de los servicios municipales?:
(a) Permiten al gobierno municipal conocer el valor que sus servicios tienen para sus usuarios.
(b) Reducen los efectos de dispersión de los beneficios, resultantes de las diferencias geográficas.
(c) Permiten una mayor eficiencia en la producción de los servicios municipales.
(d) Se traducen en un menor excedente de oferta de servicios.
(e) Todos los anteriores. 32-17

La mayor fuente de ingresos para los gobiernos locales es:
(a) El impuesto sobre la renta.
(b) El impuesto sobre las ventas.
(c) El impuesto sobre la propiedad.
(d) El impuesto de utilidades.
(e) El impuesto sobre los licores. 32-18

Una característica importante del impuesto sobre la propiedad es que:
(a) Es difícil determinar el valor de mercado de la propiedad a efectos del impuesto.
(b) Es bastante uniforme y equitativo dentro de y entre los distritos.
(c) Tiende a ser un impuesto proporcional.
(d) Estimula la construcción de casas pequeñas para familias de renta moderada.
(e) Estimula la utilización óptima de la tierra. 32-19

El impuesto sobre la propiedad es:
(a) Proporcional.
(b) Progresivo.
(c) Regresivo.
(d) Neutral.
(e) Ninguno de los anteriores. 32-20

En el momento actual el impuesto sobre la propiedad es:
(a) Relativamente gravoso sobre la tierra y ligero sobre las edificaciones.
(b) Relativamente ligero sobre la tierra y gravoso sobre las edificaciones.
(c) Aplicado aproximadamente por un igual tanto sobre la tierra como sobre las edificaciones.
(d) Aplicado a la tierra pero no a las edificaciones.
(e) Aplicado a las edificaciones pero no a la tierra. 32-21

Se ha sugerido en el texto que con relación a los impuestos sobre la propiedad los gobiernos de las ciudades mejorarían su situación si pudiesen:
(a) Eliminarlos por completo.
(b) Reestructurarlos de modo que gravasen más a la tierra que a las edificaciones.
(c) Reestructurarlos de manera que gravasen más a las edificaciones que a la tierra.
(d) Dejarlos intactos.
(e) Aplicarlos únicamente a la propiedad cara. 32-22

¿Qué porcentaje del PNB de América es objeto de exportación?:
(a) Menos que 10%.
(b) Entre 10 y 14%.
(c) Entre 15 y 19%.
(d) Entre 20 y 24%.
(e) 25% o más. 33-1

La relación entre las importaciones americanas y el PNB es:
(a) 25% o más.
(b) Entre 20 y 24%.
(c) Entre 15 y 19.
(d) Entre 10 y 14%.
(e) Menos que 10%. 33-2

¿Cuál de las siguientes afirmaciones relativas al valor anual de las exportaciones de los Estados Unidos es cierta?:
(a) Las exportaciones no agrícolas son notablemente menores que las exportaciones agrícolas.
(b) Las exportaciones no agrícolas son notablemente mayores que las exportaciones agrícolas.
(c) Las exportaciones no agrícolas son aproximadamente iguales a las exportaciones agrícolas.
(d) Las exportaciones no agrícolas son a veces mayores y otras veces menores que las exportaciones agrícolas.
(e) No se conocen los datos comparativos entre exportaciones agrícolas y exportaciones no agrícolas. 33-3

¿Cuál de las siguientes afirmaciones relativas al valor anual de las importaciones de los Estados Unidos es cierta?:
(a) Las importaciones agrícolas son notablemente mayores que las importaciones no agrícolas.
(b) Las importaciones agrícolas son aproximadamente iguales a las importaciones no agrícolas.
(c) Las importaciones agrícolas son notablemente inferiores a las importaciones no agrícolas.
(d) Las importaciones agrícolas son unas veces mayores y otras veces menores que las importaciones no agrícolas.
(e) No se conocen los datos comparativos entre importaciones agrícolas e importaciones no agrícolas. 33-4

Cuadro explicativo 33-1

ESQUEMA DE POSIBILIDADES DE PRODUCCIÓN

País	Factor-trabajo (días)	Producción de: mercancía X	mercancía Y
Estados Unidos	2	24	4
Canadá	2	8	2

En el cuadro explicativo 33-1, existe una ventaja absoluta en:
(a) La producción de *X* para Estados Unidos, y en la de *Y* para Canadá.
(b) La producción de *X* para Canadá y en la de *Y* para América.
(c) La producción tanto de *X* como de *Y* para América.
(d) La producción tanto de *X* como de *Y* para Canadá.
(e) Para ninguno de los países. 33-5

En el cuadro explicativo 33-1 existe una venta comparativa:
(a) Para América tanto en *X* como en *Y*.
(b) Para Canadá en *X*, para América en *Y*.
(c) Para América en *X*, para Canadá en *Y*.
(d) Para Canadá tanto en *X* como en *Y*.
(e) Para ninguno de los dos países. 33-6

En el cuadro explicativo 33-1, el coste en los Estados Unidos por producir 1 unidad de *Y* es:
(a) 24 unidades de *X*.
(b) 3 unidades de *X*.
(c) 2 unidades de *X*.
(d) 6 unidades de *X*.
(e) Ninguno de los anteriores. 33-7

En el cuadro explicativo 33-1, el coste para Canadá por producir 1 unidad de *Y* es:
(a) 8 unidades de *X*.
(b) 4 unidades de *X*.
(c) 2 unidades de *X*.
(d) 3 unidades de *X*.
(e) Ninguno de los anteriores. 33-8

En el cuadro explicativo 33-1, los costes de X e Y son tales que:
(a) X es más barato en los Estados Unidos e Y es más barato en Canadá.
(b) Y es más barato en los Estados Unidos y X es más barato en Canadá.
(c) X cuesta lo mismo que Y en los Estados Unidos.
(d) X cuesta lo mismo que Y en Canadá.
(e) El coste de X es igual al coste de Y en ambos países. 33-9

En el cuadro explicativo 33-1, si existiese un comercio libre de restricciones y una completa especialización de acuerdo con la ley de la ventaja comparativa:
(a) Los Estados Unidos exportaríanY, y Canadá exportaría X.
(b) Los Estados Unidos exportarían X y Canadá exportaría Y.
(c) Los Estados Unidos exportarían X como Y.
(d) Canadá exportaría tanto X como Y.
(e) Los Estados Unidos y Canadá serían autosuficientes tanto en la producción de X como en la de Y. 33-10

En el cuadro explicativo 33-1 si existiese un comercio libre de restricciones y una completa especialización de acuerdo con la ley de la ventaja comparativa:
(a) Los Estados Unidos exportarían Y.
(b) Canadá exportaría X.
(c) Los Estados Unidos importarían tanto X como Y.
(d) Canadá importaría tanto X como Y.
(e) Ninguna de las anteriores. 33-11

En el cuadro explicativo 33-1, si existiese un comercio libre de restricciones y una completa especialización de acuerdo con la ley de la ventaja comparativa:
(a) Canadá importaría Y.
(b) Canadá importaría tanto X como Y.
(c) Los Estados Unidos importarían X.
(d) Los Estados Unidos importarían tanto X como Y.
(e) Ninguna de las anteriores. 33-12

La expresión «ganancias del comercio» se refiere a:
(a) El excedente de exportaciones sobre importaciones de un país.
(b) La balanza de comercio de un país.
(c) La redistribución de los recursos de un país como consecuencia de un comercio sin restricciones.
(d) Los beneficios que un país percibe de los aranceles y cuotas que impone.
(e) Ninguna de las anteriores. 33-13

Las ganancias de un país como consecuencia del comercio se miden:
(a) Por el incremento en los salarios percibido por los obreros en las industrias de bienes de exportación.
(b) Por el incremento en el ingreso del gobierno como consecuencia de los gravámenes impuestos sobre las importaciones y sobre las exportaciones.
(c) Por la cantidad en que las exportaciones superan a las importaciones.
(d) Por los beneficios que como consecuencia del comercio obtienen sus industrias de bienes de importación y exportación.
(e) Por ninguno de los anteriores. 33-14

La expresión «relación de intercambio» se refiere a:
(a) El número de unidades de un bien de las que un país tiene que prescindir para recibir una unidad más de los otros bienes.
(b) Los plazos de crédito que un exportador concede a un importador.
(c) El período de tiempo en el que un importador puede pagar a un exportador sin incurrir en cargas financieras adicionales.
(d) Las condiciones en que un importador obtiene dinero prestado por parte de su banco para financiar sus compras.
(e) Ninguno de los anteriores 33-15

La relación de intercambio de un país se vuelve en su contra cuando:
(a) Le resulta difícil financiar sus importaciones.
(b) El valor de sus exportaciones es superior al valor de sus importaciones.
(c) El valor de sus importaciones es superior al valor de sus exportaciones.
(d) Renuncia relativamente a mayor número de unidades de bienes a cambio de una unidad de bienes recibida.
(e) Ninguna de las anteriores. 33-16

Si Brasil puede producir los bienes *W* y *Z* con más eficiencia que Perú, pero Brasil puede producir el bien *W* con mayor eficiencia que el bien *Z*, la ley de la ventaja comparativa afirma que:
(a) Brasil debería producir tanto *W* como *Z* y no realizar ningún comercio.
(b) Brasil debería producir *W*, Perú debería producir *Z* y ambos paises deperían intercambiar entre sí estos productos.
(c) Brasil debería producir *Z*, Perú debería producir *W* y ambos países deberían intercambiar entre sí estos productos.
(d) Perú debería producir tanto *W* como *Z* y no realizar ningún comercio.
(e) Brasil y Perú deberían producir cada uno tanto *W* como *Z* y realizar transacciones comerciales en ambos bienes. 33-17

A partir de comienzos de la década de los años treinta, la tendencia a largo plazo de los aranceles en los Estados Unidos ha sido:
(a) Muy creciente.
(b) Moderadamente creciente.
(c) Bastante estable (es decir, horizontal).
(d) Ligeramente decreciente.
(e) Notablemente decreciente. 33-18

En cuanto obstáculos al comercio internacional se puede decir que en la mayor parte de los países importantes en la actualidad:
(a) Los aranceles son relativamente más importantes que las cuotas.
(b) Las cuotas son relativamente más importantes que los aranceles.
(c) Los aranceles y las cuotas tienen una importancia aproximadamente igual.
(d) Las cuotas son prácticamente inexistentes.
(e) Los aranceles son prácticamente inexistentes. 33-19

Cuando un ejecutivo de una empresa sostiene que su industria necesita una protección comercial temporal hasta tanto pueda crecer lo suficiente para poder competir con los fabricantes extranjeros, este ejecutivo está utilizando un argumento conocido con el nombre de:
(a) Argumento de seguridad nacional.
(b) Argumento a favor de una economía diversificada.
(c) Argumento de la industria naciente.
(d) Argumento de protección del empleo.
(e) Argumento de la protección del salario. 33-20

El multiplicador del comercio exterior explica cómo:
(a) Los aranceles, comparados con las cuotas, ejercen un efecto multiplicado sobre la renta nacional.
(b) La ley de la ventaja comparativa es un múltiplo de la ley de la ventaja absoluta.
(c) Las exportaciones de un país son un múltiplo de sus importaciones.
(d) Las ganancias que un país obtiene con el comercio multiplicadas por su relación de intercambio son igual a su balanza de comercio.
(e) Ninguna de las anteriores. 33-21

El multiplicador del comercio exterior explica cómo:
(a) Las cuotas pueden ejercer efectos multiplicadores sobre la balanza comercial de un país.
(b) Un aumento de las exportaciones en relación con las importaciones puede producir un aumento multiplicado en la renta y en la producción de un país.
(c) La relación de intercambio de un país es un múltiplo de las ganancias que obtiene del comercio.
(d) Los aranceles pueden ejercer efectos multiplicadores sobre la balanza comercial de un país.
(e) Ninguna de las anteriores. 33-22

El cambio exterior incluye:
(a) Moneda.
(b) Cheques.
(c) Letras de cambio.
(d) Pagarés.
(e) Todos los anteriores. 34-1

En el cambio exterior se incluye:
(a) Las acciones preferentes.
(b) Las obligaciones de alta cualificación de empresas.
(c) Las obligaciones del gobierno.
(d) Los DEG (derechos especiales de giro).
(e) Ninguno de los anteriores. 34-2

Una partida que aparece como *débito* en la balanza de pagos de los Estados Unidos es:
(a) Una importación americana de un motociclo japonés.
(b) Una exportación americana de un coche fabricado en Detroit.
(c) Un embarque de bienes franceses en un transporte americano.
(d) Los gastos realizados en Estados Unidos por turistas alemanes.
(e) Ninguno de los anteriores. 34-3

Una partida que aparece como un *débito* en la balanza de pagos de los Estados Unidos es:
(a) La venta de títulos valores americanos a extranjeros.
(b) La compra de títulos valores del extranjero.
(c) Un aumento de los activos detentados por los bancos en los Estados Unidos.
(d) Una disminución de los activos bancarios americanos en el extranjero.
(e) Ninguno de los anteriores. 34-4

Una partida que aparece como un *crédito* en la balanza de pagos de los Estados Unidos es:
(a) Los gastos realizados por un turista americano en Inglaterra.
(b) Una importación americana de una cámara fotográfica alemana.
(c) Un embarque de vinos portugueses en una línea aérea americana.
(d) El interés pagado por un deudor americano a un acreedor británico.
(e) Ninguna de las anteriores. 34-5

Una partida que aparece como un *crédito* en la balanza de pagos de los Estados Unidos es:
(a) Un aumento de los activos de bancos americanos en el extranjero.
(b) Una donación del gobierno americano a un gobierno extranjero.
(c) Una donación de un ciudadano americano a un centro de caridad extranjero.
(d) Un aumento de los activos bancarios extranjeros detentados en los Estados Unidos.
(e) Ninguna de las anteriores. 34-6

Partidas que serían clasificadas como *débitos* en la balanza de pagos de los Estados Unidos son:
(a) Los intereses y dividendos percibidos por los americanos por su propiedad de valores extranjeros.
(b) Los gastos realizados por gobiernos extranjeros en sus embajadas en Washington.
(c) Las exportaciones de oro realizadas por los Estados Unidos a otros países.
(d) Todas las anteriores.
(e) Ninguna de las anteriores. 34-7

Partidas que serían clasificadas como *créditos* en la balanza de pagos de los Estados Unidos son:
(a) Las exportaciones de oro de los Estados Unidos hacia otros países.
(b) Las donaciones recibidas por americanos y provenientes de sus parientes que viven en otros países.
(c) Las disminuciones de los activos detentados por bancos americanos en el extranjero.
(d) Todas las anteriores.
(e) Ninguna de las anteriores. 34-8

Una característica fundamental de la balanza de pagos es que:
(a) El total de débitos es igual al total de créditos.
(b) Siempre está saldada.
(c) Los débitos representan salidas de dinero.
(d) Los créditos representan entradas de dinero.
(e) Todas las anteriores. 34-9

En una balanza de pagos, los créditos e inversiones a largo plazo que venden a plazo mayor que un año deberían ser clasificadas con propiedad:
(a) En la cuenta corriente.
(b) En la cuenta de capital.
(c) En la cuenta de transferencias unilaterales.
(d) En la cuenta de oro.
(e) En cualquiera de las anteriores. 34-10

En una balanza de pagos las importaciones de mercancías deben clasificarse propiamente:
(a) En la cuenta corriente.
(b) En la cuenta de capital.
(c) En la cuenta de transferencias unilaterales.
(d) En la cuenta de oro.
(e) En cualquiera de las anteriores. 34-11

En la balanza de pagos las exportaciones de mercancías deben ser clasificadas:
(a) En la cuenta de transferencias unilaterales.
(b) En la cuenta de capital.
(c) En la cuenta de oro.
(d) En la cuenta corriente.
(e) En cualquiera de las anteriores. 34-12

En la balanza de pagos las donaciones y las remesas de particulares deben ser clasificadas propiamente:
(a) En la cuenta de oro.
(b) En la cuenta de capital.
(c) En la cuenta de transferencias unilaterales.
(d) En la cuenta corriente.
(e) En cualquiera de las anteriores. 34-13

Un país tendrá una balanza comercial favorable cuando:
(a) Sus aranceles sean relativamente más importantes que sus cuotas.
(b) Su cuenta de capital sea mayor que su cuenta de transferencias unilaterales.
(c) Sus importaciones de oro sean superiores a sus exportaciones de oro.
(d) No tenga aranceles ni cuotas.
(e) Ninguna de las anteriores. 34-14

Un país tendrá una balanza comercial desfavorable cuando:
(a) Sus exportaciones de oro sean superiores a sus importaciones de oro.
(b) Su balanza de pagos sea favorable.
(c) Su balanza de pagos sea desfavorable.
(d) Tenga aranceles y cuotas.
(e) Ninguna de las anteriores. 34-15

Una balanza comercial favorable para un país significa que:
(a) El valor de sus exportaciones es superior al valor de sus importaciones.
(b) Tiene un superávit en su balanza de pagos.
(c) Tiene unos aranceles elevados.
(d) Tiene unas cuotas muy reducidas. 34-16
(e) Todas las anteriores.

Una balanza comercial desfavorable para un país significa que:
(a) Tiene un déficit en su balanza de pagos.
(b) Sus cuotas son muy elevadas.
(c) Sus aranceles son reducidos.
(d) El valor de sus importaciones es superior al valor de sus exportaciones.
(e) Todas las anteriores. 34-17

Podemos describir el mercantilismo como un conjunto de políticas y prácticas nacionales que pretenden:
(a) Acumular oro y plata.
(b) Lograr la autosuficiencia económica a través del imperialismo.
(c) Explotar a las colonias en beneficio del país colonizador.
(d) Todas las anteriores.
(e) Ninguna de las anteriores. 34-18

El más destacado escritor sobre mercantilismo fue:
(a) Aristóteles.
(b) Thomas Mun.
(c) Santo Tomás de Aquino.
(d) Adam Smith.
(e) San Agustín. 34-19

Las transacciones autónomas en un país determinado:
(a) Son realizadas por razones independientes de la balanza de pagos en cuanto tal.
(b) Son consecuencia de los déficits en la balanza comercial.
(c) Son consecuencia de los superávits en la balanza comercial.
(d) Son consecuencia de déficits en la balanza de pagos.
(e) Son consecuencias de superávits en la balanza de pagos. 34-20

Las transacciones acomodantes en un país determinado:
(a) Son una respuesta directa a sus variaciones en la balanza de pagos.
(b) Son partidas compensadoras que surgen para acomodar las diferencias en las entradas y salidas de dinero producidas como consecuencia de las transacciones autónomas.
(c) Incluyen sus movimientos de capital a corto plazo.
(d) Incluyen sus donaciones en activos en oro.
(e) Todas las anteriores. 34-21

La balanza de pagos de un país está en déficit cuando:
(a) Existe un déficit en su balanza comercial.
(b) Los pagos autónomos son superiores a los ingresos autónomos.
(c) El país está gastando menos que sus ingresos.
(d) No existen transacciones acomodantes.
(e) Ninguna de las anteriores. 34-22

La balanza de pagos de un país está en superávit cuando:
(a) El gasto del país es superior a sus ingresos.
(b) No existen transacciones acomodantes.
(c) Existe un excedente en su balanza comercial.
(d) Los ingresos autónomos son superiores a los pagos autónomos.
(e) Ninguna de las anteriores. 34-23

¿Cuál de las siguientes es una característica de los tipos de cambio libremente fluctuantes?:

(a) Impiden la corrección automática de un desequilibrio en la balanza de pagos.
(b) Proporcionan una corrección automática de los desequilibrios de la balanza de pagos.
(c) Hacen que la relación de intercambio se vuelva favorable al país cuya moneda está despreciada en el mercado de cambios exteriores.
(d) Estimulan el que los importadores y exportadores acepten acuerdos a largo plazo en las transacciones internacionales.
(e) Ninguna de las anteriores. 34-24

Si un país tiene un déficit en su balanza de pagos debido a un exceso de importaciones sobre exportaciones, debe tratar de corregirlo mediante:

(a) Una revaluación de su moneda en el mercado de cambios exteriores.
(b) Una política monetaria expansiva.
(c) Una política fiscal expansiva.
(d) Una reducción de los impuestos y un incremento de la oferta monetaria .
(e) Ninguna de las anteriores. 34-25

Un país con un déficit en su balanza de pagos como consecuencia de un exceso de importaciones sobre sus exportaciones puede corregirlo:

(a) Practicando una política fiscal deflacionaria.
(b) Practicando una política monetaria deflacionaria.
(c) Devaluando su moneda en el mercado de cambios exteriores.
(d) Disminuyendo su oferta monetaria y elevando los impuestos.
(e) Por cualquiera de los métodos anteriores o por alguna combinación de los mismos. 34-26

¿Qué política será probablemente la más efectiva para corregir un desequilibrio en la balanza de pagos de un país, que se ha producido como consecuencia de un exceso de importaciones sobre exportaciones, si suponemos que todas las restantes cosas permanecen iguales?:

(a) Depreciación del tipo de cambio y deflación interna.
(b) Depreciación del tipo de cambio e inflación interna.
(c) Revaluación del tipo de cambio y deflación interna.
(d) Revaluación del tipo de cambio e inflación interna.
(e) Estabilidad del tipo de cambio y estabilidad económica interna. 34-27

Los «puntos del oro» son:

(a) Los precios de compra y venta del oro en el mercado organizado de mercancías.
(b) Los precios de venta al por mayor y al por menor del oro.
(c) El precio del oro en comparación con el precio de la plata.
(d) El tramo dentro del cual pueden fluctuar los tipos de cambio de las monedas en un sistema de tipos de cambio en el patrón oro.
(e) Ninguno de los anteriores. 34-28

En el modelo clásico de patrón oro internacional, un país con un déficit en su balanza de pagos experimentará:

(a) Un incremento del nivel de precios.
(b) Un incremento del nivel de empleo.
(c) Una salida neta de oro.
(d) Una entrada neta de oro.
(e) Ninguna de las anteriores. 34-29

En el modelo clásico de patrón oro internacional, un país con un déficit en su balanza de pagos experimentará:

(a) Una disminución en el nivel de empleo.
(b) Una disminución en el nivel de precios.
(c) Una salida neta de oro.
(d) Una entrada neta de oro.
(e) Ninguna de las anteriores. 34-30

En el modelo clásico de un patrón oro internacional:

(a) El tipo de cambio de un país permanece estable dentro de los límites establecidos por los puntos del oro.
(b) Los superávits de la balanza de pagos de un país se corrigen mediante una entrada neta de oro.
(c) Los déficits en la balanza de pagos de un país se corrigen mediante una salida neta de oro.
(d) Se supone que el nivel de precios de un país varía con la oferta interior de oro.
(e) Todas las anteriores. 34-31

En el modelo clásico de patrón oro internacional:

(a) Los tipos de cambio fluctúan ampliamente mientras que la oferta de oro permanece aproximadamente constante.
(b) Los ajustes de las balanzas de pagos se producen mediante las fluctuaciones en los tipos de cambio.
(c) Los precios y los costes son bastante rígidos.
(d) Los puntos del oro impiden el movimiento internacional del oro.
(e) Ninguna de las anteriores. 34-32

¿Qué medios para corregir los desequilibrios en la balanza de pagos de un país no se apoyan en el mercado como método de ajuste?:

(a) Los tipos de cambio libremente fluctuantes.
(b) Las variaciones en los precios y en la renta.
(c) El patrón oro internacional.
(d) Los controles del gobierno.
(e) Ninguno de los anteriores. 34-33

Una lección interesante que los países más importantes en el comercio aprendieron durante la década de los años 1930 fue que el patrón oro:

(a) Era compatible con los esfuerzos del gobierno para aumentar la renta y el empleo.
(b) Hacía difícil o imposible llevar a la práctica políticas monetarias y fiscales anticíclicas.
(c) Podía ser mantenido prescindiendo de las grandes salidas de oro experimentadas por los países que tenían fuertes déficits en su balanza de pagos.
(d) Permitía una amplia fluctuación de los tipos de cambio.
(e) Era un método flexible de corrección que operaba con rapidez y suavidad en la restauración del equilibrio internacional. 35-1

Durante la década de los años 1930 los principales países dedicados al comercio:

(a) Recibieron con agrado y apoyaron la devaluación de las monedas por parte de los otros países.
(b) Redujeron sus barreras comerciales en respuesta a las devaluaciones realizadas por otros países.
(c) Revaluaron sus monedas con objeto de contrapesar los efectos de la depresión.
(d) Favorecieron la retención del patrón oro porque éste ayudaba a reforzar las políticas monetarias y fiscales anticíclicas.
(e) Ninguna de las anteriores. 35-2

El programa de Acuerdos Comerciales recíprocos:

(a) Protege a la industria americana mediante la elevación de los aranceles y de las cuotas.
(b) Estimula el establecimiento de uniones aduaneras.
(c) Estimula el establecimiento de mercados comunes.
(d) Autoriza al Presidente a negociar reducciones arancelarias por parte de los Estados Unidos con otros países a cambio de concesiones paralelas por parte de estos países.
(e) Prohíbe la utilización de las cláusulas de nación más favorecida. 35-3

Una cláusula de nación más favorecida:

(a) Significa que el país acuerda extender unas concesiones comerciales especiales únicamente a un país.
(b) Significa que un país acuerda extender diferentes tipos de concesiones comerciales especiales a los países vecinos.
(c) Está prohibida en los acuerdos comerciales.
(d) Estimula el establecimiento de «cartels».
(e) Ninguna de las anteriores. 35-4

La finalidad del GATT ha sido:

(a) Reducir la discriminación mundial en el comercio internacional.
(b) Reducir los aranceles entre países.
(c) Reducir las cuotas a las importaciones entre países.
(d) Resolver las diferencias en el comercio internacional mediante consulta entre los países.
(e) Ninguna de las anteriores. 35-5

Una asociación de países comerciales cuyos miembros eliminan todo tipo de aranceles o cuotas entre sí, pero son libres para imponer tales restricciones sobre los países no miembros, recibe el nombre de:

(a) Cartel.
(b) Unión aduanera.
(c) Área de libre comercio.
(d) Mercado común.
(e) Ninguno de los anteriores. 35-6

Una asociación de países comerciales cuyos miembros eliminen todo tipo de aranceles o cuotas entre sí, pero tienen un arancel o cuota común frente a los países no miembros, recibe el nombre de:

(a) Área de libre comercio.
(b) Unión aduanera.
(c) Cartel.
(d) Mercado común.
(e) Ninguno de los anteriores. 35-7

Una asociación de países comerciales cuyos miembros eliminen todo tipo de aranceles, cuotas, o restricciones a los movimientos de capital y de mano de obra, pero establecen un arancel o cuota común frente a los países no miembros, recibe el nombre de:

(a) Mercado común.
(b) Área de libre comercio.
(c) Cartel.
(d) Unión aduanera.
(e) Ninguno de los anteriores. 35-8

El grado máximo de integración económica tiene lugar en el caso de:

(a) Un cartel.
(b) Una asociación internacional de comercio.
(c) Un área de libre comercio.
(d) Una unión aduanera.
(e) Un mercado común. 35-9

Un ejemplo de mercado común es:

(a) La Comunidad Económica Europea.
(b) La Asociación Europea de Libre Comercio.
(c) El Benelux.
(d) Todos los anteriores.
(e) Ninguno de los anteriores. 35-10

La ley de Expansión del Comercio, de 1962:

(a) Aumentó los aranceles sobre los bienes agrícolas.
(b) Aumentó los aranceles sobre los bienes manufacturados.
(c) Concedió al presidente el poder para reducir los aranceles en amplias categorías de bienes.
(d) Otorgó subsidios a las industrias navieras americanas de modo que pudiesen transportar las exportaciones de los Estados Unidos a precios reducidos.
(e) Otorgó subsidios a las industrias americanas de bienes de exportación de modo que pudiesen competir con más eficacia en los mercados mundiales. 35-11

Una finalidad primordial cuando se estableció el Fondo Monetario Internacional fue:
(a) Proporcionar créditos a los importadores de los países miembros.
(b) Financiar a los exportadores de los países miembros.
(c) Conceder subsidios a las industrias de bienes de exportación de los países miembros.
(d) Constituir un banco central internacional (similar al Sistema de la Reserva Federal) para los países miembros.
(e) Ninguna de las anteriores. 35-12

Un objetivo primordial del Fondo Monetario Internacional ha sido:
(a) La eliminación de las restricciones de cambios.
(b) La estabilización de los tipos de cambio.
(c) La provisión de una convertibilidad de las monedas a escala mundial.
(d) El frenar los movimientos especulativos de capital.
(e) Todos los anteriores. 35-13

El problema de la «escasez de dólares» se transformó en un problema de «abundancia de dólares»:
(a) A finales de los años 1940.
(b) A comienzos de los años 1950.
(c) A finales de los años 1950.
(d) A comienzos de los años 1960.
(e) A finales de los años 1960. 35-14

En los primeros momentos de existencia de excedente de dólares americanos los esfuerzos del gobierno para corregirlo tomaron la forma de:
(a) Deflación interna.
(b) Inflación interna.
(c) Devaluación del dólar.
(d) Revaluación del dólar.
(e) Reducciones de los gastos exteriores. 35-15

Durante la década de los años sesenta las presiones financieras internacionales aumentaron en contra del dólar a medida que la oferta de oro americano:
(a) Se duplicaba sobradamente.
(b) Disminuía rápidamente.
(c) Disminuía hasta casi cero.
(d) Aumentaba moderadamente.
(e) Permanecía aproximadamente al mismo nivel. 35-16

Los derechos especiales de giro (DEG) son:
(a) Reservas suplementarias en los libros del FMI.
(b) Líneas especiales de crédito utilizadas por los importadores.
(c) Exenciones de aranceles y cuotas vendidas a los exportadores.
(d) Lo mismo que las letras de cambio.
(e) Una moneda especial utilizada por los países comunistas cuando comercian con el mundo libre. 35-17

Los derechos especiales de giro (DEG) son:
- (a) Utilizados en lugar de las aceptaciones bancarias.
- (b) Un tipo especial de cambio exterior utilizado por los importadores y los exportadores.
- (c) Anotaciones en cuenta en el FMI contra las que los países miembros pueden girar para financiar los déficits de su balanza de pagos.
- (d) Depósitos a la vista que los exportadores e importadores tienen en el Banco Mundial.
- (e) Depósitos a la vista que los bancos centrales mantienen en el Banco Mundial. 35-18

A finales de los años sesenta la acción emprendida por los países perteneciente al pool del oro para impedir el agotamiento de sus reservas de oro consistió en:
- (a) Esfuerzos para abandonar el patrón oro.
- (b) Esfuerzos para reinstaurar el patrón oro.
- (c) Establecer un precio único para el oro.
- (d) Monetizar aún más el oro, es decir, aumentar su influencia en el sistema monetario internacional.
- (e) Ninguna de las anteriores. 35-19

A finales de los años sesenta el establecimiento de un doble mercado para el oro tuvo la finalidad de:
- (a) Desmonetizar aún más el oro, es decir, reducir su influencia en el sistema monetario internacional.
- (b) Volver al patrón oro.
- (c) Abandonar el patrón oro.
- (d) Devaluar el dólar.
- (e) Ninguna de las anteriores. 35-20

Si todas las restantes cosas permanecen iguales, cuando un país pasa de un superavit prolongado a un déficit también prolongado en su balanza de pagos:
- (a) La demanda internacional de su moneda es superior a la oferta de la misma.
- (b) Tiende a acumular reservas internacionales.
- (c) Tiende a perder sus reservas internacionales.
- (d) Comienza a tener más dinero que el que paga al exterior.
- (e) Se produce una presión alcista continua en el precio de su moneda en términos de las restantes monedas. 35-21

Un país que experimenta un superávit prolongado en su balanza de pagos constatará con toda probabilidad que:
- (a) Sus reservas internacionales están aumentando.
- (b) Sus reservas internacionales están disminuyendo.
- (c) La oferta internacional de su moneda es superior a la demanda de la misma.
- (d) Está pagando al exterior más que lo que recibe.
- (e) Existe una continua presión a la baja sobre el precio de su moneda en términos de la moneda de los restantes países. 35-22

En un sistema de tipos de cambio flotantes, una disminución en el precio de la moneda de un país en el mercado de cambios exteriores:
(a) Provocaría una entrada neta de oro.
(b) Provocaría una salida neta de oro.
(c) Incrementaría sus importaciones.
(d) Disminuiría sus exportaciones.
(e) Ninguna de las anteriores. 35-23

Una ventaja de un sistema de tipos de cambio flotantes es que:
(a) Hace posible un ajuste internacional mediante movimientos de oro.
(b) Hace posible un ajuste automático sin la intervención del gobierno.
(c) Requiere la utilización de fondos de estabilización y reservas internacionales del tipo de las detentadas por el FMI.
(d) Reduce la especulación y la incertidumbre sobre los tipos de cambio exteriores.
(e) Ninguna de las anteriores. 35-24

Un sistema de tipos de cambio flotantes es lo mismo que:
(a) Un sistema de tipo de cambio ajustables.
(b) Un sistema de tipos de cambio reptantes.
(c) Un libre mercado para los cambios exteriores.
(d) Un sistema de tipos de cambio fijos.
(e) Un control de cambios por parte del gobierno. 35-25

Un sistema de tipos de cambio ajustables permite:
(a) Una variación importante en el tipo de cambio de un país después de producirse un desequilibrio a largo plazo en su balanza de pagos.
(b) Variaciones amplias y frecuentes en los tipos de cambio siguiendo las presiones de la oferta y la demanda.
(c) Únicamente ajustes al alza en los tipos de cambio.
(d) Únicamente ajustes a la baja en los tipos de cambio.
(e) Ninguno de los anteriores. 35-26

Un sistema de tipos reptantes:
(a) Permite únicamente una variación anual en el tipo de cambio de un país.
(b) Permite variaciones pequeñas y graduales en el tipo de cambio de un país.
(c) Elimina la necesidad de reservas internacionales y de fondos de estabilización, tales como las actuales reservas del FMI.
(d) Permite únicamente ajustes al alza en el tipo de cambio de un país.
(e) Ninguna de las anteriores. 35-27

Un sistema de tipos de cambio reptantes:
(a) Permite únicamente ajustes a la baja en el tipo de cambio de un país.
(b) Estimula la especulación en cambios exteriores.
(c) Se traduciría en una gran fluctuación de los tipos de cambio.
(d) Representa un compromiso entre el sistema de tipos flotantes y el sistema de tipos ajustables.
(e) Ha sido utilizado por muchos países comerciantes a partir de la segunda guerra mundial. 35-28

Los cambios exteriores comprados (o vendidos) en un momento dado de tiempo a un precio determinado, pero pagaderos en una fecha futura, reciben el nombre de:
(a) Letra de cambio.
(b) Pagaré.
(c) Cambios de futuro.
(d) Aceptación bancaria.
(e) Ninguno de los anteriores. 35-29

Los importadores y exportadores pueden protegerse contra los riesgos de las fluctuaciones en los cambios exteriores comprando y vendiendo:
(a) Pagarés.
(b) Letras de cambio.
(c) Aceptaciones bancarias.
(d) Cambios de futuro.
(e) Ninguno de los anteriores. 35-30

¿Cuál de las siguientes afirmaciones es correcta?:
(a) Los PMD no tienden a sufrir paro encubierto.
(b) Los PMD no tienden a experimentar desempleo.
(c) La diferencia de renta entre los PMD más pobres y los países más ricos del mundo ha venido disminuyendo en las últimas décadas.
(d) Los PMD tienden a tener una proporción pequeña de su población empleada en la agricultura.
(e) Ninguna de las anteriores. 36-1

Una característica típica de la mayor parte de los países menos desarrollados es que:
(a) Los más pobres de entre ellos están ganando terreno en cuanto a renta per capita en relación a los países más ricos.
(b) Tienen un nivel elevado de paro encubierto.
(c) Tienen poco o ningún desempleo.
(d) Su productividad agrícola es elevada pero su productividad industrial es pequeña.
(e) Su productividad agrícola es reducida pero su productividad industrial es elevada. 36-2

Los PMD pobres tienden a:
(a) Tener niveles elevados de desempleo.
(b) Tener niveles reducidos de paro encubierto.
(c) Ser relativamente más eficientes en la producción de alimentos que los países ricos.
(d) Estar avanzando en cuanto a renta real con relación a los países más ricos.
(e) Tener insuficientes recursos humanos dedicados a la agricultura. 36-3

La principal finalidad del Banco Internacional para la Reconstrucción y el Desarrollo es:
(a) Prestar dinero a los importadores.
(b) Prestar dinero a los exportadores.
(c) Constituir un banco central para los PMD.
(d) Hacer más ágil el flujo de fondos entre los países ricos y los países pobres.
(e) Ninguna de las anteriores. 36-4

La agencia de las Naciones Unidas cuya función principal consiste en ayudar a financiar los proyectos básicos de desarrollo en los PMD es:

(a) El Fondo Monetario Internacional.
(b) El Banco de Exportaciones e Importaciones.
(c) La Agencia de Desarrollo Internacional.
(d) El Banco Internacional para la Reconstrucción y el Desarrollo.
(e) El Comité para el Desarrollo Económico. 36-5

La principal organización americana que proporciona asistencia económica, técnica y de defensa a países extranjeros seleccionados es:

(a) El Comité para el Desarrollo Económico.
(b) La Agencia para el Desarrollo Internacional.
(c) El Banco Internacional para la Reconstrucción y el Desarrollo.
(d) La Corporación Financiera Internacional y la Asociación para el Desarrollo Internacional. 36-6

En conjunto, los programas de ayuda exterior llevados a cabo por las Naciones Unidas y por las oficinas Americanas han tendido a:

(a) Dejar de lado proyectos específicos de capital poniendo más el acento en programas generales.
(b) Acentuar relativamente menos los proyectos específicos de capital en comparación con los programas generales.
(c) Acentuar por un igual los proyectos específicos de capital y los programas generales.
(d) Acentuar relativamente más los proyectos específicos de capital en comparación con los programas generales.
(e) Dejar de lado los programas generales acentuando los proyectos específicos de capital. 36-7

Los estudios históricos sugieren con claridad que en las economías subdesarrolladas el crecimiento del sector industrial depende normalmente de:

(a) La consecución previa de unos avances notables en la agricultura.
(b) Un incremento en el subempleo.
(c) El reemplazamiento del paro encubierto con el subempleo.
(d) Un desplazamiento de recursos humanos del sector industrial al sector agrícola.
(e) El mantenimiento de un sector agrícola estático. 36-8

Una lección fundamental de la historia económica es que el crecimiento económico de una economía subdesarrollada requiere normalmente:

(a) Una revolución industrial previa a la revolución en la agricultura.
(b) Una revolución en la agricultura anterior a la revolución industrial.
(c) Una revolución en el sector de servicios con anterioridad a una revolución en el sector agrícola.
(d) Una revolución en el sector de servicios con anterioridad a una revolución en el sector de manufacturas.
(e) Una revolución simultánea en los sectores de agricultura, industria y servicios. 36-9

En la mayor parte de los PMD, la relación entre la productividad marginal de la mano de obra (Pm_l) y la productividad marginal del capital (Pm_c) es normalmente tal que:
(a) Pm_l y Pm_c son aproximadamente iguales.
(b) Pm_l es relativamente mayor que Pm_c.
(c) Pm_c es relativamente mayor que Pm_l.
(d) Pm_c es casi cero.
(e) Pm_l es aproximadamente dos veces el valor de Pm_c. 36-10

A menudo se recomiendan infusiones fuertes de capital para mejorar la renta real de los PMD porque en estos países sucede normalmente que:
(a) La productividad marginal del trabajo es relativamente mayor que la del capital.
(b) La productividad marginal del capital es relativamente mayor que la del trabajo.
(c) Las productividades marginales del trabajo y del capital son aproximadamente iguales.
(d) La productividad marginal del capital está cercana a cero.
(e) La productividad marginal del trabajo es infinita. 36-11

Si la productividad marginal del capital en un país es elevada cuando la comparamos con la productividad marginal de la mano de obra en ese país, se deberá tratar de desarrollar industrias que:
(a) Utilizan la mano de obra de manera intensiva.
(b) Utilizan el capital de manera intensiva.
(c) Utilizan relativamente más capital y menos mano de obra.
(d) Utilizan aproximadamente por un igual el capital y la mano de obra.
(e) Ninguna de las anteriores. 36-12

La tasa de rendimiento privado o financiero de una inversión, cuando se la compara con la tasa de rendimiento comunitario o social es tal que:
(a) La tasa privada siempre es superior a la tasa social.
(b) La tasa social es siempre superior a la tasa privada.
(c) Las dos tasas son siempre iguales.
(d) La tasa privada es igual a o menor que la tasa social pero nunca mayor.
(e) Ninguna de las anteriores. 36-13

Robert Owen fue un:
(a) Socialista utópico.
(b) Socialista marxista.
(c) Socialista cristiano.
(d) Sindicalista.
(e) Fundador del partido laborista británico. 37-1

Un nombre asociado al socialismo utópico fue:
(a) Karl Marx.
(b) Friedrich Engels.
(c) Robert Owen.
(d) George Bernard Shaw.
(e) Thomas Malthus. 37-2

La primera de las filosofías radicales modernas fue:
(a) El socialismo marxista.
(b) El socialismo utópico.
(c) El socialismo cristiano.
(d) El sindicalismo.
(e) El socialismo fabiano. 37-3

El movimiento que surgió como sucesor directo del socialismo utópico fue:
(a) El socialismo marxista.
(b) El socialismo cristiano.
(c) El sindicalismo.
(d) El socialismo fabiano.
(e) El leninismo. 37-4

El *Manifiesto Comunista* fue escrito por:
(a) V. I. Lenin.
(b) Georges Sorel.
(c) Joseph Stalin.
(d) Un autor anónimo.
(e) Ninguno de los anteriores. 37-5

El *Manifiesto Comunista* fue escrito por la época de:
(a) El primer cuarto del siglo diecinueve.
(b) La mitad del siglo diecinueve.
(c) El último cuarto del siglo diecinueve.
(d) El primer cuarto del siglo veinte.
(e) En tiempos de la segunda guerra mundial. 37-6

Un movimiento que propugnó la abolición tanto del capitalismo como del estado y la reorganización de la sociedad en asociaciones de obreros a escala industrial fue:
(a) El sindicalismo.
(b) El socialismo utópico.
(c) El socialismo fabiano.
(d) El socialismo cristiano.
(e) Ninguno de los anteriores. 37-7

Georges Sorel fue el principal exponente de:
(a) El socialismo fabiano.
(b) El socialismo cristiano.
(c) El sindicalismo.
(d) El comunismo.
(e) Ninguno de los anteriores. 37-8

Según la interpretación de la historia dada por Marx:
(a) La oferta monetaria de un país determina su tasa de crecimiento.
(b) Las fuerzas políticas dominan a las fuerzas sociales.
(c) Las fuerzas sociales dominan a las fuerzas políticas.
(d) Las fuerzas económicas son la causa principal de los cambios.
(e) El desarrollo de la sociedad es un proceso de azar, desprovisto de leyes de evolución que fijan el crecimiento. 37-9

La interpretación de la historia según Marx acentuaba principalmente el modo en que una sociedad organiza:
(a) Sus relaciones de producción.
(b) Sus relaciones de cambio.
(c) Sus relaciones de distribución.
(d) Sus relaciones de consumo.
(e) Todas las anteriores y sus interrelaciones mutuas. 37-10

La expresión «materialismo dialéctico» se refiere a:
(a) La definición típica de la economía utilizada por los comunistas y los socialistas durante el siglo diecinueve.
(b) La explicación marxista de las variaciones en términos de conflictos de fuerzas económicas opuestas.
(c) La naturaleza del capitalismo tal como éste es visto por los comunistas.
(d) La naturaleza del capitalismo tal como éste es visto por los socialistas.
(e) Las variaciones hábiles en el discurso y en el lenguaje utilizadas por los comunistas y los socialistas para atraer seguidores. 37-11

El valor verdadero de una mercancía, según Marx, está determinado por:
(a) El tiempo de trabajo socialmente necesario para su producción.
(b) Su precio de mercado.
(c) La oferta y la demanda.
(d) Los costes de la mano de obra, tierra, capital y capacidad empresarial contenidos en ella.
(e) La cantidad que la gente está dispuesta a gastar en ella. 37-12

Marx atribuyó el valor de todas las mercancías a:
(a) El capital.
(b) La tierra.
(c) El trabajo.
(d) El empresariado.
(e) Todos los anteriores en combinaciones variables. 37-13

Marx defendió que en un sistema capitalista avanzado las principales clases sociales están integradas por:
(a) Capitalistas, obreros cualificados y obreros no cualificados.
(b) Capitalistas y terratenientes.
(c) Terratenientes y obreros.
(d) Capitalistas y obreros.
(e) Ninguna de las anteriores. 37-14

Según Marx, los salarios pagados a los obreros en la sociedad capitalista son:
(a) Iguales a su productividad marginal.
(b) Al nivel de subsistencia.
(c) Determinados por la oferta y la demanda de obreros.
(d) Establecidos por negociación colectiva.
(e) Determinados por sus costes de oportunidad. 37-15

En el modelo marxista del capitalismo, la diferencia entre el salario del obrero y el valor de lo que éste produce es:
(a) Cero.
(b) Una cantidad negativa.
(c) Devuelta al obrero.
(d) Absorbida por los sindicatos.
(e) Ninguna de las anteriores. 37-16

Según Marx, la plusvalía es producida por:
(a) Los capitalistas.
(b) Los obreros.
(c) Los terratenientes.
(d) Únicamente los obreros cualificados.
(e) Únicamente los obreros no cualificados. 37-17

Según Marx, la plusvalía es:
(a) Producida por los obreros.
(b) Arrebatada a los obreros por los capitalistas.
(c) La fuente de los beneficios de los capitalistas.
(d) La diferencia entre el valor producido por los obreros y el valor que éstos reciben.
(e) Todas las anteriores. 37-18

En la teoría de Marx, la tendencia del capitalismo a largo plazo es hacia:
(a) Un desempleo creciente.
(b) Una tasa creciente de beneficios.
(c) Unos ciclos económicos menos graves.
(d) Un mayor grado de competencia.
(e) Ninguna de las anteriores. 37-19

En la teoría de Marx, el capitalismo tenderá a largo plazo a experimentar:
(a) Ciclos económicos menos graves.
(b) Una disminución del monopolio.
(c) Una disminución de la tasa de beneficios.
(d) Una tasa decreciente de desempleo.
(e) Todas las anteriores. 37-20

En el modelo de capitalismo según los marxistas, la tendencia a largo plazo es hacia:
(a) Menor desempleo.
(b) Tasas crecientes de beneficios.
(c) Mayor estabilidad económica.
(d) Mayor monopolización.
(e) Todas las anteriores. 37-21

Según Marx, el capitalismo a largo plazo debe tender hacia:
(a) Una tasa decreciente de desempleo.
(b) Una mayor inestabilidad económica.
(c) Una tasa creciente de beneficios.
(d) Un mayor grado de competencia.
(e) Todas las anteriores. 37-22

En la teoría marxista:
(a) El socialismo es la etapa preparatoria para el comunismo.
(b) El capitalismo será sucedido por una etapa de socialismo.
(c) El socialismo será sucedido por el comunismo.
(d) El comunismo es la meta final y perfecta del desarrollo histórico.
(e) Todas las anteriores. 37-23

En la teoría marxista el socialismo se caracteriza por:
(a) La dictadura del proletariado.
(b) La propiedad estatal de las propiedades capitalistas.
(c) El control estatal de las propiedades capitalistas.
(d) El pago de acuerdo con el trabajo realizado.
(e) Todas las anteriores. 37-24

En la teoría marxista el comunismo se caracteriza por:
(a) Una sociedad sin clases.
(b) Inexistencia de propiedad privada de los medios de producción.
(c) Inexistencia del estado.
(d) Pago según las necesidades.
(e) Todas las anteriores. 37-25

Un inconveniente de la teoría del valor expuesta por Marx es que:
(a) No reconoció las funciones de aceptación del riesgo y otras funciones empresariales implicadas en la producción.
(b) Despreció el concepto clásico de salario de subsistencia.
(c) No reconoció a la mano de obra como un factor de producción.
(d) Atribuyó el valor tanto a la oferta como a la demanda.
(e) Supuso que la competencia entre los capitalistas y los obreros eliminaría el excedente. 37-26

Una crítica de la teoría del valor expuesta por Marx es que:
(a) Dejó de lado la importancia de la mano de obra en la producción.
(b) Supuso que la competencia entre los capitalistas y los obreros eliminaría el excedente.
(c) Dejó de lado el hecho de que el valor de un bien depende tanto de la demanda como de la oferta.
(d) Incorporó las funciones empresariales de organización y aceptación de riesgos en su modelo.
(e) No tomó en consideración el concepto clásico de salario de subsistencia. 32-27

El socialismo democrático actual se caracteriza típicamente por:
(a) La propiedad y el control predominantemente públicos de los medios de producción.
(b) La propiedad y el control predominantemente privados de los medios de producción.
(c) La propiedad pública y el control privado de los medios de producción.
(d) La propiedad privada y el control público de los medios de producción.
(e) Un apoyo mínimo en la libertad del mercado. 37-28

El comunismo actual se caracteriza típicamente por:
(a) La propiedad gubernamental de los principales medios de producción y distribución.
(b) El control gubernamental de los principales medios de producción y distribución.
(c) La planificación y el control de la economía por parte del gobierno.
(d) Sistemas de retribución y penalización para lograr un esfuerzo productivo máximo.
(e) Todos los anteriores. 37-29

La frase «De cada cual según su capacidad y a cada cual según sus necesidades» es una descripción perfecta de la fórmula de distribución de la renta:
(a) En el capitalismo puro.
(b) En el socialismo puro.
(c) En los países socialistas de la actualidad.
(d) En el comunismo puro.
(e) En los países comunistas de la actualidad. 37-30

En general, los planes quinquenales de la Unión Soviética han pretendido fundamentalmente:
(a) Expansionar la población en las zonas rurales.
(b) Construir grandes ciudades.
(c) Una industrialización rápida y la centralización de los recursos económicos.
(d) El desarrollo de las zonas urbanas.
(e) La consecución del liderato mundial en la exploración del espacio. 38-1

En la Unión Soviética:
(a) Todos los medios de producción que requieren la utilización de mano de obra contratada son de propiedad pública.
(b) Excepto en unos pocos casos, ningún individuo puede emplear a otro a cambio de un salario o para obtener una ganancia privada.
(c) Prácticamente todos los bienes de consumo son de propiedad privada.
(d) Las obligaciones del gobierno y los depósitos de ahorro pueden ser de propiedad privada.
(e) Todas las anteriores. 38-2

La propiedad agrícola en la Unión Soviética está organizada fundamentalmente en forma de:
(a) Granjas colectivas.
(b) Explotaciones estatales.
(c) Explotaciones privadas.
(d) Empresas agrícolas pequeñas.
(e) Grandes empresas agrícolas. 38-3

La principal fuente de productos agrícolas en la Unión Soviética es:
(a) Las granjas estatales.
(b) Las explotaciones privadas.
(c) Las pequeñas empresas agrícolas.
(d) Las granjas colectivas.
(e) Las grandes empresas agrícolas. 38-4

La eficiencia del sector agrícola en la Unión Soviética ha sido:
(a) Aproximadamente doble que en el sector industrial.
(b) Notablemente menor que en el sector industrial.
(c) Ligeramente mayor que en el sector industrial.
(d) Aproximadamente igual al del sector industrial.
(e) Imposible de comparar con la del sector industrial. 38-5

Los programas de inversiones del gobierno en la Unión Soviética se han concentrado típicamente en:
(a) El sector agrícola.
(b) El sector servicios.
(c) El sector industrial.
(d) Los sectores agrícola y servicios con relación al sector industrial.
(e) Ninguno de los anteriores. 38-6

Los incentivos o retribuciones económicos en la Unión Soviética:
(a) No se utilizan nunca porque constituyen una explotación del factor trabajo.
(b) Únicamente son utilizados en los puestos de trabajo que son menos deseables.
(c) Son dados únicamente a los obreros y no a los ejecutivos.
(d) Son dados únicamente a los ejecutivos y no a los obreros.
(e) Ninguna de las anteriores. 38-7

En la Unión Soviética existe:
(a) Posibilidades notables de elección en el campo de bienes de consumo pero no soberanía del consumidor.
(b) Posibilidades notables de elección en el campo de bienes de consumo y soberanía del consumidor.
(c) Poca posibilidad de elección entre los bienes de consumo y poca soberanía del consumidor.
(d) Poca posibilidad de elección entre los bienes de consumo pero notable soberanía del consumidor.
(e) Ninguna posibilidad de elección entre bienes de consumo ni soberanía del consumidor. 38-8

En la Unión Soviética existe:
(a) Un grado relativamente elevado de soberanía del consumidor.
(b) Un grado relativamente elevado de elección entre puestos de trabajo.
(c) Un grado relativamente bajo de elección entre puestos de trabajo.
(d) Un grado relativamente bajo de elección entre bienes de consumo.
(e) Ninguno de los anteriores. 38-9

La principal fuente de ingresos fiscales para el gobierno soviético son:
(a) Los impuestos sobre la renta personal y los impuestos sobre la propiedad personal.
(b) Los impuestos sobre la renta personal y los impuestos sobre las herencias.
(c) Los impuestos sobre los beneficios de las empresas y los impuestos sobre las ventas.
(d) Los impuestos sobre las importaciones y las exportaciones.
(e) Los impuestos sobre el turismo y sobre los bienes de lujo. 38-10

La planificación económica soviética ha pretendido:
(a) Obtener incrementos rápidos en el producto per capita.
(b) Construir un enorme y moderno complejo militar.
(c) Proveer sanidad y educación a nivel general.
(d) Obtener un elevado grado de independencia económica.
(e) Todos los anteriores. 38-11

En la Unión Soviética el *coeficiente de eficiencia relativa* es una medida de:
(a) La eficiencia productiva en la agricultura.
(b) La eficiencia productiva en las manufacturas.
(c) El producto por obrero.
(d) La tasa porcentual de rendimiento de la inversión en capital.
(e) Ninguna de las anteriores. 38-12

Durante las décadas de 1950 y 1960 la tasa anual de crecimiento económico en la Unión Soviética alcanzó un promedio aproximado de:
(a) 6%.
(b) 9%.
(c) 4%.
(d) 2%.
(e) 1%. 38-13

El «libermanismo» es una filosofía soviética que ha traído consigo:
(a) Una mayor libertad económica para los dirigentes de las empresas en cuanto a las decisiones de producción, contratación y financiación.
(b) Un sistema extensivo de incentivos para estimular una mayor eficiencia en las plantas de producción.
(c) Una revisión de los métodos de fijación de precios con objeto de que éstos reflejen con mayor exactitud los costes de producción.
(d) Todas las anteriores.
(e) Ninguna de las anteriores. 38-14

El «Gran Salto hacia Adelante» en China fue emprendido:
(a) Como parte de la promoción de una política de «apertura» por parte de los Estados Unidos para mantener la igualdad de derechos comerciales e industriales para todos los países.
(b) Como consecuencia de la rebelión de los boxers.
(c) Durante la segunda guerra chino-japonesa.
(d) Antes de que los comunistas accediesen al poder.
(e) Ninguna de las anteriores. 38-15

La finalidad del «Gran Salto hacia Adelante» en China era:
(a) Extender una cantidad fija de trabajo entre mayor número de personas.
(b) Aumentar el producto per capita en una cantidad apreciable.
(c) Romper una economía dual de bienes de producción y bienes de consumo.
(d) Transferir la dirección de la empresa de los niveles locales al gobierno central.
(e) Reducir el ritmo de industrialización. 38-16

En conjunto, el «Gran Salto hacia Adelante» en China:
- (a) Fue un rotundo fracasco.
- (b) Logró la mayor parte de sus objetivos.
- (c) Tuvo un gran éxito.
- (d) Eliminó prácticamente el problema del desempleo.
- (e) Aumentó enormemente su productividad agrícola e industrial. 38-17

Como consecuencia del «Gran Salto hacia Adelante» en China:
- (a) Se acentuó más el desarrollo de la industria pesada y menos la agricultura.
- (b) La agricultura se convirtió en el fundamento de la economía nacional.
- (c) Se estimuló el comercio con los Estados Unidos.
- (d) Se dio gran prioridad al desarrollo del sector de servicios en la economía.
- (e) Ninguna de las anteriores. 38-18

Como parte de una política económica óptima, China debería:
- (a) Estimular el crecimiento de la población con objeto de ampliar su mercado interior.
- (b) Desplazar recursos de la agricultura hacia la industria.
- (c) Buscar medios par aumentar la productividad en la agricultura.
- (d) Esforzarse por lograr una mayor autosuficiencia.
- (e) Ninguna de las anteriores. 38-19

Como parte de una política económica óptima, China debería:
- (a) Estimular el crecimiento del sector servicios.
- (b) Acentuar más el desarrollo de la industria pesada.
- (c) Expansionar su población para hacer frente de una manera adecuada a su creciente sector industrial y de servicios.
- (d) Reducir el crecimiento de su población mientras estimula la productividad en la agricultura y las manufacturas a pequeña escala que utilicen de manera intensiva la mano de obra.
- (e) Ninguna de las anteriores. 38-20

Respuestas

1-1, c
1-2, b
1-3, a
1-4, e
1-5, a
1-6, e
1-7, c
1-8, b
1-9, d
1-10, d
1-11, e
1-12, d
1-13, e
1-14, e
1-15, a
1-16, c
1-17, e
1-18, a

2-1, a
2-2, c
2-3, e
2-4, d
2-5, e
2-6, b
2-7, e
2-8, c
2-9, a
2-10, e
2-11, e
2-12, c
2-13, b
2-14, b
2-15, a
2-16, c
2-17, b
2-18, c
2-19, c
2-20, d
2-21, e
2-22, a

3-1, b
3-2, c
3-3, d
3-4, d
3-5, e
3-6, a
3-7, d
3-8, a
3-9, c
3-10, b
3-11, c
3-12, b
3-13, a
3-14, b
3-15, c
3-16, d
3-17, e
3-18, e
3-19, b
3-20, b
3-21, a
3-22, d
3-23, b
3-24, a
3-25, e
3-26, e
3-27, e
3-28, e
3-29, b
3-30, d
3-31, a

4-1, e
4-2, e
4-3, b
4-4, d
4-5, c
4-6, a
4-7, d
4-8, b
4-9, b
4-10, a
4-11, a
4-12, a
4-13, e
4-14, e
4-15, a
4-16, b
4-17, e
4-18, e
4-19, e
4-20, c
4-21, d
4-22, d
4-23, d
4-24, e
4-25, e
4-26, c
4-27, b
4-28, e
4-29, d

5-1, e
5-2, b
5-3, d
5-4, a
5-5, d
5-6, d
5-7, b
5-8, c
5-9, e
5-10, c
5-11, e
5-12, a
5-13, d
5-14, c
5-15, a
5-16, c
5-17, d
5-18, e
5-19, b
5-20, e
5-21, a
5-22, c
5-23, e
5-24, e
5-25, d
5-26, c
5-27, e
5-28, e
5-29, d
5-30, b
5-31, e
5-32, b
5S-33, c
5S-34, d
5S-35, e
5S-36, d
5S-37, b
5S-38, a
5S-39, b
5S-40, d
5S-41, a
5S-42, c
5S-43, a

6-1, c
6-2, b
6-3, a
6-4, c
6-5, a
6-6, c
6-7, e
6-8, d
6-9, b
6-10, b
6-11, c
6-12, d
6-13, e
6-14, d
6-15, a
6-16, e
6-17, b
6-18, c
6-19, b
6-20, b
6-21, a
6-22, e
6-23, a
6-24, d
6-25, d
6-26, d
6-27, e
6-28, c
6-29, d

7-1, b
7-2, d
7-3, c
7-4, a
7-5, c
7-6, b
7-7, a
7-8, d
7-9, e
7-10, d
7-11, a
7-12, e
7-13, e
7-14, a
7-15, d
7-16, c
7-17, b
7-18, e
7-19, d
7-20, d
7-21, b
7-22, e
7-23, c
7-24, a
7-25, c
7-26, b
7-27, d
7-28, a

7-29, e
7-30, d
7-31, c
7-32, d
7-33, a
7-34, b
7-35, d
7-36, c
7-37, b
7-38, d
7-39, e
7-40, c

8-1, a
8-2, e
8-3, b
8-4, e
8-5, e
8-6, e
8-7, d
8-8, c
8-9, b
8-10, e
8-11, b
8-12, e
8-13, b
8-14, c
8-15, a
8-16, d
8-17, e
8-18, e
8-19, e
8-20, b
8-21, e
8-22, e
8-23, a
8-24, c
8-25, e
8-26, b
8-27, e
8-28, d
8-29, e
8-30, e
8-31, e
8-32, b
8-33, e
8-34, b
8-35, e
8-36, a
8-37, c
8-38, d
8-39, e
8-40, d

9-1, b
9-2, e
9-3, c
9-4, b
9-5, c
9-6, d
9-7, e
9-8, e
9-9, a
9-10, b
9-11, c
9-12, d
9-13, c
9-14, b
9-15, a
9-16, e
9-17, d
9-18, d
9-19, e
9-20, a
9-21, d
9-22, b
9-23, e
9-24, e
9-25, c
9-26, a
9-27, b
9-28, d
9-29, c
9-30, d
9-31, d
9-32, a
9-33, e
9-34, e
9-35, a
9-36, e
9-37, c
9-38, e
9-39, b
9-40, a

10-1, e
10-2, e
10-3, e
10-4, a
10-5, b
10-6, c
10-7, b
10-8, d
10-9, c
10-10, d
10-11, a
10-12, e
10-13, b
10-14, d
10-15, e
10-16, e
10-17, d
10-18, a
10-19, b
10-20, c
10-21, c
10-22, a
10-23, a
10-24, b
10-25, b
10-26, c
10-27, c
10-28, a
10-29, d
10-30, b
10-31, c
10-32, e
10-33, b
10-34, b
10-35, e

11-1, c
11-2, d
11-3, e
11-4, c
11-5, a
11-6, b
11-7, a
11-8, d
11-9, b
11-10, a
11-11, d
11-12, c
11-13, e
11-14, b
11-15, a
11-16, c
11-17, b
11-18, e
11-19, e
11-20, b
11-21, c
11-22, d
11-23, c
11-24, e
11-25, e

12-1, b
12-2, c
12-3, a
12-4, e
12-5, b
12-6, c
12-7, a
12-8, b
12-9, d
12-10, a
12-11, c
12-12, b
12-13, a
12-14, b
12-15, a
12-16, c
12-17, d
12-18, e
12-19, a
12-20, c
12-21, d
12-22, c
12-23, d
12-24, e
12-25, c
12-26, a
12-27, d
12-28, e
12-29, b
12-30, e
12-31, e
12-32, d
12-33, a
12-34, c
12-35, b
12-36, d
12-37, d
12-38, e
12-39, e
12-40, b
12-41, b
12-42, d

13-1, c
13-2, c
13-3, a
13-4, c
13-5, d
13-6, a
13-7, b
13-8, b
13-9, d
13-10, e
13-11, a
13-12, b
13-13, a
13-14, b
13-15, a
13-16, c
13-17, d
13-18, b
13-19, a
13-20, c
13-21, e
13-22, d
13-23, d
13-24, e
13-25, b
13-26, d
13-27, c
13-28, b
13-29, d
13-30, e
13-31, a
13-32, c
13-33, d

14-1, c
14-2, a
14-3, e
14-4, b
14-5, a
14-6, c
14-7, b
14-8, a
14-9, e
14-10, e
14-11, b
14-12, a
14-13, d
14-14, e
14-15, e
14-16, c
14-17, a
14-18, d
14-19, b
14-20, a
14-21, e
14-22, c
14-23, e
14-24, b
14-25, d
14-26, a
14-27, c
14-28, d
14-29, c
14-30, e
14-31, d
14-32, a
14-33, c
14-34, d

14-35, b
14-36, e
14-37, c
14-38, e
14-39, a
14-40, c
14-41, e
14-42, e
14-43, a
14-44, c
14-45, a

15-1, a
15-2, c
15-3, d
15-4, e
15-5, c
15-6, b
15-7, d
15-8, a
15-9, a
15-10, c
15-11, b
15-12, e
15-13, d
15-14, a
15-15, c
15-16, b
15-17, e
15-18, d
15-19, b
15-20, a
15-21, b
15-22, b
15-23, c
15-24, e
15-25, a
15-26, c

16-1, e
16-2, a
16-3, d
16-4, e
16-5, b
16-6, c
16-7, b
16-8, c
16-9, e
16-10, e
16-11, d
16-12, b
16-13, e
16-14, e
16-15, e
16-16, a
16-17, b
16-18, e
16-19, e
16-20, c
16-21, e
16-22, c
16-23, e
16-24, d

17-1, c
17-2, b
17-3, a
17-4, e
17-5, c
17-6, b
17-7, e
17-8, e
17-9, a
17-10, c
17-11, b
17-12, a
17-13, c
17-14, b
17-15, d
17-16, c
17-17, a
17-18, b
17-19, c
17-20, a
17-21, b
17-22, a
17-23, d
17-24, e
17-25, d
17-26, d
17-27, e
17-28, b
17-29, c
17-30, a
17-31, e
17-32, a
17-33, c
17-34, d
17-35, c

18-1, a
18-2, e
18-3, b
18-4, c
18-5, c
18-6, b
18-7, e
18-8, d
18-9, a
18-10, a
18-11, b
18-12, d
18-13, c
18-14, a
18-15, e
18-16, c
18-17, d
18-18, c
18-19, b
18-20, b
18-21, c
18-22, d
18-23, d
18-24, d
18-25, a
18-26, b
18-27, e
18-28, d

19-1, e
19-2, d
19-3, d
19-4, b
19-5, a
19-6, a
19-7, b
19-8, c
19-9, d
19-10, e
19-11, b
19-12, d
19-13, b
19-14, c
19-15, a
19-16, b
19-17, d
19-18, e
19-19, a
19-20, b
19-21, e
19-22, b
19-23, e
19-24, b

20-1, d
20-2, b
20-3, c
20-4, a
20-5, e
20-6, e
20-7, d
20-8, b
20-9, a
20-10, e
20-11, b
20-12, c
20-13, b
20-14, a
20-15, d
20-16, a
20-17, b
20-18, e
20-19, e
20-20, b
20-21, c
20-22, c
20-23, e
20-24, c
20-25, b
20-26, a
20-27, b
20-28, e
20-29, e
20-30, a
20-31, c
20-32, b
20-33, c
20-34, b
20-35, e
20-36, b
20-37, a
20-38, e
20-39, d
20-40, e

21-1, b
21-2, e
21-3, a
21-4, c
21-5, b
21-6, c
21-7, b
21-8, e
21-9, d
21-10, b
21-11, a
21-12, b
21-13, e
21-14, e
21-15, c
21-16, a
21-17, a
21-18, d
21-19, b
21-20, a
21-21, b
21-22, d
21-23, e
21-24, e
21-25, e
21-26, c
21-27, a
21-28, b
21-29, c
21-30, a
21-31, c
21-32, e
21-33, b
21-34, a
21-35, c
21-36, e
21-37, a
21-38, d
21-39, d
21S-40, d
21S-41, a
21S-42, e
21S-43, e
21S-44, c
21S-45, a
21S-46, d
21S-47, e
21S-48, c
21S-49, b
21S-50, e

22-1, e
22-2, b
22-3, c
22-4, d
22-5, a
22-6, e
22-7, c
22-8, e
22-9, d
22-10, a
22-11, b
22-12, d
22-13, a
22-14, e
22-15, a
22-16, b
22-17, c
22-18, e
22-19, e
22-20, c
22-21, a
22-22, d
22-23, a
22-24, c

22-25, d
22-26, c
22-27, a
22-28, c
22-29, b
22-30, a
22-31, e
22-32, c
22-33, a
22-34, c

23-1, b
23-2, e
23-3, d
23-4, e
23-5, a
23-6, c
23-7, d
23-8, e
23-9, e
23-10, c
23-11, a
23-12, e
23-13, b
23-14, a
23-15, c
23-16, a
23-17, e
23-18, a
23-19, c
23-20, e
23-21, c
23-22, b
23-23, e
23-24, e
23-25, d
23-26, a
23-27, c
23-28, b
23-29, c
23-30, d
23-31, e
23-32, a
23-33, b
23-34, c

24-1, d
24-2, a
24-3, b
24-4, c
24-5, b
24-6, e
24-7, e
24-8, d
24-9, c
24-10, d
24-11, d
24-12, a
24-13, e
24-14, b
24-15, b
24-16, e
24-17, e
24-18, a
24-19, d
24-20, e
24-21, c
24-22, e
24-23, e
24-24, a
24-25, d
24-26, a
24-27, e
24-28, d
24-29, b
24-30, a
24-31, b
24-32, e
24-33, b
24-34, d
24-35, c
24-36, b

25-1, c
25-2, e
25-3, c
25-4, b
25-5, a
25-6, e
25-7, b
25-8, a
25-9, e
25-10, c
25-11, b
25-12, d
25-13, b
25-14, a
25-15, e
25-16, c
25-17, b
25-18, e
25-19, a
25-20, c
25-21, b
25-22, e
25-23, c
25-24, b
25-25, d
25-26, a
25-27, b
25-28, c
25-29, a
25-30, d
25-31, e
25-32, e
25-33, d
25-34, c
25-35, b
25-36, d
25-37, a
25-38, e
25-39, a
25-40, c

26-1, b
26-2, a
26-3, e
26-4, c
26-5, b
26-6, e
26-7, d
26-8, e
26-9, b
26-10, b
26-11, b
26-12, a
26-13, c
26-14, d
26-15, c
26-16, b
26-17, a
26-18, e
26-19, e
26-20, b
26-21, c
26-22, d
26-23, a
26-24, c
26-25, d
26-26, b
26-27, e
26-28, e
26-29, b
26-30, d
26-31, c
26-32, a

27-1, b
27-2, c
27-3, c
27-4, a
27-5, e
27-6, e
27-7, e
27-8, b
27-9, a
27-10, d
27-11, c
27-12, a
27-13, b
27-14, d
27-15, a
27-16, b
27-17, c
27-18, d
27-19, a
27-20, e
27-21, e
27-22, d
27-23, b
27-24, d
27-25, a
27-26, e
27-27, b
27-28, e
27-29, d
27-30, d
27-31, b
27-32, a
27-33, c
27-34, a
27-35, b
27-36, c
27-37, a
27-38, b
27-39, d
27-40, d
27-41, c
27-42, d
27-43, a
27-44, e
27-45, e
27-46, d
27-47, b
27-48, d

28-1, a
28-2, c
28-3, e
28-4, b
28-5, a
28-6, e
28-7, c
28-8, e
28-9, e
28-10, d
28-11, c
28-12, b
28-13, a
28-14, c
28-15, e
28-16, e
28-17, d
28-18, a
28-19, c
28-20, b
28-21, e
28-22, d
28-23, c
28-24, a
28-25, e
28-26, c
28-27, e
28-28, d
28-29, a
28-30, b

29-1, a
29-2, c
29-3, b
29-4, d
29-5, d
29-6, a
29-7, e
29-8, c
29-9, a
29-10, d
29-11, c
29-12, d
29-13, a
29-14, a
29-15, e
29-16, b
29-17, c
29-18, a
29-19, e
29-20, e
29-21, d
29-22, a
29-23, c
29-24, a
29-25, b
29-26, b
29-27, d
29-28, e
29-29, c
29-30, b
29-31, a
29-32, c
29-33, d

29-34, d
29-35, e

30-1, e
30-2, a
30-3, c
30-4, d
30-5, b
30-6, a
30-7, e
30-8, e
30-9, d
30-10, b
30-11, a
30-12, c

31-1, a
31-2, d
31-3, b
31-4, d
31-5, d
31-6, c
31-7, d
31-8, b
31-9, a
31-10, e
31-11, e
31-12, e
31-13, a
31-14, c
31-15, a
31-16, b
31-17, e
31-18, d
31-19, b
31-20, e
31-21, c
31-22, a
31-23, e
31-24, b
31-25, d
31-26, a
31-27, b
31-28, c
31-29, d

32-1, c
32-2, d
32-3, b
32-4, a
32-5, e
32-6, e
32-7, e
32-8, b
32-9, c
32-10, d
32-11, e
32-12, e
32-13, a
32-14, d
32-15, b
32-16, c
32-17, e
32-18, c
32-19, a
32-20, c
32-21, b
32-22, c

33-1, a
33-2, e
33-3, b
33-4, c
33-5, c
33-6, a
33-7, d
33-8, b
33-9, a
33-10, b
33-11, e
33-12, e
33-13, e
33-14, e
33-15, a
33-16, d
33-17, b
33-18, e
33-19, b
33-20, c
33-21, e
33-22, b

34-1, e
34-2, e
34-3, a
34-4, b
34-5, c
34-6, d
34-7, e
34-8, d
34-9, e
34-10, b
34-11, a
34-12, d
34-13, c
34-14, e
34-15, e
34-16, a
34-17, d
34-18, d
34-19, b
34-20, a
34-21, e
34-22, b
34-23, d
34-24, b
34-25, e
34-26, e
34-27, a
34-28, d
34-29, c
34-30, d
34-31, e
34-32, e
34-33, d

35-1, b
35-2, e
35-3, d
35-4, e
35-5, e
35-6, c
35-7, b
35-8, a
35-9, e
35-10, a
35-11, c
35-12, e
35-13, e
35-14, c
35-15, e
35-16, b
35-17, a
35-18, c
35-19, e
35-20, a
35-21, c
35-22, a
35-23, e
35-24, b
35-25, c
35-26, a
35-27, b
35-28, d
35-29, c
35-30, d

36-1, e
36-2, b
36-3, a
36-4, e
36-5, d
36-6, b
36-7, d
36-8, a
36-9, b
36-10, c
36-11, b
36-12, a
36-13, e

37-1, a
37-2, c
37-3, b
37-4, d
37-5, e
37-6, b
37-7, a
37-8, c
37-9, d
37-10, e
37-11, b
37-12, a
37-13, c
37-14, d
37-15, b
37-16, e
37-17, b
37-18, e
37-19, a
37-20, c
37-21, d
37-22, b
37-23, e
37-24, e
37-25, e
37-26, a
37-27, c
37-28, b
37-29, e
37-30, d

38-1, c
38-2, e
38-3, a
38-4, d
38-5, b
38-6, c
38-7, e
38-8, a
38-9, b
38-10, c
38-11, e
38-12, d
38-13, a
38-14, d
38-15, e
38-16, b
38-17, a
38-18, b
38-19, c
38-20, d